A Masatoshi

アジアの死と鎮魂・追善

勉誠出版

〔◉目次〕

原田正俊〔編〕
HARADA Masatoshi
アジアの死と鎮魂・追善

II……鎮魂・追善と社会

序文

原田正俊

人間にとって死をどうとらえるかの問題は、永遠の課題であり、世界の諸宗教、各地域の共同体において様々な思想や儀礼が形成されてきた。アジア諸地域においても、儒教・仏教・道教などによって死をどう考えるか、死にどう対処するのか、遺体をどう処理するのか、死後は何処へ行くのかなどが大きな課題となり、これらをめぐり様々な思想や儀礼が形成されてきた。

本書では、アジアにおける死と鎮魂についての文化を歴史学・思想史の立場から考察した論考を集めている。死をどのように迎えるかは切実な問題であり、生者はどのように死に対処し、社会の中でどう位置づけていくのか、様々な摸索がなされてきた。これらの多様な事象を紹介しながら考察を深めていきたい。

臨終や葬儀、鎮魂など儀礼の展開は、各時代、各地域において多様な展開をみせた。現実の切実な事態への対応から出発して儀礼が形成され、人々の心の平安を招く仕掛が整備されていく。儒教・仏教・道教は、盛んに死の意味づけ、儀式内容の意義を説き、社会のなかに儀礼を定着させてきた。また、死をどう迎えるかの方法も実際的なものから始まり、往生伝のような物語を作りだしさらに説話の世界にも広がっていった。

死後の世界は、儒教・仏教・道教でも語られ、仏教における極楽への往生は、人々が切望するものであり、死後の世界を意識することで死をめぐる文化はさらに広がった。また、前近代の人間にとって死後の世界を考えることは恐怖であり、これを回避するために現世における宗教的な生活規範の形成や修行の実践、儀式の編成が行われた。

権力者の死や政争における敗退者の死は、あらたな意味を生み出し、権力関係や政治状況にも影響を及ぼした。社会化された死は、大規模な鎮魂、追善の儀式を生み出し、新たな文化を創り出していった。王の身体や死が及ぼす負の作用はこれを鎮めることが様々な形で試みられた。鎮魂は社会の平安のためにも重要な課題であり儀式や政策が実行された。

戦乱・天災・飢饉・疫病の蔓延などによって大量死が生じると、死が持つ社会的な影響力は計り知れないものとなる。多数の死者達の存在は、その後の戦乱や天災などの具体的な事件に結びつけられ、大きな社会問題となるのである。また、政争による敗者、冤罪などで無念の思いで死去した人々は、社会に恐ろしい災厄をもたらすものとして畏怖された。これら大量死や現世に恨みを持つ死者に対しては、慰撫・鎮魂が必要とされ、国や共同体をあげての大規模な祭祀が展開された。日本において怨霊をなだめるための御霊会やアジア全体に広がった仏教・道教の影響のもと整備された水陸会などは、社会の平安を保つための重要な行事であった。

通常の死者においても、祖霊としての祭祀や鎮魂、追善は不可欠のもので、儒教・仏教・道教においても様々な思想が形成され儀式が執り行われた。

このように死をめぐる儀礼と思想は多様に展開するとともに、アジア全体で共通する要素も多い。儒教・仏教・道教のそれぞれが影響し合って儀礼を整備していった。祭祀の対象として絵画・仏像をはじめとした造形物をふくめ、歴史上の死をめぐる文化の大きさはきわめて大きいといえる。本論集においては、上記の課題意識を共有しながら、歴史学・思想史各分野の論文をまとめたものである。

第Ⅰ部、「臨終・死の儀礼と遺体」では、三浦國雄氏論文が道教における死体観を論じている。穢れ観など日本への影響も含め示唆的な論考である。原田正俊論文では、平安時代の往生伝から鎌倉時代末の説話、僧伝を分析し、往生の形態の変遷を検討しながら、各宗派の主張と競合の実態を明らかにした。平安・鎌倉仏教の宗教者にとって往生の在り方が如何に重要課題であったかを示した。藤原崇人氏論文は、十世紀初頭から十二世紀前半にユーラシア東部に栄えた契丹における仏教による死者追薦の在り方を分析している。兜率往生・極楽往生への願いや殯の期間における儀式内容、寺院の関わりなど中国周辺地域における仏教儀礼の広がりをみる上でも貴重である。

吾妻重二氏論文は、日本における儒教葬祭書の展開を論じる中で、佐藤一斎（一七七二～一八五九）の『哀敬編』を分析し、仏教との折衷様式の内容を指摘している。日本における儒教儀礼の受容の様相は後掲の井上智勝氏論文とも関連する。池尻陽子氏論文は、乾隆四五年（一七八〇）に北京で客死した、パンチェン・ラマ六世の葬送と慰霊塔の建立を詳しく紹介している。清朝皇帝とチベット仏教僧の関係をみる上で興味深い。

第Ⅱ部、「鎮魂・追善と社会」では、佐藤文子氏論文が日本古代の「鎮」という観念について分析を加え、死者となった天皇のための『梵網経』の講説、悔過などの機能を明らかにしている。天皇という特殊な地位にある者の死が社会化され、その死に対する対処が政策として定着していく。西本昌弘氏論文は、貞観五年（八六三）に行われた京都神泉苑御霊会を分析し、崇道天皇（早良親王）など御霊の選定の背景と目的を明らかにしている。祟りが警戒される死者に対する慰霊は仏教の力をもって国家の重要な儀式として社会に定着していった。康昊氏論文は、日本の南北朝期、文和三年（一三五四）の水陸会を採り上げ、室町幕府による大規模な鎮魂仏事であったことを明らかにしている。また、入元僧、渡来僧の関与についても考察し、東アジアにおける対外交流をもとにしたこの時期の鎮魂儀礼の変容を示している。

井上智勝氏は、東アジアにおける自殺者・横死者の慰霊と祭祀について、朝鮮・越南・日本の様相を総合的に考察している。十四・十五世紀における中華・朝鮮における鎮魂祭祀の仏教から儒教への変遷や近世の日本における受容など広い視野による指摘は重要である。長谷洋一氏は、京都長楽寺に伝来する過去帳、仏像銘を用いながら七条仏師の系譜を整理している。二階堂善弘氏は、現代のシンガポールにおける華人社会の亡魂救済の行事を紹介している。鎮魂儀礼の現代へのつながりを考える上でも興味深い。

以上、アジアにおける死と鎮魂・追善の社会的な意義と歴史的変遷の一部を示すことができたといえよう。議論はまだまだ尽きぬ課題であるが、研究の進展を促すものになれば幸いである。また、本書と関連するものとして原田正俊編『宗教と儀礼の東アジア』（勉誠出版、二〇一七年）がある。あわせて御参照いただきたい。

尚、本論集は関西大学東西学術研究所、東アジア宗教儀礼班（二〇一六～二〇一八年）の活動成果である。

道教の死体観

三浦國雄

みうら・くにお――大阪市立大学名誉教授。専門は中国思想史。主な著書に『風水・暦・陰陽師――中国文化の辺縁としての沖縄』（榕樹書林、二〇〇五年）、『朱子伝』（平凡社、二〇一〇年）、『不老不死的欲求』（四川人民出版社、二〇一七年）などがある。

道教を簡約に定義する場合、「不老不死を追究する教義」という云い方がよく使われる。この定義が表しているように、そこでは〈老〉や〈死〉が前景にせり出して、それらに「不」という否定詞が打たれている。従って、そこで追究されるのは〈老〉や〈死〉の対極にある〈生〉、それも〈永生〉である。そういうわけで、これまでの道教の思想的研究は、いきおい道教の生命観や永生を実現するための技法、さらには永生者の棲む天界・仙境の様態や多様な救済神に焦点が当てられてきた。これは方法としては当然のことではあるが、逆に、かれら道教徒が〈死〉というよりもっと具体的・直截的に〈死体〉というものをどう考えていたかという逆の視点があってもよいのではないかと、最近筆者は考えるようになった。本稿はその試みとして書かれる。

一、忌避される死体

（一）儒教と死体

儒教では死体は鄭重に取り扱われ、今日風に云えば死者の尊厳が貫徹されている。そもそも〈礼教〉としての儒教は、人間のさまざまな政治・社会・日常生活の局面に儀礼を挿入して教義の貫徹とそれらの営為の円滑化を図ったのであるが、南宋の朱熹は、そうした〈古礼〉をトータルに再編成した『儀礼経伝通解』を編纂すると同時に、家の礼に特化した儀礼のマニュアル本を著した。この『朱子（文公）家礼』が朱子学の盛行とともにその実践的テキストとして広く東アジアに伝播していったことはよく知られている。

いま、〈古礼〉を基盤としつつ時代に適合した礼を目指した『朱子家礼』に沿って云うと、そこでは冠婚葬祭のいわゆる〈四礼〉での挙措が事細かく指示されている。これをざっと眺めるだけで理解されるように、葬送儀礼の記述が圧倒的に多く、近世東アジアで『朱子家礼』の標準的テキストになった明の丘濬の『家礼儀節』では、他の冠・婚・祭はそれぞれ一巻なのに、葬礼は巻四（葬礼）、巻五（喪葬）、巻六（喪虞）の三巻に分けられている。巻四の「葬礼」では、服喪の制度（死者との血縁関係の濃淡によって喪服に象徴される服喪期間に差異を設定）と、「初終」（臨終から死の確認まで）から「大斂」（死者に衣を着せ納棺する）まで、巻五の「喪葬」では、「朝夕哭奠」（遺体の前で哭す）から「反哭」（埋葬後、位牌を奉じ家に帰って哭す）まで、巻六の「喪虞」では、「虞祭」（霊魂を位牌に安んじさせる祭）から「禫」（葬事を仕上げる最後の祭）まで、がそれぞれ扱われており、儒教がいかに葬事を大切にし、死者に敬意を払ったかがよく分かる。葬礼は、〈孝〉を核心とするその教義の儀礼的表現であったからである。もとより葬礼で弔われるのは親だけではないが、父の死に対しては「斬衰三年」（縁を縫わない粗い麻布で作った喪服を着て三年間服喪）という最も重い服喪が規定されている事実が示しているように、ここには家父長制が貫徹されている。葬礼はいわば〈最後の孝〉と云えようが、その延長上にあるのが〈死後の孝〉と云うべき祭礼である。ただ、祭礼の段階になると、親も含めて死者たちは先祖の仲間入りをしているから、その思想的核心はむしろ〈祖先崇拝〉と云うべきであろう。

（二）道教の葬送儀礼

一方、道教において死者の葬送儀礼と呼びうるものが確立されていたのかどうか、資料的にも多く残されているわけではない。管見に留まるものとしては、唐の朱法萬の『要修科儀戒律鈔』くらいしか思い浮かばない。当方の博捜が求められようが、ただ、そもそも道教独自の葬送儀礼などというものが確立されたのかどうか、原理的にはなはだ疑わしい。道教では神仙に至る道として、死を前提にしたコース（次章で述べる尸解仙）と、死を経過しないで生身のまま神仙となるコース（いわゆる白日昇天）との両様が理論として考えられた。前者においては、死者の死体は一種の〈未決囚〉のようなもので、その死体が神仙に変成するのか、しないのか、あるいは、その死体の主は死体を残して神仙になって天上に飛翔していったのかどうか、残された側には分からない（もっとも『真誥』運象篇第四などでは、死体を見れば尸解したかどうかが分かると云うのだが）。いずれにしても死体は残されているわけだから、なんらかの葬送儀礼は行なわれたはずである。後者の〈白日昇天〉の場合は、そもそも死体が存在しないのだから葬礼自体が成立しない。

現実に戻って云うなら、神仙を目指す無数の修行者や道士が死を超克して成仙に成功したとしても、それはごく一握りであったはずであり（それも今日的観点から云えば幻想にすぎなかったわけであるが）、大多数の人々にとっては死は避けられなかったから、当然葬送儀礼は行なわれたはずである。問題はどういう儀礼であったかということであるが、建前として成仙を目指すのであるから、道教側にしてみれば葬送儀礼に対して情熱は湧かなかったであろうことは容易に想像がつく。むしろ道教は、慣習的な儒教儀礼を大きく逸脱するものではなく、死の先にある救済儀礼の方に精力を傾注したはずである。[1]

（三）死体を見るな

ここではそのことより、道経経典に見える奇異な死体観を取り上げてみたい。端的に云って、死体に対するあからさまな嫌悪ないし忌避の態度が多くの道典に表明されている。儒教の場合、死体は魂と魄が抜け出た文字通りの亡骸であるが、それでも儒教では先述したように極めて鄭重に死体を扱った。そういう眼で道教の死体観を見ると、どうしても「奇異」という印象を拭いがたいのである。

六朝期の道典『太丹隠書』（具名は「洞真太一帝君太丹隠書洞真玄経」）には、〈死尸〉（死体）を近くで見てはいけない、書（道を得たという認定書）を授けられたあとに四十九の尸（死）体を見た者は長生できず、途中で命を落とし、二十四尸を見た者は、一度〈太陰〉（地下冥府、修行の場、後述）でしばらく過ごしたあと、仙道の修行をやり直さねばならない、などとある。[2] 死体だけでなく、「死柩葬車」も見てはいけないと云う。[3]

（四）ケガレ

劉宋時代に霊宝派の道士が編纂したとされる『洞玄霊宝道学科儀』は、道士の修道と生活の規範を記したものであるが、そこに「解穢品」という一項が立てられ、「五穢」として次のような五種の〈穢〉が列挙されている。ここでも主たる〈穢〉は死体である。こういう規律があったなら、道教の修行者は知り合いの弔問にも行けないことになってしまうのではないだろうか。

（一）自投穢（目の前に死体の一部が偶然投げ出されるの見る）

（二）偶見穢（採薬のため山歩きをしている時などに偶然草むらに捨てられてた死体を見てしまったり、男女の交合を目撃したりする）

（三）自求穢（交際上の義理から自分の意志で知り合いの弔問

に赴く）

（四）勢位穢（上下関係から迫られ匍匐して弔問に赴いて死体を見てしまう）

（五）交居穢（在家の女性が家畜の出産場面を自分から見たいと思って見る）

死体が「血穢」と並記されることも少なくない。「血穢」は血にまみれた禽獣の肉を指す場合もあるが（上記「交居穢」がいけないのは、出産には血を伴うからであろう）、主に女性の出産と経血を意味する。死体も「死穢」と呼ばれることが多い。要するにケガレであり、邦語で云う「黒不浄」と「赤不浄」である。

（五）解穢法

こうした〈穢〉を見てしまった者には、「解穢法」（ケガレの解除法）というのが用意されている。ある道典によれば、「死尸血穢」を見た者は、「朱砂」を水に混ぜてそれで目を洗い口を漱ぎ、手足も洗ったあと、部屋に入って仰向けに寝、手を心臓の上で交叉して呪文を唱えよとあって、呪句も用意されている。(4) ほかに解穢法として沐浴の効能を説く道典もある。(5) また、存想という想像力を駆使する方法もあって、前引見てはいけない「死柩葬車」を見てしまった者は次のようにするとよいと云う。

すみやかに火が自分の心臓から真っ直ぐに外へ出て、その死体を納めた棺とそれを運ぶ車を赤々と燃やし、それらが灰燼に帰すさまを想像する。それが終わると間を置かず、烈風がそれらを吹き散らす様子をイメージし、次にまた閉目して内視し（視線を外部から自己の内部に振り向ける）、火が内部で燃えてカラダ全体を潔白にし、穢気が消滅するのが見えたなら、それで解穢が終わったのだ。(6)

（六）尸穢の気

問題は、なぜ死体を見ることがいけないのか、なぜ〈尸穢〉は忌避されねばならないのか、というところにある。ケガレだからいけないのだ、という感覚的・感情的な拒絶の奥に、ある論理が横たわっていることを指摘しておきたい。それは〈気〉の問題である。「死尸血穢」は〈気〉として表出されることが少なくない。たとえば、次の例を見てみよう。

そもそも太一の道は、とりわけ血腥（血なまぐさいもの）、臭臊（しゅうそう）（死臭などの堪えがたい臭気）、殗穢（ばつわい）（死体のケガレ、殗は歿に同じ）などの気を見るのを忌む。(7)

この記述で興味深いのは「…の気を見る」という表現である。まず、「殗穢」などが〈気〉として表象され、それを「見る」という動詞で受け止められている。そのようなケガレに満ちたものはそれ自体、〈気〉を放っており、その〈気〉は可視的なものだとされているわけである。この場合は直接的には臭気であろうが、「見る」という表現からして、その臭気の背後に何か視覚的な形像が浮かび出ることが前提になっているのだろうか。次に引く例では、「見聞」という動詞が使われている。「聞」は「聞香」という語があるように「嗅ぐ」意であるが、「見」が付されているところに依然として視覚の重視が窺われると云うべきであろう。

> 空腹時には死臭の気を見たり嗅いだりしてはいけない。それが鼻から入ると病気を発症させる（原文／凡空腹不可見聞臭屍気、入鼻令人成病）。死体を見ようと思えば、事前に酒を飲んだりニンニクを囓ったりして毒気を避けないといけない。(8)

「見」と「聞」の問題はともかくとして、死体はよくない気を放っており、それが生者に吸収されてカラダに害を及ぼすから死体を見るのはよくないのだ、という論理が見えてくる。その際、〈鬼注〉という語も重要である。〈鬼〉は墓中の死者のことで、〈鬼注〉（墓注、冢注ともいう）というのは、墓中に居る死者から特定の生者に向かって悪気が吐きかけられることである（「注」はそそぐ意）。神々のお告げを記した六朝期の『真誥』によると、許謐という人は常にカラダの不調に悩まされていたが、その原因は〈鬼注〉だというのが許謐をはじめとする周囲の人々の見立てであった。(9)

死体は悪い気を放つ。それは一般の人だけでなく修行者の体内に侵入し、その寿命を蝕む。その悪しき気は〈死気〉と呼ばれることが多い。そこには、死体から放たれ、死をもたらすという二重の意味が籠められているはずである。ただ、〈死気〉は必ず死体から放射されるものとは限らない。〈死気〉の有名な用例は、『抱朴子』釈滞篇の次のような一文である。

> 一日一夜十二時の内（当時は一日十二時間制）、夜半零時から正午までの六時が生炁（気）の時間帯、正午から夜半零時までの六時が死炁（気）の時間帯で、死炁の時間帯に行炁（呼吸法）をしても無益である。

しかし、次のような用例はどうだろうか。『黄庭内景経』玄元章第二七に「死気諸穢の賤を忌むに至る」という句があり、ここに唐の梁丘子は次のような注を付している。

ここでは、少なくとも梁丘子は原文の〈死気〉を死体から放たれる悪しき気と理解している。

> そもそも丹を造り薬を錬り、気を服し霞（朝焼け夕焼けの赤い気）を呑む際に、死尸殗穢（穢れた死体）のようなものを見るのを忌避するのは、衛生家（養生する人）の

共通認識である。(10)

死体を見るのは何故いけないのかという問題に関して、道教側で独特の論理を開示している箇所がある。先に引いた『太丹隠書』に以下のような一文が見えるのである。

> 死体の姿がすでに両眼によって見られたなら、尸鬼の胎(「帝一混合三五立成法」では「屍穢の気」になっている)が人の思いに纏って去らず、人の思いに残っておれば、そのことは絳宮(心臓。思慮・感覚・記憶を司る)に記憶され、絳宮が認識したものは、当人が忘れてもそのカラダには存在している。(11)

眼で見られたものは、対象によっては単なる一過性のイメージなんぞではなく、〈気〉として身体化、実体化されるというのである。口から入った食べ物が胃の腑を経て血肉化される、ということと同じレベルで語られているのである。

(七)死気の門

ここで、〈死気〉に関する興味深い事例を紹介しておきたい。これは右に引いた「大洞廻風混合帝一之法」に引かれているもので、自分の体内に三十箇所近い「死気の門」を設定し、そこを〈内観〉または〈存想〉という一種のイメージトレーニングによってさまざまな体内神(体内に宿る神々)に守護させる、という内容になっている。たとえば、自分の後頭部にある「玉枕の下、泥丸の後戸」という部位は「死気の門」(「死関」ともいう)の一つなのであるが、そこを「太一尊神」に厳重に守らせると、そのお蔭で〈死気〉の侵入が阻止され、泥丸(脳)に〈死気〉ではなく〈真気〉が流れ込む、というのである。さらにその効能は先祖にも及んで、「七世の父母」が天界で上籍(上級の名簿)に昇れるという余得も記される。ここに現れる無数の〈死気〉は、もとから体内に巣くうものではなく、「門」とある以上、どこか外からやって来るもののはずであるが、その出自は何も明示されていないから、必ずしも死体から発せられたものとは限らない。かといって、前述した時間帯によって空中に広がる〈生気〉に対する〈死気〉でもないだろう。少なくとも、その侵入を許せば〈死〉をもたらす危険な〈気〉であることは間違いない。

二、〈三尸〉と死体

(一)三尸の告げ口

〈三尸〉というのは人体に巣くう三匹の悪鬼のことで、その文献上の初出である葛洪の『抱朴子』微旨篇には次のように記されている。

> 『易内戒』や『赤松子経』、それに『河図紀命符』といった書物にはみなこう書かれている。「人の身中に三尸が

居る。三尸というのは形はないが、実は魂霊・鬼神の類いである。このものは自分が宿る人間が早く死ぬことを願っている。というのも、その人が死ぬと自分は鬼となって自由勝手に動き回り、お供えの御馳走を食べることができるからである。そういうわけで、六十日に一回、庚申の日が巡ってくる都度、天に昇って司命（寿命を司る神）にその人が犯した過失の告げ口をする。また、カマドの神も晦日の夜、天に昇って人の罪状を報告する。司命は、罪の大きな者には「紀」を奪う。「紀」とは三百日である。小さな者には「算」を奪う。「算」とは三日である」。私（葛洪）は本当にそういうことがあるのかどうか、実証することはできないが、しかし天道は遙かで遠く、鬼神のことは明らかにし難いところがある。

ここでは、葛洪は自分の見解としてではなく、書物からの伝聞として書いているのであるが（肯定的な語気ではある）、後世、これが〈三尸〉の標準的な理解として継承されていったと見てよい。やがて道教界ではこの〈三尸〉の存在が信じられるようになり、不老不死に対する重大な脅威として深刻に受け止められていった。〈辟穀〉というのは穀断ちのことで、道教の重要な修行法であるが、その標的は〈三尸〉にあった。これはつまり〈三尸〉に対する兵糧攻めなのである。〈三尸〉問題はまた一方で、〈守庚申〉という習俗として民衆の間に普及していった（わが国では〈庚申待〉として受容）。〈三尸〉がカラダから出て行く庚申の夜に徹夜して、出て行かないように見張るのである。当然〈三尸〉に関する文献的記述は増加していった。たとえば、北宋時代に編纂された道蔵のダイジェスト版『雲笈七籤』では、巻八一から八三のパートが「庚申部」と名づけられて、多様な関連文献が集められている。

（二）三尸の出自

小論でこの〈三尸〉を取り上げるのは、この〈三尸〉なるものはそもそもどこからやって来たのかというその出自に筆者の関心があるからである。管見に留まった文献や論考では、初めからカラダに棲んでいる悪しき鬼として記述されていて、その出自までは論及されていないようである。筆者は予想として、〈三尸〉と死体との間にはなんらかの関係があるのではないかと考えている。その根拠の一つに〈尸〉の字の共有がある。〈尸〉字は〈屍〉の初文とされ、『説文』では「陳ぬるなり、臥する形に象る」と述べて、屍体を安置する意だとしている。もう一つは、次のような一文に出くわしたからである。『黄庭内景経』脾長章第十五章の経文に「金醴を含漱し（口に含んで）玉英を呑まば、遂に飢えずして三虫（三尸のこと）亡ぶに至る」とあり、その梁丘子の注に以下のように云う。

「金醴・玉英」というのは口中の津液（つば）のことである。…『洞神訣』に云う、「上虫（三尸のうちの上尸、上丹田に棲むという）は白くて青い。中虫（中尸、中丹田に棲む）は白くて黄色い。下虫（下尸、下丹田に棲む）は白くて黒い。人が死ぬと、三虫はその死体から出ていって尸鬼となり、それぞれ物に変化（へんげ）し、形あるものに災厄をもたらし、それを攻撃して破壊してしまう。その他の虫はみな死体とともに亡ぶ。…」と。[12]

〈三尸〉を扱う通常の道典は、三尸は庚申の日に昇天して天神に告げ口をするというのがお決まりのパターンで、その宿主の死後、〈三尸〉たちがどこに行ってどういう行動を取るかについては言及しないのが通例であるが、ここでは彼らが〈尸鬼〉となって他の生者を脅かすと述べられている。考えてみれば、〈三尸〉が天に昇って告げ口をするのも自分の宿主の寿命を縮めて早く自由になりたいからで、〈三尸〉の立場からすれば、庚申の日より、宿主の死後の完全に自由な日々が待ち遠しいはずである。しかし、修行者の立場からすれば、〈三尸〉との関係は自分の死後よりも、命を縮められるかもしれない今の方が吃緊の問題であるから、いきおい〈三尸〉の駆除に関心が行って死後の〈三尸〉のことは余り視野には入らなかったのであろう。この梁丘子の見解がいかほどの普遍性を持っていたのか、傍証を見出せないので断言できないが、死体と〈三尸〉との関係を示す資料的価値はあるはずである。死体から〈尸鬼〉が逃げ出してゆくということになると、前章で述べた死体忌避の補強材料にもなる。ただ、ここから〈三尸〉の出自は死体だと結論づけるのは早計であろう。宿主の死後、外へ解放された〈三尸〉がどのようにして別の宿主の体内に巣くうに至るのか（三尸の側からいえば解放から再度の拘束へ）、あるいは至らないのか（人は先天的に三尸という危険因子を宿して生まれてくるのかどうか）、未詳待考と云わねばならない。

(三) 三尸以外の悪鬼

上引の資料でもう一点留意すべきことがある。それは人の体内には危険分子として〈三尸〉だけでなく、「その他の虫」（原文／其余衆虫）も居住していたと考えられていた事実である。そのなかに〈三魂七魄〉という存在があるが、このモノやその制御法である〈拘三魂制七魄法〉については、たとえば蕭登福氏に精しい研究はあるのでそちらに譲りたい。[13] 道典中に「太帝制魂伐尸神呪」という呪文があって、これを唱えると、〈三尸〉をはじめ身中のもろもろの悪鬼が死滅するという。これは死体と直接関係するわけではないが、この呪文の解説文中に以下のような記述が見える。

甲寅、庚寅、庚申の日、汝の身中の七魄、遊尸、諸血尸の鬼が昇天して汝の罪過を報告し、ふたたび身中に帰って汝のカラダを損なう。場合によっては、他郷を遊び回って外部の鬼を呼びつけ、一緒になって妖賊になる。寝ている時に悪夢を見たり、病気がカラダの内奥で発症するのはそのせいだ。(14)

ここの悪夢論は独特である。内部世界が外部世界と繋がったと思ったら、いつの間にか自己内部にフィードバックされ、その内外の〈尸〉の混融の上に〈悪夢〉が結晶している。この文脈では〈尸〉は一種の〈自意識〉のようにも見えるが、そのことはここではこれ以上論じないでおく。ここで云う「七魄、遊尸、諸血尸の鬼」のなかには〈三尸〉も含まれているはずであるが、それだけではないはずである。「遊尸、諸血尸の鬼」は〈三尸〉プラス他の尸鬼と理解すべきであろう。〈血尸〉は〈三尸〉のなかの〈下尸〉の別名でもあるが、今は実証できないものの、この語にはどうしても血穢にまみれた死体というイメージがつきまとう。

三、〈尸解〉と死体

(一) 形解銷化

道教の死体観ということになると、〈尸解〉なるものを俎上に載せざるを得ない。〈尸解〉の〈尸〉は通説に従えば死体を意味するからである。〈尸解〉は歴史的観点から云えば、戦国時代、燕の国の方術士による〈形解銷化〉に発祥するというのが定説になっている。もちろん道教が成立する遙か以前のことで、その文献上の初出である『史記』封禅書の以下の記述は至って素っ気ない。

宋毌忌…羨門高…らはみな燕の人で、方僊（仙）道の形解銷化して鬼神に帰依する活動を行なった。

〈形解銷化〉というのも具体的にどういう営為なのか、字面から形（カラダ）が解体して他の何物かに変化するといったイメージしか浮かばないが、ここに注した後漢の服虔が「これは尸解である」と断定したことで、〈形解銷化〉と〈尸解〉とが結びつくことになった。服虔の時代には〈尸解〉というものがよく知られていたのである。というより、最近の姜生氏の研究によれば、〈尸解〉は両漢時代の死後信仰の中心の座を占めていたという。(15) 先述したように道教の仙道理論では、死を前提にしたコースと、不死のカラダを錬成して生身のまま昇仙するコースの両様があり、大筋で云えば、前者の〈尸解〉は両漢に栄えたあと、魏晋の過渡期を経て、六朝以降は後者に席を譲っていった。

(二) 多様な成仙パターン

小論で問題にしたいのは〈尸解〉における死体の問題である。〈尸解〉とは〈先死後蛻〉のこと（『抱朴子』論仙篇）というのが簡潔にして本質的な定義なのであるが、何百年という歴史時間の経過のなかでその外延が膨張して行き、複雑になったのは否めない。陰徳によって成仙の道が開かれるとする真人のお告げが『真誥』に収められているが（闡幽微第二）、そこに付せられた梁の陶弘景の注に、以下のような多様な成仙のパターンが列挙されている。

(一) そのままのカラダで（死という過程を経ないで）地仙（地上に留まった神仙）となって不死を得る。

(二) カラダを何か（剣や履物など）に託して尸解となって不死を得る。

(三) 俗世での生を終わり、洞天（洞窟内の仙境）の宮殿に入って修行を続ける。

(四) （死後に）まず、選ばれた修行者にのみに許される朱火宮（南宮ともいう）に行って、不死のカラダへと錬化する。

(五) （死後に）まず地下主者（仙界の最下位の役人、死者の管理）となったあと、神仙のランクを上がってゆく。

(六) （死後に）まず、鬼官（冥府の役人、死者の管理）を経た上で神仙になる。

(七) 自分は在世中には仙去できなかったが、自分の行なった功徳が子孫に伝わり、それが子孫に仙道を学ばせる力になって、結果的に自分が済度されて神仙となる。

(三) 刀剣に託した尸解

右のなかで陶弘景が〈尸解〉と呼ぶのは(二)だけであるが、〈先死後蛻〉という観点から見れば(一)以外はすべて〈尸解〉という範疇に入れることも可能である。この(二)は、〈尸解〉を論じる際に典型的なそれとして語られることが多いものである。特に、柩には剣だけを身代わりに残し自分は姿を消して昇仙する、いわゆる〈剣解〉は『真誥』などでは〈尸解〉のなかでも地位の高いものとして位置づけられている。しかし、こうした託形の〈尸解〉はのちの漢末・魏晋時代以降の道門のもので、漢代のそれではないとする見方もある。[16]

この託形の場合、死体はどこに行ったのか。多くの道典は具体的なことは何も語ってくれないが、「尸解次第事迹法度」（『雲笈七籤』巻八四「尸解」所収）という〈剣解〉を論じた文献があって、ここには珍しく自分の死体のことが出てくるのでその大略を紹介しておきたい。〈尸解仙〉に成る方法として〈霊薬〉を飲むケースもあったが、[17]この場合も「曲晨飛精」という丹薬が重要な役割を果たしている。修行者は剣を抱いて臥し、その曲晨飛精に自分の唾液を混ぜ丸薬を造ってそれを飲み、またそれを剣鐶に塗って、次のような呪文を唱える。「良非（剣の名）子干（その字）よ、いま曲晨飛精を互いに口に含み、汝をわが身に替えた。わが姿を露見させないために、私は潜み隠れねばならない。汝はしばらく代わりに墓に入り、五百年後、来たりてわが路を尋ねよ」。唱え終わると、眼を閉じて気を呑み込むこと九十回、眼を開けると、太一神が天馬に乗って修行者の臥せているところまで迎えに来てくれている。馬に乗って空中から振り返れば、自分が抱いていた剣がすでに自分の死体に変成しているのが見える。馬に乗る前、太一がくれた服に着替え、古い服は剣の上にかぶせておいた。かくして虚空を意のむくままに遊歴し、姓も名も変えて故郷に帰るなどしても何の問題もない。元来、尸解者が父母妻子恋しさに帰郷することは禁忌であった。[18]剣が変わったわが死体であるが、本物の死体と何の違いもなく、その上、死臭も発し、ウジ虫も湧いている。しかし、柩に入るや、元の剣の形に戻って、死体の形を留めない――。

右の話のなかで空中から自分がもう一人の自分を見るくだりがあるが、これはいわゆる〈幽体離脱〉に似ていると云えるかもしれない。少し余談に渉るのであるが、筆者は幼少の頃発熱した折りにしばしばこれを体験した。睡眠中、天井まで昇っていった〈自分〉が蒲団に寝ているもう一人の〈自分〉を見下ろしているのである。そのことはともかく、この話では、剣が自分の身代わりになって死んでくれることになっている（納棺後、剣は剣自身に復帰し、五百年後の再会が約束されてはいるが）。つまり、〈尸解〉の条件である〈先死後蛻〉の〈先死〉を剣に代行させ、自分自身は墓に入ることもなく、永生を満喫するという体裁になっている。おそらく他の託形タイプの〈尸解〉も、このように杖や履物に自分の死体になり替わってもらうのであろう。右の〈剣解〉では祝呪とともに丹薬が使われたのであるが、他のケースでは薬に替わる他の法術が使われたはずである。もとより、死ねば誰でも〈尸解仙〉になれるわけではない。

(四) 趙成子のケース

次に、尸解者として名高い趙成子のケースを取り上げてみる。彼は『真誥』をはじめ、『無上秘要』にも紹介され、[19]『雲笈七籤』には、四回も登場するのであるが、[20]ここでは物語性を意識して書かれている『雲笈七籤』巻八六の「趙成子」に依拠して大筋を辿ってみる（「方薬」章のものとほぼ同文）。

趙成子は〈太陰〉に入って〈改貌化形〉（不死の自分へと変形）を行なうため、幽州山中の石室で自死した。石室というのは一般に洞窟のことであるが、趙成子にとっては実質的には墓所であり、当時（魏晋南北朝時代）墓室は冥府の〈太陰〉に通じていると信じられていた。〈太陰〉は〈錬形〉の場所で、ここで死体は不死のカラダへと錬成されるのであるが（いわゆる太陰錬形、後述）、奇妙なことに趙成子の〈錬形〉は以下に述べるように、山歩きの人物の眼前で〈太陰〉ならぬ半ば公開のこの石室で繰り広げられることになる。死後、五、六年経過したある日、山を歩いていたある人が石室で白骨化している趙成子の遺体を発見する。その人はまた、趙成子の五臓が再生していて、そこに「五色の華」が咲いてキラキラ光っているさまに驚かされる。さらに彼は手で趙の五臓を開いてみると、各臓器に白い石が一個ずつ蔵せられているのを見出し、これが五臓を不朽にし五色の華を生じさせているのだと納得する。そして彼は、その白石を奪って服用してしまう。それから四、五年経って、趙成子の死体が蘇る予定になっていた当日の朝のこと、その人の口から五色の石が五匹の蝉のようになって飛び出し、雷鳴のような音を伴って趙成子の死体中の五臓に帰っていった。彼は石の行方を確認すべく、趙成子の遺体のあるくだんの石室に行ったところ、趙成子はすでに蘇っていて、面貌に玉のような光があった。そこに五老仙公が現れ、こやつが先生の五臓の宝石を盗んだ当人ですぞと告げると、突如その人間の顔面に悪性のでき物が生じ、彼が家に帰ると、一族の者がすべて一挙に死滅した――。

少し長い紹介になったが、このケースでは先の〈剣解〉とは異なって尸解者みずからが死を選んで一旦は白骨化まで行っている。再生の核になったのは五臓であった。なぜ五臓に「華が生」じて不死のカラダとなって蘇ったかというと、やはり丹薬がものを云っているようである。それを伝えるのが、前引『雲笈七籤』巻七四「方薬」章所収のタイトルが示す「太上巨勝腴煮五石英」という薬であった。趙成子はこの煉丹を服用していたから五臓だけは腐敗を免れ、それが再生の原動力になったわけである。

(五) 五臓と骨

ちなみに、趙成子のケースでは五臓であったが、〈尸解〉の場合、死体はどこまで残っておれば蘇生・再生が可能かというと、最終的には骨に行き着く。骨は形骸の最後の砦である。陶弘景は「棺中の骨を得ると、世のなかに再生できる」と述べている。[21] もっとも、骨は実際には最後まで白骨として残るわけだから、すべての人は原則的には再生の条件を具備していることになる。これは直接〈尸解〉と関係しない話柄であるが、〈灌血〉（血をそそぐ）と呼ばれる肉親確認法が行なわれていたことがあった。特に六朝隋唐の史書に記録されている事実であるが、戦乱などのために父の遺体を収容できなかった孝子のなかに、白骨が散乱する原野を歩き回って自分の肌を刺して血を採り、それを骨にそそぐ者も居たという。肉親であれば、血はスムースに骨に浸透すると信じられていたのである。史書によっては、その灌血法の前に「俗説では」という断り書きを付している場合もある。[22]右に「形骸の最後の砦」という云い方をしたが、この場合は「骨はアイデンティティの最後の砦」と云うべきかもしれない。

（六）太陰

ところで、右に引いた趙成子の話は、その冒頭に「太陰に入って改貌化形を行なうため…」という前置きがあるのに、上述のように本文では〈太陰〉のことにはまったく言及されていない。ところが、同じ『雲笈七籤』巻八五「尸解」の「太一守尸」と題された文章では、「そもそも解化（尸解のこと）の道はさまざまである」と書き出され、「（太陰で錬形し）太一神によって尸体を守護された」趙成子のことで結ばれている。さらにまた、『雲笈七籤』巻八六「尸解」の「太陰錬形」というタイトルの文章では、「『真誥』に曰く」として、〈太陰〉での錬形の記述があって、そのあとに「また云う」として、次のような文章で終わっている。「趙成子は死後五六年、華山山中で樵にその死体を見つけられた。おそらく太陰で練形の道をマスターしたのであろう」。この記述は大筋としては『真誥』（巻四、運象篇第四）を踏襲したものである。そういうわけで次に、趙成子からひとまず離れて〈尸解仙〉という目標を背負った死体は〈太陰〉においてどのような遍歴をするのかについて述べておかねばならない。

元来〈太陰〉（はなはだしき陰）という語は〈太陽〉の対語としての陰陽説上の概念であり、具体的な形象としては日に対する月を意味していた。それがやがて場所の概念として地下の冥府をも意味するようになったらしいが、その時期についてはよく分からないところがある。一般にそういう意味での〈太陰〉の初出は『老子想爾注』という敦煌出土の道教経典（残巻）ということになっているが、この道典についてはその成立時期を巡って意見の対立があって決着していない。『老子想爾注校牋』を著した碩学・饒宗頤氏は後漢の張天師（張道陵）の作とし、中国の学界ではおおむねこの見方が定着しているが、日本の麦谷邦夫氏はその内容の分析から東晋の四世紀半ば以降に世に出たものとして饒説を批判している。[23]筆者は東晋以降成立説の方が説得力があると考えているが、そうすると、陶弘景がまとめる以前の『真誥』などと同時期の成立になってくる。実際、この両書には〈太陰〉および〈太陰錬形〉説が豊富に語られているので、ここでは主として両書からの引用になる。

（七）墓・太陰・南宮・洞天

その前に、話が少しややこしくなるのを懼れずに指摘しておきたいことがある。『真誥』には死者が赴く場所として、〈太陰〉の一ランク下というべき〈墓〉、一ランク上の〈錬形〉の場所としての〈南宮〉（朱陵、朱宮、朱火宮も同義）、そしてこの地上における最高の神仙の住まいである〈洞天〉が登場している。死者または修行者は、救済に向けて通常、墓→太陰→南宮→洞天、というコースを上昇してゆくわけである。ここで問題になるのは当の〈太陰〉である。〈錬形〉の場所としての〈太陰〉の性格は実は〈南宮〉とよく似ていて、やがてその立場を〈南宮〉に譲ってゆく[24]。そういうわけで、その双方が登場する『真誥』は過渡的様相を映し出していることになる。それだけではない。問題の〈太陰〉は、死者の行き先としての地下冥府から〈錬形〉の場所へと発展したものと考えられるが、実は『真誥』には一ヶ所、次のようにいわば原初的な〈太陰〉のすがたが記述されている。ここでは殆ど墓室と同義と云ってよい。

（帝舜、夏の禹王、周の穆王が）あえて尸解を選んで死んだのは、生死の情を断ち切り、始めと終わりのけじめを民に示そうとしたのであって、太陰で遺骸を腐らせ、アリやケラに自分の肉を食わせる輩と同日に論じることができようか[25]。

（八）太陰錬形

さて、『老子想爾注』では〈太陰〉は次のように述べられる。

太陰は、道が蓄積された練形の宮室である。世間には居ることができない場合があり、そうなると賢者は世を避け、死に託して（尸解して）太陰に立ち寄り、別の世界での再生を図るから、死去しても危うくはない。しかし、俗人は善行を積むことができないから、一旦死ねば本当に死に、冥府で地官（死者の管理官）に使役されることになる。

尸解者の死体は〈太陰〉でどのような経験をするのか、〈錬形〉とは何か。こういう問題については『真誥』に比較的詳しく記されている。たとえば、運象篇第四に以下のような記述が見える。

もし人が死後しばらくして太陰に行き、三官（冥府の役所）に立ち寄った段階では、肉体はすでにぼろぼろに腐敗し、血脈は何の反応もないとしても、五臓は自然に再生し、白骨には玉のようなツヤがある。そして側で七魄が何くれとなく世話をし、三魂が主(あるじ)の宅舎（死者のカラダ）を守り、三元がしばし休息し、太神がカラダの内部に閉じこもる。その後、三十年か二十年、または十年か三年か経つと、自分の意志で出てくる。生まれ出る時には、新規に血を取り込み肉を育成し、唾などの津液や体液が生成され、カラダが新たに形成される。その姿は死ぬ前より優れている。「真人は太陰で錬形し、三官のところで容貌を変える」と云われるのはこのことである。[26]

以上が〈太陰〉における〈錬形〉の記述であることは分かるのだが、結局〈太陰〉で何があったのか、再生できたのは何故なのか、釈然としない。「三元」や「太神」というのもどういう神格または霊魂なのか、よく分からない。

右の文章には続きがあって、先述したように趙成子の再生譚が記され、最後に次のような短い文章が置かれている。

> そもそも道を得た士が（死後）しばらくして太陰に遊ぶと、太乙が死体を守り、三魂が骨の世話をし、七魄が肉を守り、胎霊（脾臓に宿る神）が気を統轄する。

こういう記述からすると、尸解者は在世中に何らかの道を修めていることが前提になっていて、そういう死者は死後冥府において神霊たちの庇護や援助を得て再生を果たす、とひとまずは云えるかもしれない。

(九) 趙成子譚のナラトロジー

筆者はもうひとつ、例の趙成子の成仙に関する記述法に関心がある。彼は山中の石室においてなかば公開的に死からの復活を果たすわけであるが、あの過程というのは〈太陰〉とはまったく関係なく、あくまで現世の石室中での出来事なのだろうか。論証する余裕がないので、ここではひとつの仮説としてしか提起できないが、あの石室内で起こったことは同時に〈太陰〉でも起こったことではないだろうか。すでに引用しておいたように、前文に「（趙成子は）太陰に入って改貌化形を行なうため…」という一文が置かれている。山中の遊行者は、いわば〈物語〉化する上での目撃者または語り手として添えられたままで、あの〈石室〉は〈太陰〉の隠喩として読むべきではないかと思うのである。

(十) 漢墓の画像が語るもの

〈太陰錬形〉に関して、最新の成果を紹介しておきたい。すでに引用した姜生氏の『漢帝国の遺産――漢鬼考』という全文六百頁近い大作がそれである。本書は、伝世文献のほかに考古資料（出土文物）と漢墓から出てきた画像資料を使って、漢代人の精神世界・宗教信仰を明らかにしようとしたも

図　昇仙の祝賀

ので、従来の思想史の書き換えを迫っている。資料としては特に漢墓画像の量（著者自身があらたに発掘したものも含まれている）が圧倒的で、それらをすべて宗教資料とするところに著者の立場が表明されている。

　本書のキーワードはまさしく〈尸解〉と〈太陰錬形〉なのであるが、用語法に拘泥すると入り口で躓くことになる。というのも、著者は〈太陰錬形〉という語の初出を『老子想爾注』として、本書の後漢成立説をいささかも疑っていないからである。それを前提にして、漢墓のおびただしい画像をその〈太陰錬形〉から読解してゆく。漢代人にとって墓は〈太陰〉であり、そこで〈錬形〉が行なわれて〈尸解仙〉へと転成してゆく一種の〈生命転換装置〉だと著者は云う。しかしもし、『老子想爾注』が東晋以降に世に出たものであったとしたら、本書は音を立てて瓦解してしまうのか。筆者はそうはならないと考える。〈太陰錬形〉という語が東晋以前の文献には現れないことを根拠に、それに対応する実体の存在まで否定できるだろうか。西王母、老君、神薬、車馬、天門、半開の扉…といった漢墓画像のモチーフは、それを〈太陰錬形〉というタームで呼びうるかどうかはともかくとして、墓室を死から再生へのスプリングボードとして仙界に飛翔しようとした漢代人の願望をリアルに伝えている。

　図に掲げたのは、山東省済南の無影山漢墓（前漢末と推定）から出土した陶俑盤である。該書から拝借したもので、著者姜生氏はこれを三官（右端の拱手する三人の人物）が墓主人を守護するなか、神仙たちが歌舞によって〈太陰錬形〉を果たした墓主人の昇仙を祝賀する情景だと読解している（同書三八四頁以下）。今までは難解で断片的な道典の記述によって辛うじてイメージを紡いできたのを、豊富な画像によって古代人の信仰世界を蘇らせた本書の意義は小さくはないと思う。

注

（1）講座道教第二巻『道教の教団と儀礼』（雄山閣、二〇〇〇年）は、道教儀礼の全体的な俯瞰図を与えてくれる。

（2）道蔵本七丁a。この部分は『雲笈七籤』巻三十所収「帝一混合三五立成法」にも引かれる。道教典籍選刊本『雲笈七籤』第二冊（中華書局）六七三頁。

(3)『雲笈七籤』巻四一、前掲注2中華書局本第二冊、九百頁。

(4)「三元隠謝解穢内法」、『雲笈七籤』巻四六、中華書局本第二冊、一〇三二頁、同巻四七、中華書局本第三冊、一〇五九頁にも同文。

(5)「沐浴吉日」、『雲笈七籤』巻四一、中華書局本第二冊、八九七頁。

(6)『雲笈七籤』巻四一、中華書局本第二冊、九〇〇頁。

(7) 道蔵本『太丹隠書』6丁b。この部分は『雲笈七籤』巻三〇所収「帝一混合三五立成法」にも引かれる。

(8)『雲笈七籤』巻三二、「雑戒忌禳災祈善」、中華書局本第二冊、七二二頁。

(9) 拙稿「聖地としての墓——『真誥』に対する新視点」（『洞天福地研究』第七号、二〇一七年）参照。

(10)『雲笈七籤』巻六二、中華書局本第三冊、一三九〇頁にも『黄庭内景経』のこの句を引用する。

(11)『太丹隠書』は道蔵本第7丁a。この部分は『雲笈七籤』巻三十所収「帝一混合三五立成法」にも引かれる（中華書局本第二冊、六七三頁）。

(12)『雲笈七籤』巻十一、中華書局本第一冊、二二八頁。

(13) 蕭登福『道教と民俗』第六章「道教三魂七魄説探源」（文津出版社、二〇〇二年）。

(14)『雲笈七籤』巻四六、中華書局本第二冊、一〇四四頁。

(15)『漢帝国的遺産——漢鬼考』（科学出版社、二〇一六年）。

(16) 右掲『漢帝国的遺産』一七〜一八頁。

(17)『真誥』巻十、協昌期第二—5a。

(18)『雲笈七籤』巻八五、「太極真人遺帯散」。

(19)『真誥』は巻四、運象篇第二—16b、『無上秘要』は巻八七、尸解品、中華書局本、一〇八三頁。

(20) 巻七四の「方薬」章（タイトルは「太上巨勝腴煮五石英法」）のほか、巻八五「尸解」章に一回（タイトルは「太一守尸」）、同巻八六「尸解」章に二回（タイトルは「趙成子」と「太陰練形」、後者は『真誥』の引用）。

(21)『真誥』巻一三、稽神枢第三—2b。

(22)『南史』豫章王綜伝など。資料は都築晶子氏の教示による。この方法は南宋時代の法医学書『洗冤録』にも継承される（武田時昌『術数学の思考』臨川書店、二〇一八年、一三四頁）。

(23)「『老子想爾注』と道気論」（『六朝隋唐道教思想研究』岩波書店、二〇一八年）。小林正美氏も後漢成立説は採らず、麦谷説より百年後の劉宋時代に設定している。『六朝道教史研究』（創文社、二〇〇四年、第二版）二九六頁以下。

(24) 神塚淑子『六朝道教思想の研究』（創文社、一九九九年）四四〜四五頁参照。

(25)『真誥』巻一四、稽神枢第四—17b。

(26)『雲笈七籤』巻八六、中華本第四冊、一九二九頁の「太陰錬形」と題された文章はこの『真誥』からの引用であるが、「三元権息」が「三元護息」になっている。また「または十年か三年経つと」の部分がカットされて、総体に読みやすくなっている。

日本古代中世の死の作法と東アジア

原田正俊

はらだ・まさとし――関西大学文学部教授。専門は日本中世史、日本仏教史。主な著書に『日本中世の禅宗と社会』（吉川弘文館、一九九八年）、『天龍寺文書の研究』（編著、思文閣出版、二〇一一年）、『日本古代中世の仏教と東アジア』（編著、関西大学出版部、二〇一四年）、『宗教と儀礼の東アジア――交錯する儒教・仏教・道教』（編著、勉誠出版、二〇一七年）などがある。

古代中世の人々は、往生を遂げるために様々な作法を整備していった。臨終の様は各種往生伝・僧伝に記され、浄土教のみならず各宗における死の迎え方が紹介された。僧侶にとって往生は、修行の達成度と宗派の優位性を示すのに重要な課題であった。大陸との往来が活発であった中世の禅僧は坐脱や遺偈を重視した。これら様々な往生の作法を各宗派の展開と関連させながらみていきたい。

はじめに

死をどう迎えるかは、現代のように平均寿命が延び医療が発達した社会においても人間にとって切実な問題である。現代人にとっては、現世における人間関係や物の整理、死に際の問題、身体の苦痛の軽減などが課題と考えられている。現代と前近代の死とが大きく異なるのは、来世の問題をどう考えるかである。現代人にとっては来世への関心はさほど大きくない。また、二十世紀末まで根強く重視されてきた葬儀や法事についても、葬儀の小規模化、四十九日や年忌法要などの簡略化も急速に進んでいるのが現実である。死をめぐる儀式の重要性も低くなっているのである。日本においては仏教教団が葬祭をほぼ独占してきたが、近現代でも重視された仏教的な死への覚悟、葬儀と追善が大きく変容してきているのが二十一世紀の初頭なのである。

現代においても死にどう臨むかは大きな課題で、ホスピスやターミナルケアへの関心が高まり、医療関係者や宗教者の中でも実践が進んでいる。医療を尽くしての病院での死が良き臨終のあり方という考えが変化しはじめ、在宅医療への希望や自宅での死も選択されるようになってきた。こうしたなかで、改めて日本人がどういった死を理想としていたのかを考えることは重要であり、また死をめぐる文化を客観的に考えながら現実の死を考えることも必要と考えられる。(1)死の作法をめぐる文化の変遷は、現実に対処するためにも歴史学においても重要な研究課題なのである。

本稿では、日本古代中世の死の作法を中心に検討していきたい。死をめぐる儀礼は葬儀に代表される儀式の分析があるが、仏教と葬儀、中世における禅宗による葬儀の革新といったテーマについては、既に別稿で扱っているので(2)これにはふれず、臨終をめぐる儀礼を中心に考察していく。

どのような形で臨終を迎えるかは、日本の古代中世においては、浄土教の流布によって臨終行儀が考案され、これについてはこれまでもいくつかの研究がある。こうした、浄土教の臨終行儀の広がりをふまえながら、古代中世の死をめぐる儀礼の変化を明らかにしていきたい。また、様々な臨終の在り方をみながら、諸宗派の展開と思想をあわせて検討していく。鎌倉時代においても、浄土教や真言密教の臨終儀礼は拡大していくが、十三世紀になると禅宗の流布による中国仏教の影響は大きく、禅僧たちを中心に新たな死の作法が展開していく。この実態と日本社会における影響についても考察を進めていきたい。

一、浄土教・顕密仏教の臨終行儀とその展開

日本の古代中世において、死を迎える際の儀礼に大きな影響を与えたのは、源信(九四二〜一〇一七)の『往生要集』、慶滋保胤(?〜一〇〇二)による『日本往生極楽記』の存在が大きい。源信は、天台宗の僧で天台座主を務めた良源の弟子である。慶滋保胤は、賀茂氏の出身で儒学者であり漢詩文にもたけた人物として知られた。保胤は、源信のもとで念仏結社である勧学会に参加し、出家後は寂心と名乗った。寛和二年(九八六)に『日本往生極楽記』は書き上げられた。同元年には源信の『往生要集』も完成している。(3)『往生要集』巻中末には、臨終行儀が記され、臨終の一念の重要性が説かれている。(4)『往生要集』は、中国浄土教の祖である善導(六一三〜六八一)の『観念法門』の影響を受けているとされる。

また、源信と保胤が中心になり、二十五三昧会が結成され、極楽往生を願う人々が結集した。

二十五三昧会の運営規則ともいうべき「横川首楞厳院二十

五三昧起請（十二箇条式）」[5]（以下「二十五三昧起請」）は永延二年（九八八）、源信によってまとめられ、平素の念仏行から臨終、さらに埋葬と追善について実践的な事項が定められている。二十五三昧会の結衆のなかで死に至る病になった者が出ると、往生院に移して看病を行い、死を迎える準備を行った。また、往生院は、インド祇園精舎の無常院に倣ったとされる。「二十五三昧起請」に書かれるように、この時代、多くの僧侶は経済的な事情で、一人で房舎や庵を構えることもできず、病に伏し死を迎える時には困るわけであり、結衆が合力して一宇を建立するとしている。往生院の中には阿弥陀如来像が安置され、死を迎えようとする結衆を迎え入れて皆で世話を行い、臨終に際しては仏像の右手と病者の左手を五色の幡でつなぎ往生の思いを遂げさせるとした。また、室内で焼香、散華して荘厳し、食事は味を調え食べるものを選び病人に供した。また、棺を用意し荼毘の準備をした。さらに、安養廟と名付けた卒塔婆を建てて一結衆の墓所と定めた。

このように、源信や保胤らの往生を迎えるための準備は行き届いており、実践的でありこれ以後の往生を願う人々の手本とされたのである。

阿弥陀如来像の手と病人の手を幡や糸で結び臨終を迎えることは、藤原道長の臨終の描写にも出てくるように[6]、平安時代の貴族達にとっても理想的な死の迎え方であった。

往生者の実例は、『日本往生極楽記』に記されている。いくつかの特徴的な往生の様を見ていきたい。延暦寺座主増命は、死を覚り一室を清掃して弟子を遠ざけ部屋にこもった。金光が照らし、紫雲が聳え、音楽が聞こえ、香気が部屋に満ちた。増命は西方を礼拝して阿弥陀仏を念じ香を焚いて脇息にもたれて眠るようにして息をひきとった[7]。極楽往生には、光・紫雲・音楽・香気などの奇瑞がつきものであった。中国の『高僧伝』のなかでも、異香は往生において重要な指標であった[8]。

延暦寺座主延昌は、浄衣を着け釈迦の例に倣い右脇を下にして横になり、枕の前に阿弥陀如来・尊勝如来の像を安置して、糸を仏の手にかけ自分の手と結んで遷化した。仏の手と自分の手を結びながら死を迎えるのは重要な作法であった。また、阿弥陀如来以外の像が置かれることもあった[9]。

民間の念仏者で知られる空也は、臨終の日には浄衣を着て、香炉を捧げ、西方に向かい端座して、弟子たちに多くの仏菩薩が来迎引接しに来たと語り、息が絶えた後も香炉を捧げていた。この時、音楽が聞こえ香気が室に満ちた[10]。

このように、臨終を迎えるにあたっては、自らの死期をさとり、人によっては臥したり端座したりといくつかのパターンがあった。阿弥陀如来をはじめとし、仏像や仏画と手を糸で繋ぐこともあった。また、臨終前後で音楽や香気などの奇瑞が現れることで往生が確認されたのである。

『大日本国法華経験記』（以下、『法華験記』）になると、さらにいくつかの例を見ることができる。本書は比叡山首楞厳院鎮源によって長久五年（一〇四四）には書き上げられたとされ、南都六宗や天台宗・真言宗いわゆる顕密諸宗の高僧や法華経持経者の伝記を記し、法華経の利益を述べるとともに往生の様子を描いている。[11] いくつかの事例を挙げながらその特色をみていきたい。

図1　阿弥陀二十五菩薩来迎図（早来迎・知恩院蔵）。画面右下往生者の経机にあるのは、法華経八巻とされる。

嵯峨大覚寺の定昇僧都は、東寺長者、興福寺別当を務めた顕密の高僧であった。臨終に際しては、右手に五鈷杵、左手に法華経を持ち、密印を結び真言を誦し次に法華経を誦した。弟子に遺体を焼くことを禁じ死後も法華経を読んで一切を利益すると言った。定印を結び坐しながら入滅し、死後も墓から法華経を誦する声が聞こえたという。[12]

播磨国書写山の性空上人は、民衆にも崇拝された著名な聖で、花山天皇の帰依も受けた。死の時を知り室に入って坐禅して、法華経を誦して入滅した。[13]

比叡山横川楞厳院の境妙法師は、諸縁を捨てて読誦を宗とした。至る所で経を読み二万部に及んだ。京都一条北辺の行願寺で法華経を書写して三十講を行った。死を予感して、沐浴、浄衣を着て五色の糸を手に持ち阿弥陀如来の手に結び西方に向かって坐した。諸僧を請じて法華経を転読し、法華懺法を修して弥陀念仏を勤め遷化した。ある聖が夢に境妙が金の車に乗って経を捧げ、天童が周囲を囲み遥か遠くに行ったと語った。これによって往生が確認された。[14]

大和国多武峯の増賀上人は、比叡山延暦寺の慈恵大僧正の弟子で法華大乗を学び、冷泉天皇の護持僧になったが、奇行で知られ都を避けて多武峯に隠棲した。死期が迫ってきたことを十日余前に知ると、多くの人は身命を惜しむはずなのに上人は喜悦したという。経を講じ念仏を勤修し、番論議を行い、和歌に興じた。その後、静室に入り縄床に坐して法華経を誦して手に金剛合掌の印を結んで坐禅して入滅した。(15)

この他、沙弥薬延のように法師を称するも髪は二寸ばかり伸ばし、殺生放逸、破戒無慚の人物も、偏に信力を生じて法華経を読誦した。この結果、極楽に往生したという。無動寺の聖人は、最初これを信じなかったが紫雲が垂れ天より声がしてこのことを知らされ礼拝賛嘆したという。承平年間(九三一～八)の出来事と記している。(16)

『法華験記』に収録される往生者は、法華経の力によって本懐を遂げることは言うまでもないが、真言の印を結んだり、仏像の手と自分の手を糸で結ぶ、端座、坐禅しての臨終等、死の作法が多様化している。往生を他の人が奇瑞によって知るのは、念仏者の死と変わりないし、死期を覚ることもよくみられた。法華経の読誦、真言修行、念仏と日頃の修行を臨終時にも集約して死ぬことが往生するための作法として重視された。

往生伝は、これ以降もいくつかまとめられ、大江匡房(一〇四一～一一一一)の『続本朝往生伝』なども知られる。さらに十二世紀初めに成立した三善為康(一〇四九～一一三九)の『拾遺往生伝』『後拾遺往生伝』がある。三善為康は、文人官僚で多くの著作があることで知られるが、阿弥陀如来への信仰を深め、康和元年(一〇九九)天王寺に参詣して百万遍念仏行を修したのち、舎利の出現があり信仰を確かにした。彼は大江匡房の『続本朝往生伝』に続き、結縁勧進のために往生伝をまとめた。(17)『拾遺往生伝』は、康和四年(一一〇二)以降に書き始められ、天永二年(一一一一)まで書き継がれたとされる。このなかからも時代の特徴をみていきたい。

沙弥教懐は、最初興福寺の僧となったが壮年で寺を出て山城国小田原に居住して小田原聖として知られた。常日頃、両部の大法、阿弥陀供養法、大仏頂陀羅尼、阿弥陀大真言を誦した。死期が迫ると衆僧と同音に念仏して仏名に音曲を付けて唱え回向して、右脇を下にして西に向かい息が絶えた。入滅の日には様々な瑞相が現れた。(18)これまでの往生伝のいくつかと同様に、修行の成果を臨終時にも修し、西方極楽浄土を向いて死去したのである。このような例は、本伝の中で一部の異同はあるものの、修善を尽くし、奇瑞で往生が証明されるといった伝記の基本である。

阿闍梨継範は、高野山南院の阿闍梨とも呼ばれる人物で、嘉保三年（一〇九六）病になり、死期をさとり、法華経一部、不動尊一万体を摺り写す供養を行った。円尊上人に依頼して尊勝護摩供養を修し、臨終正念のためとした。死期を迎える前に護摩壇に詣で曼荼羅を見た後、本房に帰り端座して西に向かい妙観察知の定印を結び、阿弥陀の宝号を唱えた。糸を仏の手にかけて自らの手と結び息が絶えた。遺体を廟に入れ数日の後に門人が様子を見ると容貌は変わらず、臭気もなかった。これを聞いて僧侶・俗人が集まり結縁のため市をなした。臨終にあたっては瑞相が各地で見られた。[19] 往生者が公開され結縁者が集まることが注目される。

橘朝臣守輔は、八十歳になるまで仏法僧に帰依しない人物であったが、死に際に一心乱れず十念を唱え西向かって息絶えた。本来邪見の人であったが、晩年に毎日の朝暮に発願文を唱え弥陀の宝号、法華の題目を唱えていたという。往生はこの善事によるというのであり、悪人往生の例といえる。[20]

肥前国基肄郡の小松寺の上人は、端坐して念仏すること二十余年という人物で、手に定印を結び西に向かって死去した。多くの人が来て十二日後も入定のままであった。埋葬された後も、師僧の夢に上人が現れて墓の掃除を頼んだ。墓をあばいてみると塵埃が積もっており、これを除くと身体と定印はそのままであり、多くの人が褒め称えた。ここでは、往生者の公開といった場面をうかがうことができる。

三善為康がまとめたもう一つの往生伝である『後拾遺往生伝』についても検討を加えていきたい。このなかでも往生者の様子は、身なりを整え一心に念仏するなど定番の行動を踏まえている。高僧や高貴な身分の人物の伝もあるが、聖や下級の僧侶、俗人の往生も多数書かれている。注目したいのは結縁のため往生人を見るという行為である。

入道忠犬丸は、興福寺荘厳院定覚僧都の大童子であったが、壮年に出家して願西と名のった。小豆で念仏の数を数え千石を目指し七百石に及んだという。ある人の夢に忠犬丸は生身の阿弥陀仏であるという噂が流れ結縁者が多数来集した。天永元年（一一一〇）西に向かい端座して念仏を唱え印を結んで眠るように逝った。遺体は腐らず一〇余日後に高野山から聖が来て棺をひらいて遺体を拝見した。[21]

こうした往生者への拝礼はいくつかみられ、左馬大夫藤原貞季は、白河院の滝口の武士で、長承三年（一一三四）死去するが、村の男女が多数来たとされる。遺骸は船岡山に葬られた。播磨国の棚原聖が往生を遂げた時は、「本所当郡両郡人民一千余人」が来て殯葬（送）した。[22]

仁平元年（一一五一）に書かれた『本朝新修往生伝』にも

こうした公開される往生者の例がある。近江国犬上郡の一老尼は二十年来の念仏者であり、久安二年（一一四六）に死期をさとり懺法を修し音楽を奏し、衆僧を迎え迦陀を誦し合殺を唱え、端座して示寂した。見るもの垣のごとしという様で、多数の結縁者がいた。数日葬られず、暑い中遺体は腐ることもなかった。沙門円能は、仁平元年（一一五一）念仏回向して結跏趺坐したまま亡くなるが、「城中之人、見聞成レ市」といった様で船岡山に葬る時は、人々が音楽を奏して道を囲んだとされる。結縁者が殺到したのである。(23)

以上みてきたように浄土教に基づいた臨終の迎え方が平安時代以降の日本社会において大きな影響力を持ったことはいうまでもないが、南都仏教、天台宗の法華経信仰、天台密教、真言密教など諸宗の僧侶が修行の結果として往生を遂げるといった記事が多い。臨終の際にもこれら諸宗派、顕密諸宗の修行を踏まえ、念仏や阿弥陀如来の手と糸を結ぶといった作法以外に法華経・真言の読誦があった。いわば顕密仏教の各種修行の成果としての往生があったのである。

当然、臨終行儀についても、真言宗にみられるように独自のものを整備する動きもあった。(24) 真言宗において臨終行儀を積極的にまとめた覺鑁（一〇九五～一一四三）の『一期大要秘密集』のなかでは、「四、奉請本尊用心門」において本尊と病人とを結ぶ五色の幡もしくは糸の記述もあり、香を焚き香煙上に諸仏の影向を見て臨終を待つことが肝要とされた。(25)

「八、決定往生用心門」では、知識（僧侶）五人を招いて臨終を迎えることが勧められ、病人の希望によって端座して死を待つことも意思に任せるとするが、頭を北にして顔を西に向けることが釈迦の涅槃に倣った姿勢としている。看病にあたる知識は陀羅尼を誦したりして病人を助けた。病人の吐く息に合わせて念仏することによって四重五逆等の罪も消え、極悪人も往生できるとしている。(26)

また、「九、没後追修用心門」では、臨終に際して地獄に堕ちる者には十五の相が現れるといい、臨終を迎える者の状態を重視していることも注目される。こうした悪相が現れた時は、すぐに仏眼・金輪・正観音・地蔵などの修法を行うとしている。

源信以来の浄土教の臨終行儀を踏まえながらも真言宗的な思想と儀礼を合わせて臨終の作法を定めているのである。

往生伝の中でももう一つ注目しておきたいのは、身体の在り方や周囲の対応である。源信の段階では身を横たえ臨終を迎えることがいわれたが、先に見てきたように各種往生伝の中では端坐、結跏趺坐して死を迎えるものもあった。多くの往生者は死期を覚り浄衣に着替えて死んだことになっている。

源信の「二十五三昧起請」などは同行の僧侶が扶助し合って最後を迎えるという現代のターミナルケアの側面を強く有していたが、往生伝の記述は次第に理想化した死の作法になっていくのである。また、往生したかどうかは臨終時、死後の奇瑞でしばしば証明される。これらは各往生伝で共通する事項であるが、さらに周囲の人々が奇瑞を見聞するだけでなく積極的に見物に行くといった行動も注目される。臨終の時、劇的な展開を人々が期待するものとなっているのである。

これに関連して問題となるのが、往生者に結縁すると死の穢れが発生するかどうかである。かつて、先行研究では「往生人に死穢なし」といった事例が紹介されたが、[27]その後、議論は深められていない。しかし、往生者の遺体を確認する例は先に掲げたようにいくつもあり、穢れを気にせず結縁する動きもあったといえよう。同室に同座しなければ触穢とはならないが、死の穢れが全く払拭されるのかは不明な点もある。往生伝の中では穢れを超越して積極的に往生者に結縁する人々が多数いることを記録している。

以上、十二世紀前半までの臨終行儀、往生人の実態をみてきたが、次章では中世における変化を検討していくこととする。

二、鎌倉時代の死の作法

中世には、古代以来の顕密諸宗が引き続き国家的仏事を担うことによって正統仏教の地位を保持して社会的にも大きな力を持った。当然、臨終の作法についても影響力はあった。いわゆる鎌倉新仏教の諸宗も活動するがまだまだ少数勢力であった。しかし専修念仏の教えをはじめ、この時代の特徴的な動向も目立った。

そのなかで十三世紀後半にめざましく台頭するのが禅宗である。禅宗は、日本から南宋・元に渡る者、日本に来た渡来僧といった大陸との密接な交流によって当時の中国仏教の情報を日本に伝えていた。

禅宗は臨終の作法についても独自の影響力を持った。鎌倉時代にいちはやく禅宗の独立を唱えた栄西とその門流、さらに京都に東福寺を創建した円爾の門流、聖一派の動向をみながら死を迎える作法を考えていきたい。

禅僧の臨終作法については、これまで臨終間際に詠まれる遺偈が注目されてきている。菅原昭英氏は、東福寺円爾（一二〇二～八〇）を中心に当時の禅僧の臨終作法を論じており、中国の遺偈作法からの影響、本稿第一章でもふれた往生者との結縁の問題についてもふれている。さらに鎌倉時代における遺偈作法の受容と円爾の臨終の状況を取り上げながら臨終ヒロイズムの減退と評価している。[28]これまでの研究がどちらかといえば「禅僧らしい」死に様として、卓越した禅僧の事例が羅列的に紹介されるものであったが、菅原氏の論考は禅僧の遺偈作法を歴史的に検討したもので画期的な成果である。ただ、臨終ヒロイズムが減退していくかといえば、検討を要し、以下みていくように鎌倉時代末まで社会的な影響力は広がっていったのも事実である。

また、禅学研究者による遺偈の内容の解釈や事績の紹介は大いに参考となることはいうまでもなく、後世、遺偈は墨蹟のなかの一分野として珍重され、師の最後の説法の記録、生涯で培った境地の表明として扱われ、日本では多数の作品が珍重され伝来している。[29]

こうした成果に導かれながら、今一度、鎌倉時代の往生と禅僧の事例について再検討していきたい。鎌倉時代の説話集として知られる無住道暁（一二二六～一三一二）の『沙石集』（弘安六年・一二八三）には、諸宗の往生人の話や禅僧の死がいくつも記されており、鎌倉時代の死をめぐる作法をみる上では有益である。

無住は、当時、念仏門の流布によって悪人往生を言い立てるものが出てきて、戒を守る者、経を読む者は往生できないと曼荼羅に図したものまで現れたことを嘆いている。無住はこうした人々を「偏執我慢ノ心」として批判し、邪見として退けている。[30]専修念仏の広がりに対する批判を念頭に往生について論じている。

信州の上人は、密教の行者で弟子も多い人物であったが、病に臥し魔障に惑わされ眼もうつろであった。これを見た弟子たちは臨終正念のために慈救呪を誦し、その中の一人の行人は特に心を凝らして読誦した。これによって不動明王の剣をもって魔障を払った。こうして上人は「臨終如法ニ目出タカリケリ」とされている。真言密教の陀羅尼の力による往生である。[31]

弥勒行者の例もあり、石清水八幡の唯心房という上人は真言宗広沢流の流れをくむ真言師であったが、弥勒信仰を持ち兜率天の内院に往生することを願っていた。文永（一二六四～一二七五）の末年、胎蔵法の行法の最中に礼盤の上で入滅した。弥勒浄土に往生したことは間違いなく、弥勒は胎蔵界の大日如来とすることもあり、この行法により往生したとされた。これに続けて無住は、真言の優れたことを主張し、伝法の師は比丘僧に限るが、在家の善男善女も真言修行することを勧めている。また、法然もこれを認めているとし、法然の弟子である醍醐竹谷の乗願房宗源が天皇から亡魂菩提を弔うのに有益なものを問われた時に宝篋院陀羅尼、光明真言がすぐれていると答えたことを紹介している。[32]無住は、専修念仏の徒が余行を排して密教をはじめとした諸宗を排斥することを嫌うのである。

別の説話では鎌倉時代後期の状況を紹介し、

近代ノ念仏宗ノ人ハ、多ク余行余善ヲバ、雑行トソシリクタシテ嘲リ、世間ノ名利名聞ト三毒十悪ヲバ不恐憚。コレ大キニ愚癡ナリ。

として「万行倶廻シテ、皆往生スベシト」いう立場であった。[33]

京都北郊小（大）原の上人は、道心ある僧で憂き世に長く生きることを嘆き、首をくくって臨終することを用意した。同朋の僧たちが良い心がけとして往生講を修した。これを京都の道俗男女が聞きつけ結縁するために集まってきた。上人は死を躊躇し始めるが弟子が促してしぶしぶ首をくくって死去した。人々は拝み尊び、遺物を形見に持ち帰った。自死による往生、それに結縁する人々がみえる。ただ、この上人は、死を躊躇したことにより執心があったとされ魔道に堕ちたといわれた。[34]この他、入水による往生の例もあった。[35]死に際の覚悟の重要性が説かれている。

高野山の道心者の例では、最後の十念を唱えても妄念があれば往生できないとしている。また、別の高野聖の場合も端座合掌して念仏を唱え息をひきとっても、顔の表情が快きものでないといけないとする。[36]執心、妄執のあることを戒め、臨終時の様子が殊に問題とされるのである。

『沙石集』のなかでは、むろん優れた往生者、臨終の様も記されている。松尾の証月房慶政は天台宗園城寺の門流で密教の修行につとめ、宋に渡り帰国後は京都西山に法華山寺を開き、めでたく臨終を遂げたとされる。[37]慶政は、『続拾遺往生伝』等の往生伝を書写したことでも有名な人物である。

上野国の行仙房は、真言師であり念仏の行者でもあった。弘安元年（一二七八）に没するが、前年より臨終の時を知り病となる日、入滅の日を日記に記していたという。禅寺である世良田長楽寺の明仙長老とも法談を交わしていた。端座して死去し、その時には紫雲がたなびき音楽が聞こえ異香が室に満ち、見聞の僧俗が市をなした。念仏門の人は心地の修行をすべきで、禅門・真言の人は念仏の行を軽んじてはならないとしている。

無住は、当時の諸宗の僧を評して、顕密の僧は渡世のために学問をしたり修行をしているとする。臨終の時にあわてて念仏や真言を唱えるのではだめであり、平生から臨終にそなえるべきという。[38]

さらに、無住は顕密諸宗の僧侶達の現状を批判し、中古ノ諸宗先達ノ事ハ、伝ニノセタリ。面々志フカク、知行徳タケテ、臨終皆禅定ニ入ガ如シ。別ノ奇特ナク、安然トシテ化スト云ヘリ。凡仏道ニ身ヲ入、解脱ニ心ヲカケテ、何ノ宗ヲモ学シ行ゼンハ、一筋ニ臨終ノ行儀ノナラヒナルベキニ、仏法ノ学行スタレテ、纔ニ教門ヲ学スレドモ、菩提ノ為ノ志ハウトク、渡世ノ思ハフカシ。サルマヽニハ、顕密ノ学人、仏法ヲ以テ世ヲ度ル橋トシ、聖教ヲ以テ身ヲ養媒トス。(39)

として、昔の諸宗の高僧は禅定に入るように死去した。いずれの宗派においてもきちんと学び修行をすれば臨終行儀の準備になるという。ところが近年は、わずかに教学を学ぶだけで悟りを得ようとする志がなく、仏道を修することが渡世の手段になっているというのである。

さらに、無住は律儀、禅門が当世流布してきており、縁を結んで行を励むべしとしている。顕密の学匠が臨終のために慌てて念仏、真言を唱えるのは、「渇ニ望ンデ井ヲホルガ如シ」と皮肉っており、平生の修行が大事なのだといっている。行住坐臥に修行を心とすべしとする。そこで禅宗の優れた点をあげていく。

禅門ニ涅槃堂裏ノ禅ト云フハ、最後ノ念ニ住シテ、坐禅スルナリ。道心者ノ風情カヽルベシ。念仏門コソ、最後ノナラシナルベキニ、ソレモ名僧ハ猶ウトクヤ。真言ノ道心者ノ念仏ノ行ト、禅門ノ修行、マコトノ臨終ノナラシナリ。(40)

としている。日頃、禅僧たちはぎりぎりの決着をつけなければならないところに自分を追い込んで修行をしており、それが臨終の準備、練習になるというのである。あわせて真言修行者の最後の念仏も高く評価している。

こうした主張に続いて禅僧たちの臨終が紹介される。鎌倉寿福寺の老僧は、年来、密教の阿字観を修行していたが、さらに渡来僧蘭渓道隆のもとで長年坐禅修行した人物であった。死期をさとり蘭渓に暇を告げ、風邪気味とのことで延寿堂へゆき、椅子に坐して定印を結び、眠るがごとくにして死去した。

栄西の最後は、次のように記されている。

サテカノ僧正、鎌倉ノ大臣殿ニ暇ヲ申テ、「京ニ上テ臨終仕ン」ト、申シ給ヒケレバ、「御年シタケテ、御上洛煩シクモ侍リ、何ニテモ御臨終アレカシ」ト、仰セラレケレドモ、「遁世ヒジリヲ、世間ニ賤ク思ヒアヒテ候時、往生シテ京童部ニミセ候ハン」トテ、上洛シテ、六月晦日ノ説戒ニ、最後ノ説戒ノヨシアリケリ。七月四日、明日ヲハルベキ由披露シ、説戒目出クシ給ケリ。人々最後ノ遺戒ト思ヘリ。公家ヨリ御使者アリケルニ、客殿ニシテ御返事申テ、ヤガテ端坐シテ化シ給ニケリ。門徒ノ僧共ハ、ヨシナキ披露カナト思ヒケルホドニ、同キ五日、安然トシテ化シ給ヒケリ。カタ〳〵目出カリケリ。(41)

栄西の死去に関わるこの話は、有名なものであるが、あらためて全体を検討すると、栄西は源実朝に対して、遁世聖として自身が軽く見られていることを挽回するため京都で見事な往生を遂げると宣言したことがわかる。上洛して京童に見せるということは、自らの往生を公開して広く知らせるとの意思であった。また、死期を自覚して人に伝えるということも往生者、高僧にとって必要なことと意識されていた。

『沙石集』では、これに続けて上野国世良田長楽寺の釈円房栄朝を紹介している。栄朝は、栄西の弟子で宝治元年（一二四七）に入滅するが、臨終時には寺中に光明がみえ、端坐して印を結び北を向いて入滅した。葬儀の時も坐儀平生の如くとされる。

栄朝の弟子、朗誉長老は鎌倉寿福寺の長老にもなった人物である。建治二年（一二七六）に入滅するが、大衆に暇乞いをした翌日、観音像に焼香礼拝して椅子に坐して手に印を結び入滅した。辞世の頌を遺している。朗誉については、渡来僧兀庵普寧も彼を智者として誉めており世間では清潔の勤行、真言をもとにして心地を得たとされている。

奥州松島の法心房性才は、晩年に出家し「一文不通」の人物であったが、渡宋して径山の無準師範のもとで修行した。臨終のことを七日前に侍者に告げ、椅子に坐して侍者に頌を書かせた。「来ル時モ明々タリ、去ル時モ明々タリ、此即何物ゾ」と言い、侍者が一句足らないというと一喝して入滅した。無住は、臨終作法の素晴らしさを称え、性才は無準師範から与えられた一円相の中に丁の字を入れた公案をもとに悟りを得たという。

無住は、さらに続けて

猶略セバ無ノ一字ニ足レリ。祖師一字ノ観ヲ示ス事、真言・禅門方便殊ナレドモ、一字ヲ以テ修行トスル事コレ似タリ。(42)

とする。無住は、世を渡るために学問に励む顕密の学僧らを批判し、修行を重視し、性才のような「一文不知」の禅僧を高く評価する。また、禅と並び真言の行も重視していることが注目される。

禅僧の臨終では、次に蘭溪道隆の死が取り上げられる。蘭渓は、弘安元年（一二七八）に入滅するが、その時刻に臨んで北条時頼に長年の外護への感謝を述べ、別れを告げて法衣一領を贈った。辞世の頌をのこして没し、火葬の後、舎利を

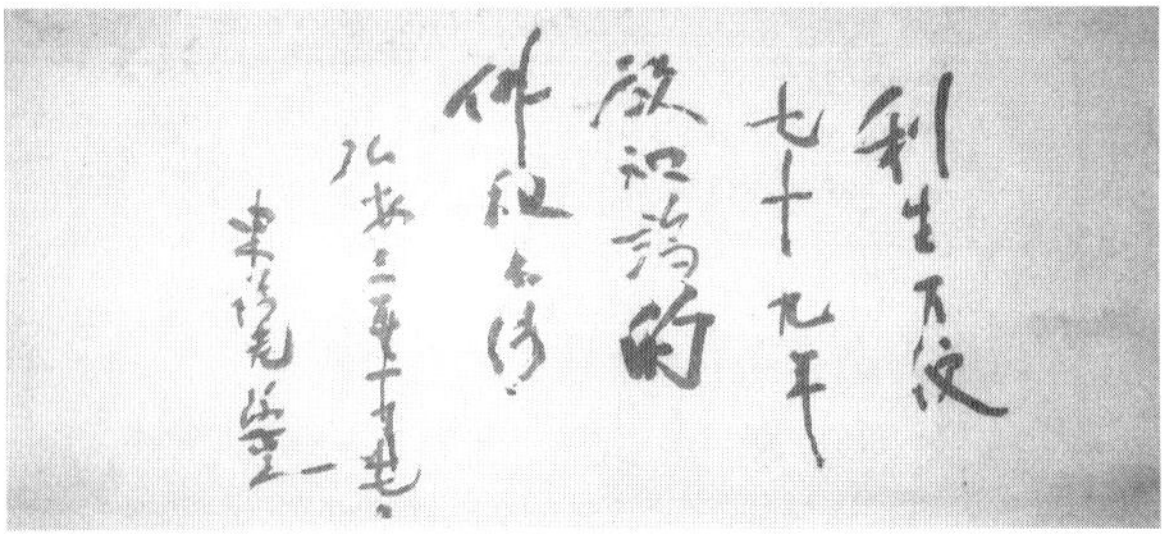

図2　東福寺円爾（聖一国師）遺偈（東福寺蔵）

得たとする。(43)

東福寺の円爾（聖一国師）は、京都東福寺の開山として知られ、九条道家の帰依もあり京都に禅宗を定着させるにあたって大いに活躍した。弘安三年（一二八〇）に入滅する。

夏ノ初ヨリ、老病ニ久ク犯サレ、起居アタワズシテ、塔頭ニシテ療養ス、十月十五日、法堂ニシテ上堂シテ、入滅ノ由シ示サル。門弟、此ヲユルシタテマツラズ。仍テ十七日、大衆ニ告テ、入滅ノタメ法堂ノ鼓ナラスベキ由、侍者ニ告テ、椅子ニ坐シテ、辞世ノ頌書畢テ入滅。京中ノ道俗貴賤、市ヲナシテ拝スル事三日、其後坐シナガラ龕ニ納メ畢ヌ。近キ事ナレバ委ク記サズ。

彼頌ニ云、

利生方便、七十九年、欲知端的、仏祖不伝。

弘安三年十月十七日　東福老　珍重(44)

円爾は、死期をさとり門弟にこれを告げ、最後の上堂説法をしようとしたが門弟に止められた。弟子たちは師の死を少しでも先送りにしたいと願っての行動といえる。十七日に入滅のため法堂の太鼓を鳴らすようにいい、椅子に坐して辞世の頌を書いて死去した。三日間、京中の人々が多数訪れ遺体を拝したという。これまでの往生人にもあったが、禅僧の死も公開性を持ち、最後に辞世の頌を書き終わって死去するという作法が注目される。円爾の記事の後に、世良田長楽寺の一翁院豪の弘安四年の日付の入った辞世の頌が記録されている。各地で遺偈が作成され、その内容が流布していたのである。

こうしてみてくると『沙石集』では、すぐれた死の作法のもと入滅した往生者として、諸宗の僧と共に禅僧がさかんに採り上げられていることが注目される。これまでの往生伝にあったような死期の予測、奇瑞、端坐しての死去など共通点もあるが、禅僧だけに坐禅しながらの入滅が重要であった。偈頌作成も新たに付け加わった要素である。特に、臨終時に力を振り絞って書くといった行為が重視された。現存の東福寺蔵、円爾の遺偈（**図2**）は字は乱れながらも死に臨み渾身の力で書いたものとされる。こうした臨終時の遺偈が、鎌倉時代には多数作成され、禅僧の臨終作法の重要な要素とされたのである。近現代においても禅僧の墨蹟が好まれるが、遺偈は特に珍重され鎌倉時代・南北朝時代の作品が門派の拠点寺院に伝来してきたのである。(45)

禅僧が死を前にして作成する偈頌、遺偈については、これまでも禅僧の修行の成果を最後に示すものとして注目されてきた。今一度、禅宗における遺偈の意味を整理しておきたい。

宋代崇寧二年（一一〇三）に編纂された『禅苑清規』では、臨終に関わる規程がある。清規は、禅寺の生活規範・組織・儀式をまとめた規程集である。亡僧の項目では、(46)病気になった僧侶の看護の場は延寿堂であり、そこには堂主がおり世話にあたった。病が進むと堂主・維那・監院など役職者が集まり病人の願いを書き取り、祠部牒や衣物を堂司に入れて管理した。維那は、病僧の前で念誦し、僧衆をたのんで仏の名を唱えることもあった。回向の中で、治癒の見込みのあるものには延命を願い、病の重篤な者に対しては共に阿弥陀仏を十念すると記している。まず最初に阿弥陀仏を嘆じ、大衆は病人のために長声に阿弥陀仏と四聖（阿弥陀仏・観世音菩薩・大勢至菩薩・大海衆菩薩）の名号を念じた。回向の中では、病人の軽安を祈り安養に生まれることを願った。さらに清浄の念をもち俗事から離れることを勧めた。これらは、臨終の作法といえ、中国の禅林においても病人が安らかに死を迎えるための方法が定められていたのである。住持クラスの僧が死去した時の尊宿遷化の項目には、(47)坐化の言葉がみえ端坐して入滅することが記され、方丈に遺体を安置した時に、遺誡遺偈を牌上に貼るとしている。ただ、先に紹介した日本の禅僧のように臨終に書き記したのかは不明であるが、事前に遺誡遺偈を用意するのが決まりであった。

遺偈については、中国の禅僧の伝記を集成した『景徳伝灯録』（景徳元年・一〇〇四年）をみても端坐して入滅したことや遺偈がすべての禅僧について書かれているわけではなく、死に方は様々であった。しかし、『沙石集』にみられる禅僧の死は劇的であるし、円爾にみるように死に際に遺偈を記すなど臨場感をもつものであった。

往生伝は、鎌倉時代になると少なくなるが、往生への関心がなくなるわけではない。法然や親鸞の専修念仏の教えでは、念仏への信によって往生は確定されるわけで、臨終の作法は不要ともされるが、現実には様々な形で臨終の奇瑞をはじめ往生への希求はあった。法然・証空をはじめ法然門下の臨終の在り方については、源信以来の臨終行儀が重視されていたことも明らかにされている。(48)この意味では、鎌倉時代になっても念仏者の往生への関心は高く、臨終の作法は多くの人々にとって切実なものであった。

法然門下の往生の様相についてみていくと、『法然上人絵伝』（四十八巻本、以下『四十八巻伝』(49)）が鎌倉時代における期待された往生の様相をよく示している。『四十八巻伝』の成立は、後二条天皇の徳治二年（一三〇七）に作成が始まり、十余年の歳月をかけて長大な絵巻が文保二年（一三一八）頃に完成したとされる。法然の消息はもとより法然門下弟子たちの消息、記録をもとに編纂されたと考えられ鎌倉時代の浄土諸門流をみるうえで貴重な記録といえる。

巻一〜三八巻は、法然の生涯と往生を描き、そのなかでも巻二五〜二八には、北条政子をはじめ関東武士と縁者の往生人の記事もみえ、日本列島全体に往生の作法への関心が高まっていることがわかる。

巻四三〜四八は、法蓮房信空・西仙房心寂・長楽寺隆寛律師・俊乗房重源・聖光房弁阿・善慧房証空などの法然門下の弟子たちの生涯と往生を描いている。法然の弟子たちの往生をみても奇瑞や来迎をみるなどこれまでの往生人の定番の様相が描かれている。また、宇都宮頼綱や薗田太郎など合戦で活躍し殺生に手を染めた者も念仏の教えに従えば往生は可能であった（巻二六）。『四十八巻伝』は、鎌倉時代における浄土門流の往生を通覧する上では有効な史料といえる。

巻二六には、鎌倉幕府の中心人物であった西明寺入道北条時頼も若い時には小倉の智明という念仏者の教えを受け、この智明も往生を遂げたことが記される。さらに法然の孫弟子、敬西房（法蓮房信空の弟子）が鎌倉に下向した時には、「法然上人伝」を北条時頼に進覧し、時頼は念仏の安心について質問したという。弘長三年（一二六三）十一月二十二日、時頼は端坐して往生し（図3）、立ち会った諏訪入道蓮仏が敬西房に手紙でこのことを伝えている。(50)『四十八巻伝』は、法然門流の伝記や思想の集大成であり、様々な潤色も考慮しなければならないが、鎌倉時代の法然の教えの広がりをみる上で重要であり、北条時頼が往生人として描かれていることは注目される。

一方、『吾妻鏡』弘長三年十一月二十二日条の記事は、これまでも有名である。

戌尅、入道正五位下行相模守平朝臣時頼（法名道崇、御年三十七）、於二西明寺北亭一卒去、御臨終之儀、着二衣袈裟一、上二縄床一坐禅給、聊無二動揺之気一、頌云、

業鏡高懸　三十七年　一槌打砕　大道坦然

弘長三年十一月廿二日道崇珍重云云

平生之間、以二武略一而輔レ君、施二仁義一而撫レ民、然間、達二天意一、協二人望一、終焉之尅、叉レ手結レ印、口唱レ頌而現二即身成仏瑞相一、本自権化再来也、誰論レ之哉、道

図3 「法然上人絵伝」（四十八巻本）巻26（知恩院蔵）。椅子に坐すのが北条時頼。

俗貴賤成レ群奉レ拝レ之

とある。ここでは、先にみた禅僧の臨終の作法に倣ったことがわかり、遺偈は南宋の笑翁妙湛のものを年齢の所を変えたものであることが指摘されている。(51) 端坐して即身成仏の瑞相とされ、多くの人々が拝したということから、公開された劇場型の往生といえる。先にみた『四十八巻伝』巻二六では、時頼は唐衣を着ていたとされ、禅僧の姿で入滅したことがわかる。事実、絵の部分（**図3**）では、黒衣と禅宗様の袈裟、禅僧が用いる椅子に坐しての往生が描かれている。

北条時頼と法然門下の念仏者の交流があったことも事実であろうが、『禅苑清規』の宋代における禅僧の死の迎え方でふれたように、禅僧たちも阿弥陀浄土への往生は願っていた。『四十八巻伝』は時頼と念仏者の交流をもとに浄土教の往生者である点を強調してこの場面を描いたのである。いずれにしても鎌倉時代後期には、念仏者、禅僧ともに往生の様が自らの宗教的到達点を示す場として意識され注目されていたのである。『沙石集』が禅僧の死の作法を列挙するのもこうした時代状況を反映している。

禅僧たちにとっても、死の作法を他宗派と差異化を図りながら強調する必要があった。それは、円爾の死にみたような最後の力を振り絞り遺偈を書いたり、北条時頼のように偈頌を唱え入滅することであった。

三、禅僧の死の作法と反響

次に鎌倉時代に編纂された僧伝の集成である『元亨釈書』をみていきたい。『元亨釈書』は、東福寺円爾を祖とする聖一派の禅僧、虎関師錬（一二七八～一三四六）の手になるもので、仏教伝来以来、初めて日本の仏教史を論述したものとして有名で、諸宗の僧の伝記を集めている。近年、『元亨釈書』編纂の意図が、顕密仏教との対抗のためであったという指摘もあり[52]、伝の部分も客観的な伝記の集成というよりも、日本における禅宗の広がりと宗派としての優越性を喧伝するものであったことに注意すべきである。この書は元亨二年（一三二二）八月に完成しており、鎌倉時代後期の臨終観をみる上でも貴重な史料である。

諸宗の高僧の伝を記した際に臨終の様相は必ずしも記されるわけではなく記述は少ない。いくつかの例を挙げると、日本の法相宗の祖として知られる道昭（六二九～七〇〇）は「操浴浄衣、趺坐縄床」し光明が部屋にあふれたとされる。『往生要集』の作者源信は定印を結び端坐して遷化、天楽が空に響き、奇香が四方に散ったとする。源空（法然）は菩薩の来迎をみたといい、高らかに仏号を唱え弟子たちも唱和した。慈覚大師の袈裟を着て頭を北にして西を向き光明遍照の偈を唱えて示寂したとする。高野山に遁世した明遍は「臨亡之時、祥瑞尤多」とされる。栂尾の明恵上人高弁は、右脇を下にして臥せ「南無弥勒菩薩」と唱えて閉目した。葬るまでの間、容色は変わらず香気がただよった。往生伝などで描かれる臨終の様が記されているが、全体に簡略である[53]。

『元亨釈書』感身の項目では、多数の往生者が紹介される。各種往生伝でも出てくる勝尾寺証如をはじめ、往生の様が描かれる。定印を結び端坐して示寂する者、多武峯増賀のように法華経を誦して金剛印を結び示寂する者[54]とこれまでの往生伝を参照したとみられる。

これらに対して禅僧の死には、先の『沙石集』にみたように坐禅や偈頌などの要素が加わってくる。栄西[55]の死も『沙石集』の内容と趣旨は同じで栄西が京都で臨終を迎えることを願い、「我当唱㆓末後㆒、顕㆓煥王都㆒耳」といい、末後の一句すなわち遺偈を特筆している。「晡時坐㆑椅、安祥而逝」とされ、寺の上には奇瑞として虹が見えたとする。

道元は、「告㆑衆書㆑偈化」とされ、遺偈を書いて示寂した。長楽寺の栄朝、松島寺の法心については、『沙石集』と同様の記事である。紀伊国由良興国寺の開山であった無本覚心は、弟子たちに辞偈を求められると自分は平生文墨を退けているといって端坐して示寂した。荼毘の後に五色の舎利を得たという。鎌倉建長寺の蘭渓道隆も偈を書いて大衆に別れを告げて寂した。荼毘の後、五色の舎利がのこった。[56]

浄妙寺の了然は、蘭渓道隆のもとで修行し正嘉元年（一二五七）に相模国浄妙寺の住持になった人物である。臨終偈「七十一年、夜夢粉然、一旦覚来有二何事一、水在二澄潭一、月在レ天」を作成した。弟子が南宋に渡りこの語を示したところ、石帆惟衍（虚堂智愚の兄弟弟子）、希叟紹曇（無準師範の弟子）が語をつけて称賛したという。[57] 遺偈の文化が東アジア共通であったことが強調される。

無関普門は、東福寺の住持を経て、亀山上皇の帰依を受け南禅寺開山となった人物である。無関は亀山の依頼で禅林寺殿の怪異を鎮めたことで帰依を受けた。『元亨釈書』はこれを受けて、

上皇私念、宮怪鎖伏、或恐禅家之通効也、不二必独門之有一也、見二我寂迹一、定二門之徳業一、兼探二心宗之云為一耳、以レ故日夕幸二寝室一、綺紈与二壊衲一相交、十二月十二日、書レ偈安祥而坐化、上皇益固二心禅門一、賜二諡仏心禅師一[58]

とされ、亀山は怪異を鎮めたのは禅宗の力であり、必ずしも無関一人の徳ではないと考え、無関の死が迫ったときに日夜東福寺の寝室に通い、粗末な衣を着て禅僧と交わった。正応四年（一二九一）十二月十二日、無関が偈を書き坐化すると、亀山はこれにより禅宗に深く帰依して無関に仏心禅師の号をおくった。ここでは、亀山が無関の死に様を観察して禅僧の力量を測ろうとしたことがわかる。

事実、亀山はこの日、東福寺に行っている。『実躬卿記』では、

十二日、雨降、東福寺長老（無関）普門上人自二去比一不レ食、所労増気、大略若存若亡云々、仍（亀山法皇）禅林寺殿蜜々臨二幸東福寺一云々、予所労雖二少減一尚不快之間、為二相労一不二出仕一也、十三日、晴但申下刻片時雨下、普門上人去夜子刻入滅云々、[59]

亀山は、臨終間際の無関を東福寺に訪ねており、無関は何時死ぬかわからぬ状態であった。こうした状況に、亀山はあえて訪れたわけであり、臨終を見聞するつもりであった。日記の記主である三条実躬は、所労と称して出仕していないが、触穢を嫌ってのことも考えられる。

この状況は、虎関の編になる「文応皇帝外記」[60]では、

今茲冬門（無関普門）病二慧峰一、上皇幸レ寺看病、臘月十二門寂、上皇親見二溘焉之明白一、益厚レ信、

とあり、亀山が無関の死に様を直に見に行き、その状態を見

て禅宗に対する信を厚くしたとしている。死に様をどう見せるかが僧侶としての宗教的力量を示すことになっているのである。

応永七年（一四〇〇）に書かれた「無関普門塔銘」には、

既而打レ鼓、為二入室罷一、諸弟子画二頂相一相二求賛詞一、
語句精妙、筆力猶健也、至二中夜一、更衣端坐、上皇研レ
墨泚レ毫、勅令レ写レ偈、師便摂而、書曰、来無二所従(住)一、
去無二方所一、畢竟如何、喝、不レ離二当所一、預嘱二行者一撾
レ鼓、大衆畢集、告二別垂誡一、跏趺而化、閲レ歳八十、臘
六十二、是年十二月十二日子時也、闍維後収二遺骨一、塔二
於恵日山之龍吟岡一焉、上皇親二覧末後光明盛大之事一、
特賜レ賛曰、叢林老作二人天眼一、電巻星馳追也難、三尺
竹篦三尺鋏、未二曾動着一逼二人寒一、(61)

とあり、無関が臨終を迎えるまでの状況が詳しく記される。無関は弟子たちの求めに応じて頂相に賛を付し、夜には衣を替えて端坐して臨終を迎えようとした。亀山上皇は無関に偈頌を書き写すことを命じ、無関はこれを書き終えると行者に太鼓を打たせて大衆を集め別れを告げ結跏趺坐して示寂した。亀山は無関の臨終のすばらしさを目の当たりにして自ら賛文を作成したという。現在、無関の頂相に亀山が賛を付したものの写しが南禅寺に伝来している。(62) これらをみると、禅僧の死に様が如何に注目を集めていたかがわかるのである。

『元亨釈書』の内容にもどると、この他、約翁徳倹・円爾・無学祖元・大休正念・一山一寧・無為昭元・白雲慧暁・蔵山順空・規庵祖円については、事績の後に臨終の様を記し、偈を書いて衆に別れを告げるといったもはや定型化した記事が続く。(63) また、円爾や大休正念については弟子たちが遺偈を乞うて書き終えると筆を投げて逝去するといったような劇的な最後を描いている。

これらをみると、『元亨釈書』では顕密僧の一部の往生を記すのに対して、禅僧たちのほとんどは、死期をさとり弟子たちの前で遺偈を唱え或いは書いて示寂するといった公開性を持った劇的な死を描いている。亀山法皇のように直にそれを確認するような出来事もあったとしているのである。この意味で『元亨釈書』はいわば禅僧の往生伝的な色彩も持つのである。また、鎌倉時代の禅僧が死の作法を如何に意識していたかを知ることができる。

『沙石集』の中でみた栄西のように、臨終の様、禅僧の死の作法を人々に見せることが僧侶の宗教的力量を示すことになり、禅宗の立場を確立する手段とも意識されていた。それ故、虎関師錬も『元亨釈書』のなかで繰り返し、禅僧の臨終を記したのである。

南宋の禅林でも『禅苑清規』坐禅儀に[64]「超レ凡越レ聖、必仮二静縁一、坐脱立亡、須レ憑二定力一」とあるように、端坐して遷化したり立ったまま涅槃に入ることは、定力によるとされ、禅僧として理想の死の作法であった。道元もまた『普勧坐禅儀』[65]で同様の語を引用しており、鎌倉時代の禅僧にとって坐脱立亡は自らの修行の成果を示す場面であることは認識されていた。

鎌倉時代の後期には、鎌倉の北条得宗、京都の亀山法皇・後宇多法皇によって禅宗への信仰が高まり禅宗の興隆がみられる。これによって禅宗と顕密諸宗との軋轢も高まるが、禅宗の宗として確立、禅僧の宗教的な力の表明として死の作法が喧伝されたのである。[66]

こうした禅宗における死の作法については、当然批判も巻き起こった。歌論書として書かれた『野守鏡』は、鎌倉時代後期の時宗や禅宗の動向を非難していることでも知られる。作者は、六条有房（一二五一～一三一九）とされ、彼は亀山上皇の側近であり、禅宗の台頭を目の当たりにしていた人物であることが注目される。十項目を挙げて禅宗批判を展開する九番目に以下のように記している。

次、宋朝はしらず、我朝の禅宗の辞世をきくに、大略平生の時にこれをつくりをきて、最後につくりたるといへり。且は妄語なり、且は名聞也、出離のさまたげとなるべきにや、これそのあやまりの九也。[67]

禅僧の遺偈は、生きているとき早くに作成し、これを最後の句と称しているだけだとし、内容はうそ偽りであり、世間で名声を得るためにしている行為と批判する。このように臨終における遺偈の表明は、禅宗批判の重点項目の一つとして採り上げられるぐらい、当時の社会で有名であったことがわかる。逆に言えば多くの人々の注目を集め禅宗に帰依する人々を増加させていたのである。

同様に十四世紀はじめに天台宗から禅宗を批判した書として近年注目を集める「天台一宗超過達磨章」でも遺偈が採り上げられる。

言二此坐禅一、徒居眠、日夜見二妄想顛倒夢一、嬾惰懈怠、如レ此一生造二虚受信施罪障一、臨終時有二戯々堪忍死禅僧一、或断末魔苦所レ逼狂乱時、弟子門徒深此隠名、媟二入定一、以レ湯媟二死骸一令二結跏趺坐一、名二辞世頌一、平生兼密結置、滅後弟子披二露之一、云二一念不生前後際断一、唯口唱意不証、吹無二生死一々宛然、因果道理無レ私、入息一絶後、不喘入二中陰闇一、迷二冥途旅一禅僧有様哀。[68]

とあり、禅僧が臨終に際してがまんしたり、断末魔の苦しみが迫るときに狂乱するも、弟子たちはこれを隠しているとする。遺骸を湯につけて結跏趺坐を組ませるという。辞世の頌については、かねて作成したものを滅後に弟子が披露しているのだという。一念のもと生死を断ち切るというが、ただ口で言っているだけで何の証拠もない。禅僧は生死無しなどというが、入滅後は中陰の闇に入り、冥土の旅に迷うと口を極めて非難している。

天台側の禅宗への批判点の中でも臨終の様は採り上げられ、鎌倉時代の禅宗が、生死無しといった自らの見解を示す場として臨終を如何に喧伝していたのかがわかる。天台宗側の批判の当否はおくとしても、禅僧たちの死の作法が形式化していたことをうかがうことができる。このように鎌倉時代には顕密系、浄土系の往生と並び禅僧の臨終が人々の注目を集めていたのである。

この後、禅僧の伝記上の臨終はまさに定型化していき、行状や塔銘などの記述[69]には『元亨釈書』の描写にならったものが繰り返し書かれるのである。むろん、禅僧が死に際して誰もが筆を振るい遺偈を書き残すことは無理であり、虎関師錬自身も弟子に命じて遺偈を代書させている。[70]五山の詩文僧としても有名な義堂周信は、嘉慶二年(一三八八)四月三日、死期が迫り弟子が遺偈のことを問うと自分は四十年来、人にせまられて紙墨に詩文を書いてきたが、今は手も不自由であり、これを求めるなといい、既に龕陰銘を作成したと言っている。このように遺偈は作成するものの、臨終間際に筆を振るうのは至難のことであった。義堂は四日に端坐して示寂するが、弟子たちが遺体を椅子に移している。さらに、相国寺の空谷明応・等持寺の絶海中津が来て、入定の相を確認して龕に収めた。[71]

むすび

以上、日本古代中世の往生についての記録を通覧しながら、死の作法の変遷と各宗派の影響を検討してきた。平安時代の往生伝のなかでは浄土教をもとした源信らの臨終行儀の影響は大きいが、二十五三昧会にみるように、本来看病や終末期の看取りといった実践的なものであった。しかし、往生伝にまとめられていく中で西方に向かい阿弥陀像と幡や糸で結ばれながら往生を遂げるなどの他に、奇瑞の発生、劇的な最後が加わっていった。横臥しての臨終の他に端坐して入滅を迎えるなど次第に見せ場的なものが増えていくことがわかる。また、阿弥陀の名号を唱えるだけではなく、顕密諸宗すなわち南都六宗・天台宗・真言宗の教えに基づいた臨終行儀が展開していく。法華経の行者は法華経の読誦や法華懺法などを臨終に集約して行うことによって往生を遂げた。真言を重んじる僧は修法や真言を唱える中入滅した。これも重要な臨終行儀であった。

さらに、世間一般でも往生への希求は強く、往生者への結縁が行われた。今まさに往生を迎えるときに立ち会うことや異香、紫雲など死後の奇瑞を見ることも多くの人々の関心を集めた。これ故に、劇的な死の作法が往生伝にも掲載されていく。往生が本来の実践的な看取りと大きく乖離していくのである。

鎌倉時代になっても往生への願望は引き継がれ、無住道暁の『沙石集』のなかでは諸宗の修行が重視され念仏や真言を誦して往生を遂げることが重視された。また、顕密諸宗の僧への批判もあり、渡世のための修学ではいけないとして、平生の修行の大切さを説いて、諸宗の修行のもと往生を遂げることが大事とされた。顕密僧への批判のもと鎌倉時代後期に台頭する禅宗や律宗、真摯な信仰を持つ聖たちへの評価が高かった。

鎌倉時代には専修念仏が広まるが、諸行を捨てたり諸宗を誹謗するといった理由で非難が高まった。『沙石集』のなかでも諸宗を誹謗する専修念仏者への批判は厳しく、無住は念仏や真言は重視するものの偏執を嫌った。

法然や親鸞は念仏に対する信を重んじ往生を確信したわけで、特段の臨終行儀は必要なかったといえるが、法然門流のなかでは、『法然上人絵伝』(四十八巻本)にみるように様々な往生の様が描かれた。古代以来の奇瑞や阿弥陀如来の来迎などが絵巻に描かれ、この時代の人々の往生に対する熱心な関心を見ることができる。

一方、この時期に台頭してきた禅宗は、『沙石集』にも記されるように坐禅しての入滅、遺偈の作成、末期の執筆など劇的な死の作法を提示した。禅宗が日本社会に定着していくにあたっては、古代以来の往生伝のなかに新たな死の作法をもって参入したといえる。禅僧の死の作法は、劇的なものとして描かれ北条時頼のように実践する者や亀山法皇のように結縁を望む人々も多数現れた。禅僧がその宗教的な力量を如実に表すものが死の作法であった。中国においても坐脱立忘や遺偈は重視されたが、日本においては往生伝の潮流に乗ってより拡大していったといえる。『元亨釈書』のなかの禅僧の伝記はこの集成ともいえる。禅僧の死の作法は、天台宗からの批判を呼び起こすが、社会現象として如何に注目されたのかの証左でもある。ただ、禅僧の死も次第に定型化し、念仏者の往生とともに一般の人々にとっては容易に実践できるものではなく、次第に往生の作法が伝記の中に埋もれていくのも事実である。

注

（1）神居文彰・田宮仁・長谷川匡俊・藤腹明子編『臨終行儀——日本的ターミナル・ケアの原点』（渓水社、一九九三年）。

（2）原田正俊「中世の禅宗と葬送儀礼」（『前近代日本の史料遺産プロジェクト　研究集会報告集二〇〇一—二〇〇二』東京大学史料編纂所、二〇〇三年）、同「葬式仏教の展開——古代・中世を中心に」（伊藤聡・佐藤文子編『日本宗教の信仰世界』吉川弘文館、二〇二〇年刊行予定）。

（3）井上光貞『日本浄土教成立史の研究』第二章摂関政治の成熟と天台浄土教の興起（一九八五年、岩波書店、初出一九五六年）。また、本稿でも取り上げる各種往生伝の内容を通覧したものとして、重松明久『日本浄土教成立過程の研究』第二編（平楽寺書店、一九六四年）がある。

（4）「往生要集」（『浄土宗全書』第一五巻、七六・八〇頁）。源信については小原仁『源信』（ミネルヴァ書房、二〇〇六年）が詳しい。また、臨終儀礼の展開については、近年のJacqueline I. Stone, **RIGHT THOUGHTS at the LAST MOMENT: Buddhism and Deathbed Practices in Early Medieval Japan**, University of Hawai'i Press, 2016が古代から近世に至る臨終儀礼、往生について論じている。

（5）『浄土宗全書』続十五巻、三〇三〜三〇五頁。

（6）『栄華物語』（日本古典文学大系）巻三十、三二七頁。

（7）『日本往生極楽記』二一頁〔六〕（『日本思想大系　往生伝　法華験記』以下、同書による）。

（8）船山徹『仏教の聖者』第八章「異香、室に満」（臨川書店、二〇一九年）。

（9）『日本往生極楽記』二七頁〔一六〕。

（10）『日本往生極楽記』二八頁〔一七〕。

（11）『大日本国法華経験記』の特色については、井上光貞「文献解題——成立と特色」（『日本思想大系　往生伝　法華験記』一九七四年）参照。往生伝と『法華験記』の関係は菊地大樹『中世仏教の原形と展開』第一部第三章（吉川弘文館、二〇〇七年）。

（12）『大日本国法華経験記』巻中、一〇三頁。

（13）『大日本国法華経験記』巻中、一〇九頁。

（14）『大日本国法華経験記』巻中、一一八頁。

（15）『大日本国法華経験記』巻下、一五六頁。

（16）『大日本国法華経験記』巻下、一七五頁。

（17）『拾遺往生伝』（『日本思想大系　往生伝　法華験記』以下、同書による）巻上、二七九頁。

（18）『拾遺往生伝』巻上、二九六頁。『高野山往生伝』（同右所収）にも記される。

（19）『拾遺往生伝』巻上、二九七頁。

（20）『拾遺往生伝』巻中、三五〇頁。

（21）『後拾遺往生伝』（『日本思想大系　往生伝　法華験記』以下、同書による）六五九頁下。

（22）『後拾遺往生伝』六六一頁・六六七頁。

（23）『本朝新修往生伝』（『日本思想大系　往生伝　法華験記』以下、同書による）六九一頁・六九三頁。

（24）斎藤雅恵『密教における臨終行儀の展開』（ノンブル社、二〇〇八年）は、『往生要集』『日本往生極楽記』などの浄土教の行儀や思想が真言宗に与えた影響を詳細に分析している。

（25）『興教大師全集』下、一一〇〇頁。

（26）『興教大師全集』下、一一二四頁。

（27）西垣晴次「民衆の精神生活——穢と路」（『歴史公論』一〇一、一九八四年）、千々和到「仕草と作法——死と往生をめぐって」(『日本の社会史』第八巻、岩波書店、一九八七年)。

(28) 菅原昭英「鎌倉時代の遺偈について――円爾にいたる臨終作法の系譜」(大隅和雄編『鎌倉時代文化伝播の研究』吉川弘文館、一九九三年)。

(29) 柳田聖山『禅の遺偈』(潮文社、一九七三年)、古田紹欽『禅僧の生死』(春秋社、一九九七年)、古田紹欽編『遺偈の書』(毎日新聞社、一九八一年)。

(30) 『沙石集』(日本古典文学大系)巻一(一〇)浄土門ノ人神明ヲ軽テ蒙罰事八七頁。

(31) 『沙石集』巻第二(七)不動利益事一一三頁。

(32) 『沙石集』巻第二(八)弥勒行者事一一六頁。

(33) 『沙石集』巻第六(一〇)説教師盗賊ニ値タル事二七四頁。

(34) 『沙石集』巻第四(七)臨終ニ執心ヲソルベキ事一九一頁。

(35) 『沙石集』巻第四(八)入水シタル上人事一九二頁。

(36) 『沙石集』巻第十本(一〇)妄執ニヨリテ魔道ニ落タル事四二七頁。

(37) 『沙石集』巻第十本(八)証月房久遁世事四二〇頁。

(38) 『沙石集』巻第十末(三)臨終目出キ人々ノ事、行仙上人事四四八頁。

(39) 『沙石集』巻第十末(三)建仁寺ノ門徒ノ中ニ臨終目出事四五〇頁。

(40) 『沙石集』同右四五二頁。

(41) 『沙石集』同右四五四頁。栄西の入滅日などについては、舘隆志「栄西の入滅とその周辺」(『駒澤大学禅研究所年報』第二一号、二〇〇九年)。

(42) 『沙石集』巻第十末(三)法心房ノ上人事四五五頁。

(43) 『沙石集』巻第十末(三)蘭渓事四五八頁。蘭渓の遺偈の記録については、舘隆志「蘭渓道隆の霊骨器と遺偈」(『駒澤大学禅研究所年報』第二三号、二〇一一年)が詳しい。

(44) 『沙石集』巻第十末(三)聖一和尚事四五九頁。

(45) 古田紹欽『遺偈の書』(毎日新聞社、一九八一年)。尚、このなかでは遺偈、遺誡、置文などが合わせて紹介されている。

(46) 『訳注禅苑清規』第七巻二三七頁(曹洞宗宗務庁、一九七二年)。

(47) 『訳注禅苑清規』第七巻二五九頁。

(48) 小山聡子『親鸞の信仰と呪術――病気治療と臨終行儀』第二章(吉川弘文館、二〇一三年)。また、同氏『往生際の日本史』(春秋社、二〇一九年)は臨終行儀の展開を概説している。

(49) 『続日本の絵巻　法然上人絵伝』上・中・下(中央公論社、一九九〇年)。

(50) この場面の人物考証については、祢津宗伸『中世地域社会と仏教文化』第七章「『法然上人絵伝』における諏訪入道蓮仏」(法藏館、二〇〇九年、初出は二〇〇〇年)が詳しい。個々の人物比定については諸説あるが、北条時頼を取り巻く黒衣の僧を円爾・蘭渓道隆・兀庵普寧としている。彼等が実際に臨終に立ち会ったかは不明であるが、『法然上人絵伝』の作者は禅僧と交流が密な北条時頼の最後にふさわしい人物群として描いたとみた方がよい。

(51) 辻善之助『日本仏教史』中世篇之二(岩波書店、一九四九年)一五四頁。

(52) 康昊「『元亨釈書』の歴史構想における顕密仏教と禅宗」(『日本史研究』六六五号、二〇一八年)。

(53) 『元亨釈書』(新訂増補国史大系)二九・八〇・九二・九三・九六頁。

(54) 『元亨釈書』一三九・一六一頁。

(55) 『元亨釈書』四六頁。

(56)『元亨釈書』一〇一―一〇四頁。
(57)『元亨釈書』一〇七頁。
(58)『元亨釈書』一〇七頁。
(59)『実躬卿記』正応四年一二月一二・一三日条。
(60)『続群書類従』第八輯上、四四頁。
(61)『続群書類従』第九輯上、三三一頁。
(62)『南禅寺』(東京国立博物館、二〇〇四年)五五頁。
(63)『元亨釈書』一〇七・一一四・一二四～一一三頁。
(64)『訳注禅苑清規』二八三頁(曹洞宗宗務庁、一九七二年)。
(65)大谷哲夫訳注『小参・法語・道元普勧坐禅儀』二〇頁(講談社学術文庫、二〇〇六年)。
(66)この時期の禅宗と顕密諸宗、特に南都北嶺との対立については、拙稿「鎌倉時代後期の南都北嶺と禅宗」(中世禅籍叢刊編集委員会編『中世禅への新視角――『中世禅籍叢刊』が開く世界』臨川書店、二〇一九年)。
(67)『群書類従』第二七輯、五〇五頁。
(68)古瀬珠水翻刻「天台一宗超過達摩章」(『中世禅への新視角――『中世禅籍叢刊』が開く世界』)五三五頁。
(69)『続群書類従』第九輯上下所収の伝記など参照。
(70)『海蔵和尚紀年録』貞和二年七月一五日、三月二三日条(『続群書類従』第九輯下、四九三頁)。
(71)『空華日用工夫略集』嘉慶二年四月三日・四日条。

〔I　臨終・死の儀礼と遺体〕

契丹人貴族階層における追薦

藤原崇人

ふじわら・たかと――龍谷大学文学部准教授。専門は十～十四世紀を中心とする中国および北アジアの仏教史。主な著書に『契丹仏教史の研究』（法蔵館、二〇一五年）、『金・女真の歴史とユーラシア東方』（共編著、勉誠出版、二〇一九年）などがある。

契丹（キタイ・遼、九〇七～一一二五）が、とくに中期から後期にかけて仏教国としての色彩を濃厚に帯びたことはよく知られている。当時には国家的規模で仏教が浸透し、その信仰は一般社会における死者供養にも大きな影響を及ぼしていた。本稿では、皇族耶律氏と通婚する后族（国舅族）の一家系に焦点を当て、彼らの追薦（追善）のありようを明らかにして、契丹における死者供養と仏教との関係の一端を具体化する。

はじめに

十世紀初頭から十二世紀前半にかけて、モンゴリア東部と北中国の一部を領有してユーラシア東方に覇をとなえた契丹（キタイ・遼、九〇七～一一二五）が、とくに中期から後期（おおむね十一世紀以降）にかけて仏教国としての色彩を濃厚に帯びたことはよく知られている。領域内に住まう漢人や渤海人などの影響、そして北宋や高麗をはじめとする周辺諸国との交流のなかで、仏教が契丹国内に次第に広まり、階層を問わずその信仰が浸透していったのである。

かような状況のもと、元来シャマニズムを基層的信仰としてきた契丹人自身も、死者供養に際して仏教を介在させるようになった。近年発掘の進む契丹人墓のなかには、墓室やその周辺から陀羅尼経幢が見つかるものもある。(1) 本稿は、このような考古文物によって示唆される契丹人の死者供養と仏教との関係性を、文字史料から裏付けようとするものである。

具体的には皇族耶律氏と通婚する后族（国舅族）の一家系に焦点を当て、関連石刻を用いて、彼らの追薦（追善）のありようを明らかにしたい。

一、慶州白塔——契丹帝后による追薦の表象

本題に入る前に、まず近年の研究によって明らかとなった契丹の最上層における追薦の一例を提示しておきたい。

ここで取り上げるのは契丹の慶州城址（内蒙古赤峰市バリン右旗ソボルガソム）に現存する釈迦仏舎利塔、通称「慶州白塔」である（以下「白塔」と略記）。慶州は景福元年（一〇三一）に聖宗（耶律文殊奴、在位九八二～一〇三一）の陵墓である永慶陵の維持管理にあたる奉陵州として造営された。白塔は本州内の西北隅に屹立しており、現高は約七四メートル、八角七層の楼閣式塼塔である。

図1　慶州白塔（筆者撮影）

一九八八年から九二年にかけて白塔の修復工事が行われ、その際に相輪橖覆鉢内をはじめとする各処から多数の文物が見つかった。(2) そのひとつ「螭首造像建塔碑」には白塔の建立の経緯とこれに携わった人々の名が記されており、その刻記内容から本仏塔が、興宗（耶律只骨、在位一〇三一～五五）の生母である章聖皇太后（聖宗欽愛皇后・蕭耨斤）の命令で建立されたものであることが判明した。本碑によると興宗の重熙十六年（一〇四七）二月十五日に地宮の開削を始め、四月十七日にここに舎利を奉納した。以後、各層の造営をすすめ、同十八年（一〇四九）六月十五日に第七層までが完成し、各層に舎利を奉納した。同年七月十五日には塔頂の相輪橖覆鉢内に陀羅尼を収めた多数の小型舎利塔を奉納し、ここに白塔は完工したのである。

この白塔はいかなる目的で建立されたのか。この疑問を解決したのが古松崇志氏である。古松氏は白塔の相輪橖覆鉢内に奉納された小型舎利塔のひとつ「鳳銜珠銀鎏金法舎利塔」をとりあげ、ここに収める『無垢浄光大陀羅尼経』経板に注目された。この経板は縦九センチ、横一〇一センチ、銀の

下地に金メッキを施し、板上に唐・弥陀山訳『無垢浄光大陀羅尼経』を鐫刻したものである。古松氏は本経板に刻された経文を大正蔵テキスト（第一九巻、一〇二四番）と照合し、経板の経文が大正蔵テキストの経文の全てを刻したものではなく、無垢浄光陀羅尼のもたらす各種功能のうち、死者の滅罪と往生を説く箇所を中心に抄録されたものであることを明らかにされた。そのうえで「鳳銜珠銀鎏金法舎利塔」をはじめとする多数の小型舎利塔を相輪樘覆鉢内に奉納した七月十五日が亡き祖先を供養する盂蘭盆にあたることを指摘し、白塔は章聖皇太后が亡夫聖宗の追薦を主目的として建立させたものであると結論付けたのである。(3)

古松氏の結論は首肯すべきものであり、白塔が聖宗の追薦のために建てられたものであることは間違いない。当時はすでに契丹の最上層にも仏教信仰が浸透していた。たとえば興宗自身も房山雲居寺における刻経事業を助成し、みずから菩薩戒を受け、思孝をはじめとする高名な学僧と交わるなど熱心な信仰を示している。かような風潮のなかで先帝供養が仏塔建立という手段で実施されたことは一面において自然の流れであったと言える。近年相次ぐ契丹時代の考古文物の発見とそれに関する分析・研究の進展が、契丹における追薦の一端を明確化した好例と言える。

なお、白塔建立を主導した章聖皇太后は、興宗の生母として帝を凌ぐ権力を握っていた。一時期、興宗の廃立を謀ったかどで慶州に拘禁されたが、解放後もその立場にはほとんど変化がなかったようである。事実上の「女帝」として契丹に君臨していた皇太后にとって、ほぼ唯一の弱点が先帝聖宗の正后ではなく妃の一人に過ぎなかったことである。皇太后の地位は聖宗崩御の後に正后の仁徳皇后（蕭菩薩哥）をさしおいて「自立」して就いたものであり、のち章聖は仁徳を上京（内蒙古赤峰市バリン左旗林東鎮）に幽閉し、人を遣って殺害している。(4)いかに今上皇帝（興宗）の生母として皇太后を号したと言っても、聖宗の正后としての立場になかった事実は否めない。白塔の建立は上に述べた章聖皇太后の弱点を糊塗する手段にもなりえた。聖宗の陵墓を管理する慶州に衆人可視の巨大な仏塔を建て、聖宗追薦の意志を具現化する。このことによって章聖は聖宗の正式な配偶者としての立場を顕示・主張したと考えられるのである。(5)追薦が純然たる信仰的営為としての枠を超えて機能していた可能性についても留意しておく必要があるだろう。

二、蕭闛家における追薦

本題に入ろう。内蒙古自治区赤峰市寧城県の西南端、河北省承徳市平泉県との境界をなす山並みの麓に埋王溝と呼ばれる場所がある。ここに契丹墓群の存在が確認されており、一九九二年と九三年の発掘調査において複数の墓誌が見つかった。発見された墓誌は后族の蕭闛という人物とその妻、長弟、そして息子のものであり、このことから当該墓群が蕭闛家のものであることが明らかになった。とりわけ蕭闛の妻の墓誌には彼女の没後に行われた追薦の様子が刻されており、貴重な情報を提供してくれる。くわえて同じ寧城県からは蕭闛に対する追薦の内容を記した石刻も見つかっている。本節ではこれらの史料を用いて、蕭闛家という后族の一家系に焦点を当て、契丹人貴族階層における追薦の一端を提示したい。

(一) 蕭闛家の系譜

まずは蕭闛家の系譜について確認しておこう。本家の系譜については、すでに蓋之庸氏が蕭闛と妻・長弟・息子のものを含めた複数の墓誌と『遼史』の記述に基づいて再現している。[6] これによると、蕭闛の四代前の祖は蕭思温である。思温は国初の有力者蕭敵魯(太祖皇后述律氏の兄)の族弟・忽没里の子であり、太宗(耶律尭骨、在位九二六~四七)の娘の燕国公主を娶り、南京留守をつとめた。穆宗(耶律述律、在位九五一~六九)が近臣に弑逆されると、景宗(耶律明扆、在位九六九~八二)の擁立にあずかり、北院枢密使兼北府宰相に任じられ、娘の燕燕は景宗の皇后に選ばれた。[7]

蕭思温には実子の猥恩がいたが、あわせてオイの継遠を養子とした。この継遠が蕭闛の曽祖父にあたる人物である。北府宰相をつとめ、景宗の長女の耶律観音女(秦晋国大長公主)を娶った。継遠は『遼史』巻七八に立伝され、そこでは名を「継先」と表記するが、一九四九年に平泉県の八王溝から出土した妻・耶律観音女の墓誌の記載から「継遠」が正しいことが判明している。なお、当該墓誌の見つかった八王溝は、蕭闛家の各墓誌が出土した埋王溝のすぐ南西に位置しており、蕭闛家と耶律観音女がほぼ同一の墓域に葬られたこと(後述)を裏付ける。

右の蕭継遠には男女あわせて三人の子がいた。息子を紹宗といい、これが蕭闛の祖父にあたる。遼興軍節度使を拝し、聖宗の長女の燕哥(秦国長公主)を娶っている。長女と次女は共に名が伝わっておらず、長女は秦国妃に封ぜられて聖宗の弟の耶律隆慶に嫁ぎ、次女は斉国妃に封ぜられ、同じく聖宗の弟である耶律隆裕に嫁いでいる。ちなみに紹宗のイトコにあたる紹矩(蕭思温の実子猥恩の子)は隆慶の娘を娶っている。没後「陳国公主」に追封されたこの女性と夫の紹矩の合葬墓が一九八〇年代に内蒙古自治区の奈曼旗において発見された。[8] 墓中には金製の仮面や冠をはじめとする豪奢な副葬品が残されており、一九九六年、これらの文物が日本に運ばれ、「中国考古十大発掘文物 北方騎馬民族の黄金マスク展」(9)と題した展観（京都・横浜・岡山・東京）において一般の観覧に供されたことを覚えておられる方もいるだろう。

さて、蕭紹宗には男女それぞれ三人の子がいた。長男を永といい、この人物が蕭闛の父である。崇徳宮漢児渤海都部署・彰武軍節度使などに任ぜられ、宋王（耶律休哥か）の孫娘を娶った。次男を寧、三男を安といい、前者は忠正軍節度使、後者は房州観察使という遥領の使職をそれぞれ帯びている。娘三人のうち次女と三女は早逝し、長女は興宗の妃となっている。

図2　陳国公主墓前室壁画（筆者撮影）

蕭永には三男あり、長男が闛（一〇四三～七〇）である。太子率府副率を帯び、皇族耶律仁先（やりつじんせん）の娘の骨欲迷已（一〇四六～六九）を娶った。次男を闡（せん）（一〇四五～七二）、三男を闇（あん）といった。蕭闛と骨欲迷已には一子があって勃特鉢里（勃特本、一〇六二～八〇）といった。郎君の肩書を帯び、南府宰相（不明）の孫娘の挼懶を娶った。なお蕭闛家は短命の家系であったようで、蕭闛本人と長弟の闡はともに二十八歳、妻の骨欲迷已は二十四歳でそれぞれ没し、息子の勃特鉢里に至ってはわずか十九歳で逝去している。

以上、はなはだ簡単ながら蕭闛家の系譜について述べた。本家は契丹皇帝や皇族と代々婚姻を通じる后族の典型であり、契丹人貴族階層の一事例として取り上げるに足る一家であることが分かるだろう。

(二) 蕭闛家各墓誌の基本情報

本節冒頭に触れたように、寧城県の埋王溝からは蕭闛とその妻（耶律骨欲迷已）、長弟（蕭闡）、そして息子（蕭勃特鉢里）の墓誌が見つかっている。これらに平泉県の八王溝から出土した蕭闛の曾祖母（耶律観音女）の墓誌を加えた計五碑について、記年の早い順にとりあげ、それぞれの基本情報を提示しておく。(10)

①「秦晋国大長公主墓誌」（蕭闛の曾祖母・耶律観音女の墓誌）
【記年】重熙十五年（一〇四六）
【誌題】大契丹国故雍粛恭寿仁懿秦晋国大長公主墓誌銘並序
【撰者】天雄軍節度魏州管内観察処置等使 楊佶
【出土】一九四九年、河北省承徳市平泉県蒙和烏蘇郷八王溝
【寸法】各辺一九〇センチ、四〇行、毎行二〇～七五字（不同）
【所蔵】内蒙古文物考古研究所

②「耶律骨欲迷已墓誌」（蕭闛の妻の墓誌）
【記年】咸雍五年（一〇六九）
【誌題】大遼率府副率蕭公妻耶律氏墓誌銘并序
【撰者】朝散大夫尚書虞（？）部郎中 張少微
【出土】一九九三年、内蒙古自治区赤峰市寧城県埋王溝
【寸法】縦七八・五センチ、幅七八センチ、二六行、毎行一七～三六字（不同）
【所蔵】内蒙古文物考古研究所

③「蕭闛墓誌」（蕭闛本人の墓誌）
【記年】咸雍七年（一〇七一）
【誌題】大遼故率府副率銀青崇禄大夫検校国子祭酒兼監察御史武騎尉蕭公墓誌銘并序
【撰者】前奏名進士 趙群（兼書）
【出土】一九九三年、内蒙古自治区赤峰市寧城県埋王溝
【寸法】各辺一〇二センチ、三四行、毎行一〇～三六字（不同）
【所蔵】内蒙古文物考古研究所

④「蕭闡墓誌」（蕭闛の長弟の墓誌）
【記年】咸雍八年（一〇七二）
【誌題】欠損により不明（墓誌蓋には「大遼国蕭府君墓誌銘」とあり）
【撰者】中散大夫守殿中監 董庠
【出土】一九九三年、内蒙古自治区赤峰市寧城県埋王溝
【寸法】縦一〇七センチ、幅九七センチ、三三行、毎行一六～三七字（不同）
【所蔵】内蒙古文物考古研究所

⑤「蕭勃特鉢里墓誌」（蕭闛の息子の墓誌）
【記年】大康七年（一〇八一）
【誌題】銀青崇禄大夫検校国子祭酒行太子右衛率府副率兼監察御史武騎尉蕭闛男郎君墓誌銘并序
【撰者】布衣逸士 袁修睦（兼書）

【出土】一九九二年、内蒙古自治区赤峰市寧城県埋王溝

【寸法】縦九一・五センチ、幅八一センチ、二五行、毎行一六〜二二字（不同）

【所蔵】内蒙古文物考古研究所

（三）蕭闛家の追薦——耶律骨欲迷已の事例

前項（二）に掲げた蕭闛家の各墓誌のなかで、本家の追薦に関わる記載の認められるものが蕭闛の妻の墓誌、すなわち②の「耶律骨欲迷已墓誌」である。本項では当該墓誌に基づいて蕭闛家における追薦のありようを見ていきたい。

蕭闛の妻の骨欲迷已は重熙十五年（一〇四六）に耶律仁先の長女として生まれた。兄と二人の妹がおり、兄の慶嗣（撻不野）は道宗（耶律査剌、在位一〇五五〜一一〇一）朝において易州刺史、臨海軍節度使、左皮室詳穏などを歴任し、のち西北路招討使、西南路招討使に転じて辺防の任に当たったが、タタルのマルクズの捕捉に失敗して命を落とした。(11) 長妹を迪輦といい、奚王・蕭福善の息子の忠信に嫁いだ。次妹は乙信といい、蕭闛の長弟の闡に嫁いでいる。

父の耶律仁先は興宗と道宗に仕えた皇族出身の重臣である。彼の事績において特筆すべきは道宗朝の初期に勃発した耶律宗元（重元・孛吉只、興宗の弟）の叛乱をおさめたことであろう。清寧九年（一〇六三）七月、かねてから帝位をねらっていた宗元は息子の涅魯古と共に一軍を率いて道宗の宮帳を急襲した。この報に接した道宗は狼狽して北院・南院両大王の所領に逃避しようとしたが、仁先の諫言によって思いとどまり、彼に叛軍の討伐を命じた。仁先は皇太后（興宗皇后蕭撻里）と協力して少数の兵で迎え撃ち、涅魯古を殺してこれを撃退することに成功した。息子を失った宗元が態勢を立て直して再び攻め込んでくると、仁先は奮戦してこれを壊滅させた。敗れた宗元はゴビ方面に逃れてそこで自ら命を絶った。こうして宗元の叛乱が平定されると、道宗は仁先を称えて尚父を加え、宋王に進封し、北院枢密使を授けた。さらに詔を下してこの戦いの様子を描かせ、彼の功績を顕彰したのである。このように道宗にとって最大の恩人となった仁先であるが、宗元の叛乱をひとつの契機として道宗と皇族・后族との連携に綻びが目立つようになると、その隙をつくようにして台頭した中・下層出身の耶律乙辛とその一派の計略によって中央から遠ざけられ、南京留守に転出した。やがて西北路招討使に任ぜられ、不穏な動きを見せるタタルを討伐するなど、契丹西北辺域の安定に力を尽くしたのである。(12)

清寧五年（一〇五九）十二月六日、右の耶律宗元の叛乱に先立つことおよそ三年半、骨欲迷已は十四歳で蕭闛に嫁いだ。母の蕭氏の意向によって蕭闛が夫として選ばれたようである。

蕭闛はときに十七歳であった。三年後の清寧八年（一〇六二）、骨欲迷已が十七歳、蕭闛が二十歳のときに息子の勃特鉢里が生まれている。のち咸雍三年（一〇六七）の春頃、骨欲迷已は重病にかかり、二年ほど療養を続けたが病状はしだいに悪化していった。重臣の愛娘の容態を慮った道宗は、春季の捺鉢（季節移動）で滞在していた長春州（吉林省洮南市徳順郷城四家子城址）東北郊外に骨欲迷已を呼び寄せた。そこで御医数人を遣わして一か月にわたって治療に当たらせたが効果なく、ついに骨欲迷已は息を引き取った。享年は二十四歳。ときに咸雍五年（一〇六九）二月二十五日のことである。

　骨欲迷已の柩は、墓誌によると「白霫之壌」すなわち中京（内蒙古自治区赤峰市寧城県大明城）へと運ばれ、その郊外にある「蒙谷山（もうこくさん）」の「罔極寺（もうきょくじ）」前において殯を行い、同年十月二十八日に「祖姑秦晋国大長公主寝園之午位」つまり曾祖母・耶律観音女の墓園の南に埋葬された。「耶律骨欲迷已墓誌」の出土した寧城県の埋王溝は「秦晋国大長公主墓誌」の見つかった平泉県の八王溝と近く、骨欲迷已を観音女の墓の近傍に埋葬したとする墓誌の記載は事実として認められる。ただし埋王溝は八王溝の東北に位置しており方角に関しては齟齬がある。墓誌の撰書段階での誤りと思われるが、確たることは言えないため、方角の違いについてはひとまず措くことにしたい。

　なお蕭闛・蕭闡・蕭勃特鉢里それぞれの墓誌も各人の埋葬地について言及している。該当箇所を抜き出すと次のようになる。

◆「蕭闛墓誌」……「歸葬于白霫香臺山罔極寺之离位、故燕王・秦晋國大長公主之先塋、合祔先娘子耶律氏之故穴。」

◆「蕭闡墓誌」……「葬於大定府勸農縣寛政郷韓家里西原、附先宰相之塋。」

◆「蕭勃特鉢里墓誌」……「歸葬於中京西、香臺山罔極寺之南、荒原之右。」

　表記の仕方はそれぞれ異なるが、骨欲迷已の墓誌の記載を含めて、いずれも同じ場所を指していることは間違いない。それぞれの記載を照合すると「蒙谷山」は「香台山（こうだいさん）」とも呼ばれ、中京に属する勧農県（『遼史』巻三九 地理志 中京大定府条）内に位置していたようである。蕭闛家の各墓誌と耶律観音女の墓誌が出土した寧城県埋王溝と平泉県八王溝にまたがる山並みのなかに該当する山が存在していたことになる。『元一統志』[13] 巻二 遼陽等処行中書省 大寧路条をひもとくと「香台峰、大寧県の西一百里に在り。遼、昊天寺を建つ」と記され、大寧県（中京）の西に在るこの「香台峰」が「香台山」のことだと思われる。

注目されるのは「罔極寺」という寺院の存在であり、「蕭闡墓誌」以外の全ての蕭闡家の墓誌にその名が見えている。骨欲迷已の殯が本寺の前で行われたこと、そして蕭闡・勃特鉢里父子の埋葬地を示す標識的構造物として本寺が両墓誌中に明記されていることから判断して、この罔極寺は蕭闡家と関わりの深い菩提寺のようなものであったのだろう。後段に述べる骨欲迷已に対する追薦も本寺において実施された可能性が高い。前掲『元一統志』大寧路条にも本寺を著録して「罔極寺、大寧県の西に在り」とある。先の「香台峰」に本寺が在ったとは記されていないが、大寧県から見た方角としては一致する。

さて、骨欲迷已が逝去すると、殯の期間において、彼女に対する追薦が執り行われた。墓誌の関連記載を日本語訳して次に掲げよう。（ ）内は筆者の補足である（以下同じ）。

……父と母、そして血を分けたオバたちや二人の妹は所蔵の金幣を供して、日々数十人の僧に施飯した。うやうやしく道場を設け、熱心に陀羅尼をとなえた。仏典をそれぞれが閲読し、半年を越えるも、止めることなく、（読もうとする仏典の）巻を引き出し（読み終えた仏典を）帙に戻すことは、数えきれないほどである。（このような）種々の功徳を成就し、（互いに）勧めはげまして（骨欲迷已の）追薦を行った。そして墓穴の前に、陀羅尼経幢一基を建てた。微塵（の中にあるこの世界）をうるおし、影（のように実体のないこの世界）をおおい、あるいは弥勒菩薩のいる兜率天に往生し、あるいは阿弥陀如来のいる極楽浄土に身をよせることを願い求めるのである。……

このたびの追薦では、父母（耶律仁先夫妻）、オバ（仁先の姉妹たち）、そして二人の妹（迪輦・乙信）が私財を施して飯僧すると共に、道場（追薦法会のことであろう）を開催し、陀羅尼を読誦し、仏典を各人が閲読した。次項に述べる蕭闡に対する追薦においても飯僧以下同様の内容が確認されており、これらの行事が当時の契丹人貴族階層における追薦の一般的な形態であったと見られる。墓前における陀羅尼経幢の建立を含め、この追薦の目的が骨欲迷已（間接的には遺族自身も含むか）の兜率往生あるいは極楽往生であったことは興味深い。

兜率往生への関心については、たとえば聖宗朝に活躍した唯識学僧の詮明（詮暁）に次のような話が伝わっている。

詮明法師は檀木で三寸の弥勒菩薩像を作り、兜率天に生まれることを祈誓し、『（弥勒）上生経抄』四巻を著して（上生経の所説の）奥深い理を明らかにした。（詮明の）

夢にこの弥勒像が現れて次第に大きくなり、金色に輝き、詮明に向かって微笑みかけた。詮明が弥勒像に対して「私たちは兜率天に往生することを願い求めています。往生することができるでしょうか」と尋ねると、弥勒像は「我はすでに釈迦牟尼仏より（人々の往生を）託されており、（往生を）念じない者も見捨てることはない。ましてや（往生を）念じ願う者であればなおさらである」と答えた。言い終わると、またもとの像（の大きさ）にもどった。詮明は（この話を）秘密にして他人に語らなかった。没後、彼の遺書のなかに（この話を）見つけ、このような感応があったことを知ったのである。（詮明の）臨終の際、その傍らに侍っていた人は百人ないし千人の青い衣を着た人々が来迎し、詮明が天に向かって去っていたのを夢に見たのである。(14)

右は契丹の燕京（北京市）奉福寺の僧である非濁が古今の仏教感応譚を集成した『三宝感応要略録』に収録されている。非濁は詮明の没後に彼の遺書に目を通す機会を得て、詮明が体験した弥勒に関わる感応譚を見つけ、これを自著『三宝感応要略録』に編入した。右の話に詮明の弥勒菩薩に対する信仰と兜率往生への強い関心を読み取ることができる。契丹におけるかかる信仰や関心を示す史料は、この詮明のように唯識学を考究する学僧については認められる一方、(15)それ以外の人々、とりわけ契丹人貴族階層に関しては現段階でほとんど見出すことができない。骨欲迷已の追薦は契丹人貴族階層における弥勒や兜率往生への意識を裏付ける貴重な実例を提供してくれるのである。

極楽往生についても同様である。たとえば前掲の非濁は『随願往生集』二〇巻（原書は散佚）(16)を撰述しており、その書題から阿弥陀信仰や極楽浄土への関心と関わるものと推測される。この非濁のように漢人の事例は認められるものの、契丹人貴族階層における当該の信仰や関心を示唆する史料は現段階では極めて少なく、それゆえ極楽往生を求めた骨欲迷已の追薦の事例は重要な史料となり得るのである。

ただし骨欲迷已に対する追薦の目的は、弥勒菩薩のいる兜率天への往生あるいは阿弥陀如来のいる極楽浄土への往生であり、選択肢が存在したことに注意する必要がある。遺族としては骨欲迷已が兜率天と極楽浄土のどちらに往生してもよかった。ここに認められる選択性ないし融通性は、骨欲迷已の遺族が、弥勒菩薩または阿弥陀如来を苦から離れた安楽世界に導いてくれる「唯一無二の存在」「絶対的な帰依対象」として信奉していたわけではなかったことを示唆する。彼らにとっては、亡き娘・亡きメイ・亡き姉（そして没後の彼ら自身）を安楽世界に導いてくれるのであれば、その担い手が弥勒菩薩であれ、阿弥陀如来であれ、どちらの尊格でも構わなかったのである。逆に見ると死後の安楽世界に対する彼らの関心がそれだけ強固であったとも言えるが、ここには契丹人の基層的信仰としての「天」への意識が影響を与えていた可能性もあるだろう。いずれにせよ骨欲迷已の追薦をもって、彼女の遺族のうちに弥勒信仰や阿弥陀信仰が確固として根付いていたとただちに断定することは難しい。

（四）蕭闛家の追薦——蕭闛の事例

前項では蕭闛の妻・耶律骨欲迷已に対する追薦のありようを、彼女の墓誌の記載に基づいて提示した。ここに認められる飯僧、道場開催、陀羅尼読誦、仏典閲読などの各行事は、彼女の夫の蕭闛に対する追薦にも見出すことができる。蕭闛の追薦については彼自身の墓誌ではなく、別に出土した石刻に記録されており、内容も骨欲迷已の墓誌に比べて幾分詳しくなっている。本項ではこの石刻に依拠して蕭闛に対する追薦の具体相を眺めることにする。

まずは「蕭闛墓誌」に基づきつつ蕭闛の経歴について述べたいのだが、彼は若年で逝去したためか、個人についての情報の量が極めて少ない。墓誌からは、先祖や肉親についての情報を除くと、字が蒲打里であること、東宮官の太子率府副率（虚銜）を帯びたこと、そして咸雍六年（一〇七〇）四月二十八日に二十八歳の若さで亡くなったことが判明する程度である。

墓誌によると彼が没したのは「徽郡甲第之園囿」であるという。徽郡とは徽州（遼寧省阜新市旧廟郷他不郎城址）のことで、皇族や后族などの有力者に属する「頭下州」のひとつである。徽州は秦晋国大長公主すなわち耶律観音女の所建にかかるものである（『遼史』巻三七 頭下軍州 徽州）。観音女の没後、徽州は子孫に世襲され、曾孫にあたる蕭闛に受け継がれていたのであろう。

蕭闛が逝去すると、彼の柩は中京香台山罔極寺の傍、曾祖母である耶律観音女の先塋へと運ばれ、妻の耶律骨欲迷已が眠る墓に合葬された。咸雍七年（一〇七一）四月十五日のことである。蕭闛の逝去から埋葬までの期間は約一年、妻の骨欲迷已は約八か月（咸雍五年二月二十五日没、同年十月二十八日埋葬）である。当時、逝去から殯を経て埋葬に至るまでの期間には個人差が認められ、たとえば建国の功臣・耶律曷魯の孫にあたる元寧は統和二十六年（一〇〇八）六月二十九日に病没し、同年十月二十日に埋葬されており、[17] 逝去から埋葬までの期間は四か月に満たない。一方で漢族ながら太祖のブレーンをつとめた韓知古の子の匡嗣は統和元年（九八三）十二月八日に亡くなり、同三年（九八五）十月九日に埋葬されており、[18] その期間は一年と十か月ほどになる。これらの事例に即すると、契丹においては逝去から埋葬までの日数が厳密に定められていたわけではなかったようである。

なお蕭闓夫妻の逝去した場所から埋葬地までの距離を見てみると、蕭闓の場合（徽州～中京）は直線距離で約二三〇キロメートル、妻の骨欲迷已の場合（長春州～中京）は六〇〇キロメートルを超える。単純に計算しても骨欲迷已の柩の運搬には蕭闓のそれに比べて三倍近い時間を要することになる。それにも関わらず骨欲迷已の方が逝去から埋葬までの期間が短い。あるいは骨欲迷已に対する殯の期間は蕭闓のそれよりも短かったのかも知れない。

さて「蕭闓墓誌」は蕭闓に対する追薦については何も語っていない。しかしながら当該墓誌と同じく寧城県から出土した別の石刻のなかに、これに関わる記載が認められるのである。この石刻は蓋之庸氏によって「蕭闓葬礼弁仏事碑」と仮題されているため、[19] いまはこの呼称を用いることにする。まずは本碑の基本情報を掲げておこう。

「蕭闓葬礼弁仏事碑」

【記年】咸雍七年（一〇七一）

【誌題】無

【撰者】未記名のため不明

【出土】出土年次不明、内蒙古自治区赤峰市寧城県

【寸法】縦八三センチ、幅四四センチ、一四行、毎行一四～一九字（不同）

【所蔵】遼中京博物館

【備考】碑石の右端上方から中央部にかけて斜めに欠損があり、その範囲内の約二〇文字が判読不能

本碑を所蔵する遼中京博物館は、寧城県東部、契丹の中京大定府城址のなかに建つ施設である。城址の中心からやや東寄りに位置し、有名な中京大塔（大明塔）に隣接している。筆者は二〇〇八年八月に本博物館を訪れ、展示されていた「蕭闓葬礼弁仏事碑」の原碑と拓本を実見する機会を得た。[20] その際に作成した本碑の録文を次に掲げ、これに基づいて蕭闓に対する追薦のありようを眺めていきたい。冒頭のアラビア数字は行番号、□は空格、■は不明字である。

1 ■■■将軍傾逝自來、資薦去靈功德、具下項。開
2 ■■■□生天道場一箇月、□齋僧四百人、□開
3 梵■■■十日、□持陀羅尼并諸■真言二万一
4 千四百■■遍、□佛名七万口。□已上功德、男勃
5 特鉢里疏。□■僧五百五十人、□看讀經律論一
6 千四百六■■■百六十五帙、□次道場三晝夜、

7 齋僧四十人、□■■三巻計七遍、□持陀羅尼諸
8 真言一百八十六■、□次陀羅尼諸真言并佛菩
9 薩名号計一百七十■■一千八百四十■□。已
10 上功徳、弟闡疏。□道場七晝夜、□齋僧九十八人、
11 持誦諸經四帙計六十遍、□持大悲心四十九遍、
12 諸佛名号三万口。□已上功徳、大王・乙里娩疏。
13 □□□□□咸雍七年歳次庚亥四月丙辰朔十
14 □□□□□□□□五日癸時□記。

本碑には題額が無く、また冒頭行にも碑題は刻されていない。それにも関わらず本碑が蕭闔の追薦に関わるものと判断できる主な理由は、蓋之庸氏ものべるように、まず第四行〜第五行の「男勃特鉢里」が蕭闔の息子の勃特鉢里に、第一〇行の「弟闡」が蕭闔の長弟の蕭闡にそれぞれ比定できること、そして刻記年月日を示す第一三行〜第一四行の「咸雍七年歳次庚（辛の誤り）亥四月丙辰朔十五日」が「蕭闔墓誌」に記された彼の埋葬年月日と一致することである。また本碑が蕭闔家の各墓誌と同じく寧城県内で見つかったことも理由のひとつに加えてよい。

図3　蕭闔葬礼弁仏事碑（筆者撮影）

本碑は息子の勃特鉢里、長弟の蕭闡、そして「大王・乙里娩」それぞれが亡き蕭闔のために執り行った追薦の内容を列記したものである。「大王」は蕭闔の妻・骨欲迷已の父である耶律仁先、「乙里娩」は契丹貴族の夫人の封号で、仁先の妻を指すという。(21) つまり両人は蕭闔の義父母である。

碑面には欠損があるため、判読できる箇所のみに即すると、勃特鉢里は生天道場を開くこと一か月、僧に施飯すること四〇〇人、陀羅尼・真言を護持して読誦すること二万千四百余遍、仏名をとなえること七万回に及んだという。生天道場は天上世界に生まれることを祈願した法会のことであろう。本碑の刻記された咸雍七年の段階で勃特鉢里はわずか十歳であり、陀羅尼・真言や仏名の読誦はさておき、道場の開催や飯僧が彼個人の施財に基づいていたとは考え難い。勃特鉢里は名目的な施主に過ぎず、実際には蕭闔の長弟の蕭闡か義父母

の耶律仁先夫妻が彼の名で施財して行ったものと見るべきである。

蕭闡および耶律仁先夫妻も勃特鉢里とほぼ同内容の追薦を実施しているが、くわえて注目されるのは蕭闡が「經律論一千四百六■■■百六十五帙」を看読したことである。経・律・論がセットになっていることから、これは大蔵経の一部と思われる。果たしてこれが『契丹蔵（きったんぞう）』であるのか否か、現段階では分からないが、蕭闡が仏典の一大集成に目を通すことができたことは確かである。ただし遊牧民として季節移動を行っていたであろう彼が大量の仏典類を常に携行していたとは思えない。とすれば当該の仏典類は特定の場所に置かれていたと見るべきで、その場合、第一候補として挙げられるのは蕭闡家との関わりが認められる前掲の罔極寺である。道場の開催や飯僧もこの罔極寺で実施されたものと思しく、本寺は蕭闡家による追薦の舞台として機能していた可能性が高い。

右に関連して本碑末に認められる刻記年月日の「咸雍七年歳次庚（辛）亥四月丙辰朔十五日」について触れておく。これが「蕭闡墓誌」に記された蕭闡の埋葬年月日と合致することは先に述べた通りである。当然ながら本碑は蕭闡の埋葬前に作成されたものであるから、ここに記された勃特鉢里たちによる追薦は同じく蕭闡の埋葬前に実施されたことになる。つまり今次の追薦は蕭闡の埋葬後ではなく殯の期間に行われたものと判断できるのである。先述の通り、蕭闡の妻である骨欲迷已の追薦は殯の期間内に罔極寺の前で実施されたと思しい。同様に蕭闡自身の殯も本寺の前で行われ、その際に遺族によって実施された追薦の内容を記録したものが本碑「蕭闡葬礼弁仏事碑」であったと考えるのである。

おわりに

本稿では、蕭闡家という后族の一家系に焦点をあて、関連する石刻を活用して、彼らが殯の期間に実施した追薦のありようを提示した。一部とはいえ契丹人貴族階層に認められる死者供養と仏教との密接な関係を明らかにすることができたと思う。

一方、中国社会における死者供養といえば死後四十九日の供養、すなわち「七七斎」がよく知られている。七七斎は南北朝に始まり、唐を経て宋に受け継がれた。竺沙雅章氏によると、北宋の宮廷においては、皇帝の葬送に際して二七から大祥まで僧侶と道士による斎会が行われ、士大夫もまた七七斎を行っていたという。[22] この七七斎が契丹社会に知られていなかったとは思えないが、本稿で述べた蕭闡家の追薦がこれに相当すると断定することは難しい。契丹において七七斎がどのように位置づけられていたのか、この点を解明することが今後の課題として残されている。

注

(1) たとえば二〇〇一年に発掘された関山遼墓（遼寧省阜新蒙古族自治県）は后族の有力家系である蕭和一族の墓群であり、その八号墓から契丹・慈賢訳『一切如来白傘蓋大仏頂陀羅尼』をはじめ複数の陀羅尼や真言を合刻した経幢が見つかっている（遼寧省文物考古研究所『関山遼墓』文物出版社、二〇一一年、図版四三）。

(2) 白塔出土文物の詳細については徳新・張漢君・韓仁信「内蒙古巴林右旗慶州白塔発現遼代仏教文物」（『文物』一九九四―一二、一九九四年、四―三三頁）を参照。また石陽『巴林右旗博物館文物精品薈萃』（内蒙古出版集団・内蒙古人民出版社、二〇一二年）および巴林右旗博物館等『天宮法蔵 遼慶州塔天宮出土文物菁華』（科学出版社、二〇一七年）に主要な出土文物が鮮明なカラー図版で掲載されている。

(3) 古松崇志「慶州白塔建立の謎をさぐる――一一世紀契丹皇太后が奉納した仏教文物」（京都大学大学院文学研究科二一世紀COEプログラム「グローバル時代の多元的人文学の拠点形成」『遼文化・遼寧省調査報告書』京都大学大学院文学研究科、一三三―一七五頁）。

(4) 『遼史』巻七一 聖宗仁徳皇后伝・聖宗欽哀皇后伝。

(5) 藤原崇人「契丹帝后の崇仏の場――興宗朝における慶州の位相」（『契丹仏教史の研究』法蔵館、二〇一五年、二〇―五〇頁）。

(6) 蓋之庸『内蒙古遼代石刻文研究（増訂本）』（内蒙古大学出版社、二〇〇七年、初刊は二〇〇二年）三一四―三一六頁。

(7) 『遼史』巻七一 景宗睿智皇后伝、同書巻七三 蕭敵魯伝、同書巻七八 蕭思温伝。

(8) この合葬墓の調査結果は内蒙古自治区文物考古研究所・哲里木盟博物館『遼陳国公主墓』（文物出版社、一九九三年）にまとめられている。

(9) 本展観の図録として江上波夫・李逸友監修『中国考古十大発掘文物 北方騎馬民族の黄金マスク展』（旭通信社、一九九六年）が刊行されている。

(10) 各墓誌の基本情報については前掲蓋之庸『内蒙古遼代石刻文研究（増訂本）』に依拠している。「秦晋国大長公主（耶律観音女）墓誌」（三〇二―三一三頁）、「耶律骨欲迷已墓誌」（三一八―三二七頁）、「蕭闛墓誌」（三二八―三三七頁）、「蕭闡墓誌」（三三八―三四七頁）、「蕭勃特鉢里墓誌」（三四八―三五三頁）。全て録文があり、「秦晋国大長公主墓誌」以外は拓影も掲載している。

(11) 大安十年（一〇九四）「耶律慶嗣墓誌」（遼寧省博物館『遼寧省博物館蔵碑誌精粋』文物出版社・日本中教出版株式会社、二〇〇〇年、一九八―一九九頁）、『遼史』巻九六 耶律仁先伝付撻不野伝。

(12) 咸雍八年（一〇七二）「耶律仁先墓誌」（前掲遼寧省博物館『遼寧省博物館蔵碑誌精粋』一九〇―一九一頁）、『遼史』巻九六 耶律仁先伝、同書巻七一 興宗仁懿皇后伝、同書巻一一二 逆臣重元・涅魯古伝、同書巻一一〇 姦臣 耶律乙辛伝。

(13) 元・孛蘭肹等撰、趙万里校輯、中華書局、一九六六年。

(14) 契丹・非濁『三宝感応要略録』巻之下「第十四 釈詮明法師発願造慈氏菩薩三寸檀像感応」（邵穎濤校注、人民出版社、二〇一八年、三三一―三三三頁)。

(15) 唯識思想の開祖というべき人物が瑜伽行派の学匠の弥勒(マイトレーヤ)であり、弥勒菩薩と同名であったことと関係があるだろう。

(16) 高麗・義天『新編諸宗教蔵総録』巻三(大正蔵五五、一一七八頁中)に著録される。

(17) 統和二十六年(一〇〇八)「耶律元寧墓誌」(邵国田『敖漢文物精華』内蒙古文化出版社、二〇〇四年、一七六頁)。

(18) 統和三年(九八五)「韓匡嗣墓誌」(前掲注6蓋之庸『内蒙古遼代石刻文研究(増訂本)』七九頁)。

(19) 前掲注6蓋之庸『内蒙古遼代石刻文研究(増訂本)』六六〇―六六二頁。拓影は未掲載。録文を提示しているが、誤字・脱字がまま認められる。

(20) 本碑の閲覧調査は遼中京博物館館長の李義氏および館員諸氏の配慮を得て実施したものである。ここに記して謝意を表したい。

(21) 前掲注6蓋之庸『内蒙古遼代石刻文研究(増訂本)』六六二頁。

(22) 竺沙雅章「中国史上の追善供養」(『仏教史学研究』四三―一、二〇〇一年、八七―九〇頁)。

【I　臨終・死の儀礼と遺体】

佐藤一斎『哀敬編』について
――日本陽明学者の新たな儒教葬祭書

吾妻重二

あづま・じゅうじ――関西大学文学部教授。専門は儒教史、日本漢学史。主な著書に『朱子学の新研究――近世士大夫の思想史的地平』（創文社、二〇〇四年）、『宋代思想の研究――儒教・道教・仏教をめぐる考察』（関西大学出版部、二〇〇九年）、『馮友蘭自伝――中国現代哲学者の回想』一・二（翻訳、平凡社、二〇〇七年）などがある。

佐藤一斎は江戸後期の幕府教学を率いた人物だが、その著に『哀敬編』があることはあまり知られていない。ここで一斎は陽明学者として「哀しみ」と「敬み（つつしみ）」の感情をふまえつつ儒教葬祭儀礼を説く。清朝の四庫提要にもとづく『家礼』偽作説を新知見として採用し、日本の国情や仏式を強く意識しながら儒教の伝統を活かそうとする。

はじめに

南宋・朱熹の学問思想、すなわち「朱子学」は中国のみならず、東アジア世界に大きな影響を及ぼした。その博大精邃な学はそれ自体、儒教史の展開の中で質・量ともに突出した内容をもっているが、近世の中国および東アジアの諸思想の母体となったという意味でも重要である。日本についていえば、朱子学を批判して新たな日本的儒教の展開を示したとされる伊藤仁斎の古学派や荻生徂徠の古文辞学派なども、その思索の出発点は朱子学にあったのであり、朱子学の影響を抜きにしては彼らの思想も十分理解することはできないであろう。このことは中国の明清時代や、朝鮮王朝後期、またベトナムの黎朝・阮朝においても当てはまるものであって、「近世東アジア思想の母体としての朱子学」という言い方は、けっして的外れではない。朱子学はそれほど大きなインパクトをもっていたことになる。

このような朱子学の受容については朱熹の著作が東アジア世界において広く読まれたこと、とりわけ『論語集注』をはじめとする「四書集注」が普及したことだけを見てもただちに了解されよう。東アジア諸国の科挙において「四書集注」が標準的解釈とされたことはよく知られるとおりであり、科挙を導入しなかった日本においても、「四書集注」は江戸時代、和刻本としてくり返し翻刻されたばかりか、渓百年による『経典余師』など、和文によるわかりやすい解説が多数著わされた。『経典余師』は独習用のテキストで、学校に通えず漢文を読めない初学者にとっても理解できるよう工夫がこらされており、和文しかわからない庶民階層にも門戸が広がっていた。

さて、このような朱子学の普及のあり方を考えるとき、朱熹の『家礼』が広く読まれたのも当然のことであった。『家礼』が中国ばかりか朝鮮・韓国やベトナム、琉球に対して広範な影響を及ぼしたことはすでに確認されているが、日本に対しても大きな反響を呼んだことも、近年の研究によってかなりの程度明らかになっている。このことは、儒教の儀礼的側面が、その哲学的側面とともに重要な役割を果たしていたことを示している。

その反響のあり方を日本について見ると、朱子学派のみならず、古学系、古文辞学系、陽明学系、考証学系、さらには洋学系などの思想家に『家礼』が注目されていたことがわかる。[1]

『家礼』に見える儒教儀礼は諸学派を超えて注目され、しかもその冠婚喪祭のうち喪礼（葬礼）と祭礼の二つがとりわけ関心を集めていた。葬礼と祭礼、すなわち親を中心とする家族の葬儀と祭祀が、近世時期、親に事える「孝」思想の浸透とあいまって大きな関心を呼んでいたのである。

ここにとりあげる佐藤一斎の『哀敬編』は、そのような日本における『家礼』の「受容」と「変容」を跡づけるのに欠かすことのできない文献である。一斎は江戸時代後期を代表する儒者（陽明学者）として知られるが、これまで『哀敬編』に関する研究はほとんどなく、今後の検討が待たれるのだが、ここでは同書を紹介するとともに、その特色についていくらか考察を加えてみたい。

一、佐藤一斎について

佐藤一斎（一七七二〜一八五九）は、名は坦、字は大道、通称は幾久蔵また捨蔵、号は一斎、愛日楼など。美濃国岩村藩（現：岐阜県恵那市）の家老の子として江戸に生まれ、岩村藩主に仕えたがまもなく致仕し、大坂で中井竹山に学ぶ。その後江戸にもどって大学頭林信敬に入門、まもなく信敬が没すると、大学頭を継いだ林述斎（一七六八〜一八四一）の門に入る。述斎はもと岩村藩主松平乗蘊の子で、少年時代からともに儒学を修めた兄弟子であって、一斎は述斎のもとで研鑽を積み、文化二年（一八〇五）、三十四歳で林家塾の塾長となるや名声とみにあがった。天保十二年（一八四一）述斎が没すると昌平坂学問所の儒官となった。その学問は朱子学を標榜しつつも陽明学に深く共鳴するもので、「陽朱陰王」と呼ばれることもあるが、自主独立の精神を重んじたとされる。

学問・徳行ともにすぐれた一斎の門人は三〇〇〇人を超えたといい、渡辺崋山、安積艮斎、佐久間象山、横井小楠、松崎慊堂、山田方谷、大橋訥庵、東沢瀉、池田草庵、吉村秋陽など幕末維新期に活躍した英才がその教えを受けた。直接の弟子ではないが、その著書から影響を受けた者に吉田松陰、西郷隆盛らがいる。

著作はきわめて多く、刊行されたものに『言志四録』四巻、『伝習録欄外書』三巻、『小学欄外書』一巻、『古本大学旁釈補』一巻、『愛日楼文詩』四巻があり、他に精写本の『愛日楼全集』五十六巻（『近世儒家文集集成』第十六巻、ぺりかん社、一九九九年）が伝わる。なかでも『言志四録』は四十余年にわたって書き継がれた随想録であって、大きな反響を呼んだ。『伝習録欄外書』が日本における『伝習録』と陽明学の普及に果たした役割も大きい。また、中国古典に関する訓点は「一斎点」と呼ばれ、四書および五経の訓点が広く用いられた。その著作は現在、『佐藤一斎全集』（明徳出版社、一九九〇～二〇一〇年）に収録されている。

このように、一斎は日本の江戸時代後期・末期を代表するすぐれた学者であり、いわば当時の学問思想の中心にいた人物であって、その影響が各方面に広く及んだのである。

二、『哀敬編』とその立場

（一）基本的立場

『哀敬編』の版本として筆者がまず調査したのは国立公文書館・内閣文庫に蔵する写本三冊である。内題によれば初めの二冊が「哀編」、三冊目が「敬編」と題され、漢字片仮名混じりの和文で記される。この書は上記『佐藤一斎全集』第一冊にも収められ、財団法人無窮会蔵の一本を底本とするが、この全集本は読みやすさを考慮して片仮名を平仮名に改めるとともに、濁点をうち、句読点をほどこし、さらに送り仮名も付け加えているので、原文とはやや違った体裁になっている。(2)

このほか、東京都立中央図書館の河田文庫には一斎自筆と思われる『哀敬編』写本一冊が蔵されている。(3)「愛日樓鈔本」と印字された用箋に書かれ、漢字片仮名混じりの和文であり、行数、文字数とも内閣文庫蔵本とまったく一致しているので、内閣文庫蔵本はこれを抄写したものと思われる。

『哀敬編』は、文化十三年（一八一六）、母の留が亡くなった際に著わしたものという。(4) 時に一斎四十五歳。学者として脂の乗った時期であり、同書の細部にわたる精力的な考証や議論は、なるほど壮年期の筆致にふさわしいといえる。また、あとに触れるとおり、述斎の訂覧も経ている。ただし、内題下に「佐藤坦　稿」とあるように、稿本として写本でのみ伝わり、生前に刊行されることはなかった。

目次は次のとおりである。

第一冊
　哀敬編一
　　総論　五則
哀編上
　疾病行禱於五祀
　戒内外
　死于適室
　加新衣
　挙哀
　立相礼者
　遷尸　帷堂
　始死奠　上食
　易服　不食
　治棺椁
　刻誌名
　具弁
　訃告　告啓期
　択葬地
　拝賓
　沐浴
　襲　斂
　霊坐　奠
　成服
　穿壙
第二冊
　哀敬編二
　　哀編下
　啓柩　奠　朝祖
　窆
　反哭
　虞祭
　作主
　立碑

暇満
祔
除服
第三冊
哀敬編三
敬編

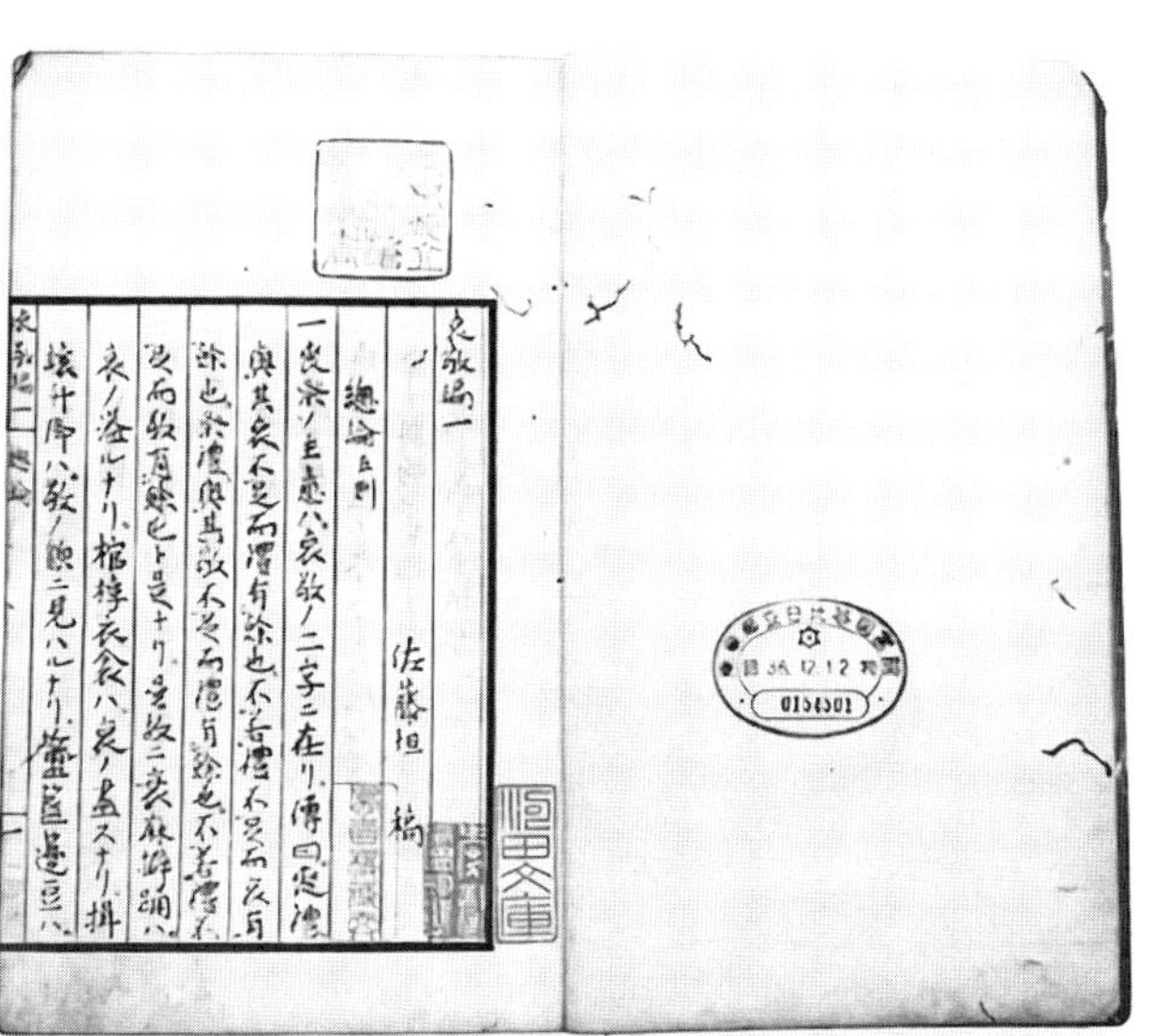

図1　佐藤一斎『哀敬編』冒頭部分（一斎自筆、東京都立中央図書館・河田文庫蔵）

家廟
神主位次
晨謁　出入
朔望　節祠
時祭
祭器
立春祭
忌祭
墓祭

　この目次を見ればただちに気づくように、この書は『儀礼』や『家礼』など中国の礼書にもとづく儒教葬祭儀礼の構成をもっている。

　その内容についてはあとで取り上げることとして、まず『哀敬編』という書名に関して、冒頭の「総論」第一条に次のような説明がある（**図1**）。

喪祭ノ主意ハ、哀敬ノ二字ニアリ。伝曰、喪礼、与其哀不足而礼有餘也、不若礼不足而哀有余也、祭礼与其敬不足而礼有余也、不若礼不足而敬有余也ト、是ナリ。……今喪祭ノ説ヲ編述シ哀敬ヲ以テ名トス、読者ニ其本ヲ失ハサラシムル為メノミ。

ここに「伝に曰く」として引用される「喪礼は其の哀足ら

ずして礼余り有らんよりは、礼足らずして哀余り有らんには若かざるなり。祭礼は其の敬足らずして礼余り有らんよりは、礼足らずして敬余り有らんには若かざるなり」とは『礼記』檀弓篇上の語で、喪・祭の儀式の形式よりも「哀しみ」および「敬み」の心という内面を尊ぶべきことをいう。喪祭儀礼書に「哀敬」という名をつけるのはかなり独特と思われるが、これは形式に従属するよりも、むしろ心を基点としてそれを活かしていく陽明学を尊んだ一斎らしい命名といえよう。同第二条に「哀敬ノ心ハ我カ真情ノ已ムヲヱサル所」というのも、やむをえざる切迫した「真情」を基本に据える点において陽明学的といえる。

もちろん、一斎は儀礼を軽視しているわけではなく、第一条に「哀敬ノ実アレハ必ス哀敬ノ文アリ」というように、「哀敬」という実質があれば、当然「哀敬ノ文」、すなわち哀敬の心情を目に見えるかたちで表わす「儀文」(儀式)が備わるはずだというのがその理解であった。儀式と精神とのどちらを取るかというのではなく、むしろ儀式が精神と両立することを一斎は楽観的にとらえている。

また、一斎は儀礼を時宜に応じて変えていくことにも肯定的であった。続く文に「儀文ノ起ル皆人心ニ本ヅク、必シモ古制ニ泥ムヘカラス」というように、儀式は人の心にもとづいて定められるものだから、古代の制度に必ずしもそのまま拘泥する必要はない。しかも「礼従宜」(礼は宜しきに従う、『礼記』曲礼篇上)、「礼時為大」(礼は時を大なりと為す、『礼記』礼器篇)というのが儀礼制定の通念であったことからすればなおさらである、といっている。

こうして、古礼の規定を適宜斟酌し、今の日本に適合すべき儒教喪祭儀礼を作るというのが同書の方針となった。そのことについては、同条に、

古礼ノ今ニ行フヘキヲ斟酌シ、繁縟ヲ去リ、簡易ニ就キ、或ハ宜ニ従テ義ヲ以テ起シ、コレヲ要スルニ人〻ニ能ソノ哀敬ノ心ヲ達セシムヘシ。

というとおりである。これと同様のことは『言志後録』にも見えており、その第一五六条に、

邦俗喪祭、都用浮屠、冠婚、依遵勢笠両家、在吾輩則自當用儒礼、而漢土古礼、今不可行、須斟酌時宜、別創一家儀注、喪祭、余嘗著哀敬編、冠礼亦有小著、務要簡切明白、使人易行耳、独婚礼則事渉両家、勢不得如意、當以漸与別為要。

(邦俗の喪祭は都て浮屠を用い、冠婚は勢笠の両家に依遵す。吾が輩に在りては則ち自ら当に儒礼を用うべし。而るに漢土の古礼は、今行なうべからず。須らく時宜を斟酌して、別に

一家の儀注を創るべし。喪祭は、余嘗て哀敬編を著わす。冠礼にも亦た小著有り。務めて簡切明白にし、人をして行ない易からしむるを要するのみ。独り婚礼は則ち事両家に渉れば、勢い意の如くなるを得ず。当に漸と別とを以て要と為すべし。」

といっている。(5) 日本の葬祭はすべて仏教式になってしまっているが、「吾が輩」すなわち我々儒者は当然「儒礼」を用いるべきである。しかし「漢土の古礼は、今行なうべからず」。そこで「須らく時宜を斟酌して、別に一家の儀注を創るべし」というのであって、このあたりは一斎の考え方がよく示されている。ここにいう「勢笠の両家」とは伊勢貞行と小笠原長秀の定めた日本式礼式をいう。

昌平坂学問所を率いた林述斎の門人であり、またのちに昌平坂学問所の儒官になった立場からであろう、一斎は幕府の規定や日本の国俗にはしばしば妥協的であった。また『家礼』は仏教儀礼を排除したが、一斎は日本の国情を考慮して仏教儀礼を一部容認している。あとに見るように、一斎は『家礼』を朱熹の自著ではなく、他人の仮託と見ていたから、『家礼』をふまえつつも必ずしもそれにこだわらず、かなり柔軟に自説を開陳しているのである。

（二）自説の展開

同書の説について興味深い例をいくつか見てみよう。たとえば三年の喪について一斎は、

今本邦ニ喪祭ノ定制ナケレハ、唐土古今ノ宜ヲ折中シテ私ニ行トモ可ナリ。タヽ、服期ニ至テ国家に甲礼アリ、背クヘカラス。今人往ミ好名ノ心ヨリシテ甲令ニに背キ、三年ノ喪ヲ行ナト云モノアリ。名ハ美ナルニ似テ、実ハ義理ニ合ハス。凡ソ為ルヲエテ為サルト、為ルヲ得スシテ為ルト、其ノ罪均キナリ。……今ニ在テ三年ノ喪ヲ行フハ、為ルヲ得サルモノナリ。其罪均キニ非スヤ。且三年ノ虚喪ヲ行フヨリ、一年ノ実喪ヲ持スルニ如カス。

（『哀敬編』一、総論）

といっている。喪祭（葬祭）儀礼について日本には定まった制度がないから、唐土古今を折衷しみずからの判断で行なってかまわないが、ただ、服期については「国家」の「甲礼」すなわち幕府の規定に背いてはならぬという。ここにいう幕府の規定とは「服忌令」をいう。そして、「三年の喪」は名目こそ美しいが、現実には実施できない「虚喪」にすぎないとし、それにこだわらずに、むしろ一年という「実喪」を守るのがよいという。一年の喪とは服忌令でいう「期」をいう。当時施行されていた服忌令では父母について忌五十日、服十

三カ月（満一年）とされていた。(6)

これは幕府の規定である服忌令に従わざるをえない事情をふまえつつ、実質的にはそれが儒教の「義理」にかなうことを説明したものである。

仏教や僧侶に関しては次のようにいっている。

皇国耶蘇ノ禁甚厳ニテ、夫ヨリ宗門ノ事起リ、必ス某宗ト云ウヲ官ニ告グ。天下ニ無宗ノ家、無宗ノ人ナキニ至ル。コレ国家偏ニ仏ヲ崇スルニヨリニ非ス、畢竟耶蘇ヲ禁スルヨリ已ムヲ得スシテ起レリ。然レハ僧寺ニ葬ルコト当今ノ著令ニテ背クヘカラス。モシ葬地アリテ儒礼ニ従フヲ得ル人ハ別ナリ。其余ハ必ス僧寺ニ托セサルヲ得ス。故ニ僧寺ニ葬ルコト仮ヘハ其境内ニ於テ借地スルナリ。今ノ僧家ハ周官ノ冢人・墓大夫・職喪ノ類ト視ルヘシ。既ニ地ヲ借リ、又ソノ周旋ヲ煩ハス上ハ礼ヲ厚クシ、僧ニ謝スヘシ。コレ理ノアル所ナリ。今ノ儒者、家礼ニ不作仏事トアルヨリ遂ニ僧寺ヲ忽慢シ、僧ニ対シ無礼ノコト多シ。因テ往々其怒ヲ来タス。モシ祖先ノ体魄ニ知ルコトアラシメハ、恐クハ其地安ンセシ。然レハ今ニヲイテ其勢全ク仏事ヲ廃シカタシ。（『哀敬編』一、総論）

一斎によれば、寺請制度（檀家制度）は必ずしも幕府が仏教を尊崇したために設けられたのではないが、キリシタン禁制のため国家としてどうしても必要な措置であった。したがって「僧寺ニ葬ル」という今の「著令」に背くことはできないという。ただし、ここで興味深いのは、僧侶の役割を『周礼』にいう「冢人・墓大夫・職喪」になぞらえていることである。ともに墓地や喪事をつかさどる役割をもつ点に着目して、僧侶の存在は儒教儀礼の実践と必ずしも背馳しないというのである。『家礼』には「仏事を為さず」の一文があり、それによって日本でも「僧寺ヲ忽慢シ、僧ニ対シ無礼ノコト多シ」という状況が生まれているが、一斎によれば、それは仏教によって葬祭が維持されている国情に照らせば正しくないという。「今ニヲイテ其勢全ク仏事ヲ廃シカタシ」というのが一斎の偽らざる理解であった。

そうであれば、当時の習俗であった火葬を容認しそうなものだが、『哀敬編』はそこまで妥協的ではなく、土葬方式で一貫している。おそらくこれは儒者一斎にとって譲れない一線だったのであろう。

棺と墓のつくりについては、次のようにいっている。

喪礼第一緊要事ハ棺椁ニアリ。……棺椁ノコト礼経ニ往々見ユルモ、其大意ヲ見ルヘクシテ精詳ノ処ハ考フヘカラス。今実用ヲ慮テ制セントセハ、必シモ古制ニ泥ムヘカラス。……臥制ニテハ墳墓場取リテ僧寺湫隘ノ域ニ容レ難ク、偶コノ制ノ墳墓アレハ後或ハ人ニ蹈マル、患アリ。然レハ瓦棺ニテ坐制ニスルノマサレルニ如カス。……サテ瓦棺ハ甕ヲ用ユ。……一種頂品ハ肥前唐津ノ甕ナリ……。

世人家礼ノ説ヲ信シテ油杉ヲ用ユ。又其制モ家礼頭大足小底ニ七星板ヲ加ヘ、、内外灰漆ヲ用ルノ制ニ従フ。コレ畢竟趙宋時俗ノ制ナリ。且頭大足小ソノ形端正ナラス。古書ニミヘサル所ナリ。……然レハ古制ノ詳ハ終ニ明ラメ難キナリ。因テ今時俗ノ宜ヲ度テ創意ノ制ヲナス。

（『哀敬編』哀編上、治棺椁）

ここでは、棺のつくりの詳細は礼経には見えないため「実用ヲ慮テ制セントセハ、必シモ古制ニ泥ムヘカラス」という。かくして棺は僧寺の墓地が狭隘であることなどから、「坐制」すなわち坐棺を用いるのがよいとする。これも『家礼』をはじめ中国の棺が「臥制」であるのとは違い、日本の習慣に合わせた措置である。そしてその際、棺は甕を用いることにし、肥前唐津の甕が最も上等だともいう。

また、『家礼』がいう棺材や七星板などの記述は宋代の習俗にすぎず、古書にも見えないから、これまた「時俗ノ宜」によって創意するという。

これに関して一斎は、坐棺を用いる以上、墳土（盛り土）をわざわざ作る必要はないとして、「今坐棺ヲ葬レハ別ニ墳ヲ起サス、直ニ墳上ニ碑ヲ立テ、碑ニシテ墳ヲ兼ネシムヘシ」（『哀敬編』哀編下、立碑）と、独自の説を述べている。『家礼』では、墓碑の後ろに墳土を作るとしているのだが、一斎はそれも否定している。そうなると、墓のつくりは墓石が所狭しと並ぶ日本の寺院の墓と変わらなくなるようにも見えるが、ただし「碑ノマハリニ石欄或ハ石屏ヲ設ケ、其中ヲ切リ、石ニテ甃スヘシ」（同上）と、周囲を石欄もしくは石屏で囲み、墓域内を石甃（だたみ）にするというから、わりあい立派な墓制を想定していたようである。

ここで興味深いのは、現在、新宿区市谷山伏町の「林氏墓地」に現存する林述斎の墓である。述斎の墓は、後述するように一斎が造営したもので、しかも『哀敬編』にもとづいて作られたという。いま述斎の墓を見ると、周囲を石欄で囲み、石甃を設けること、墳土がないことなど、ここにいう墓制と共通していることがわかる。[7] 林氏墓地では述斎以下、復斎に至る四代の墓が同様の形式をとっており、「儒葬」の面影をとどめる貴重な事例といわれるが、その形式が『哀敬編』にもとづいている点はこれまで指摘されたことがないようである。これは別に検討を要する問題であり、紙幅の関係上、いま詳論することはできないが、日本における「儒葬」の諸形

式を探るうえで留意しておくべきことと思われる。(8)

このほか、家廟については、

王制ニ天子七廟ヨリ降殺シテ士一廟ニ至ル。凡神主アルモノ必廟アリ。……然ルニ本邦ノ宮室唐土ト異ナルレハ、今家廟ノ制モ俗ノ宜ニ従フコト固ナリ。タヽ、古意ヲ失ハサル様斟酌スヘシ。……邦俗貴賤トモ住居ノ屋根ヲ一ト続キニテ其中ヲ仕切ル習ナレハ、家廟モ住居ノ内ノ一間トスル外ナシ。……其左右昭穆ヲワケ四世ノ主並ニ祔主ヲ安ス。　（『哀敬編』敬編、家廟）

という。一斎は、神主（儒教における位牌）は誰しも必ず置かねばならないとし、これを置く以上は、必ず家廟を設けなければならないという。ただし、日本と中国では家のつくりが違うため、家廟は「邦俗」に従い、独立した建築物ではなく、住まいの中の一間にしつらえる。これも日本の国情を考慮した結果だが、しかし神主の並べ方は『家礼』と違って昭穆の順序にするという。昭穆とは始祖の神主を中央に置き、以下、各世代の神主を、南に向かって左―右―左―右の順番で置くことであるが、昭穆は中国古代の礼制であって、これは「古意」を失わないよう斟酌したものであろう。

また神主についていえば、『家礼』にいう陥中や粉面、改題は古礼にはないとして採用していない（『哀敬編』哀編下、作主）。「古制ハ題主一成シテ易ヘス」、すなわち古礼では神主にいったん名を題すると、世代が代わってもそれを書き換えることはしないというのである。これもまた『家礼』に従わなかった例であるが、興味深いのは、仏教の追号（いわゆる法名）があれば、これを神主の最後に「釈追号曰某〻」と書き加えていいとしていることである。その理由について一斎は、

釈ノ追号之ヲ神主ニ題スルハ如何ナルヤウナレドモ、僧寺ニ葬ルモノ追号ヲ以テ呼フ習ナレハ、追号ナケレハ後世ニ至リ墳墓モ検索シ難キコトアルヘシ。故ニ記セサルコトヲエス。　（『哀敬編』哀編下、作主）

といっている。寺院に埋葬した場合は追号によって墓主を呼ぶ習わしであるから、もし追号がなければ、後世、墓が探し出せなくなってしまうという。これは儒教儀礼に仏教の方式を加味した折衷案である。一斎にとって、儒教と仏教は必ずしも相い対立するものではなく、むしろ互いに補い合うことのできるものなのであった。

もう一つ、喪服(もふく)については、

唐土ノ服既ニ用ヒ難ク、本邦ノ古制モ今詳考スヘカラス。然レハ今ニアリテ必シモ制作ニ拘ラス、哀素ヲ表スル意ヲ以テ主トナス。月白灰(アサキネツミ)色ナトノ木棉ニテ、無紋ノ単

衣ヲ製シテ常服ノ上ニ襲フテ可ナリ。

（『哀敬編』哀編上、成服）

という。中国の喪服は用いがたく、また日本の古制も詳細は不明という状況下では、何よりも「哀素」の心を表すことを主眼に置くべきだとし、質素な和風のいでたちを推奨している。当時、日本には喪服というものは特に存在せず、「服トイヘトモ服ヲ着ルモノナシ」（同上）という状態であった。これに対して一斎は儒教の服喪制度を、そのままではないが、日本の実情に即しつつ可能な範囲で取り入れようとしているわけである。(9)

以上に見た例からわかるのは、何よりも一斎の儒者としての苦心である。単に現状に追随するだけなら儒教儀礼などを持ち出す必要はなく、ただ仏式葬祭に従っていればよかったであろう。しかし、儒教で強くアイデンティファイされた一斎にそれはできなかった。

一斎の立場を考えてみると、『哀敬編』執筆当時は林家塾の塾長であり、のちに昌平坂学問所の儒官として幕府の教学をリードすることになる重要な地位にいた。しかしそれはまた、幕府の定める寺請制度や仏式葬祭をいっそう強く意識しなければならないことも意味していた。儒者でありつつ仏教にどのように対応するかという問題意識は、一斎において先鋭な問いとして意識されていたはずである。『哀敬編』の中で、仏教儀礼とどう折り合いをつけるかがしばしば議論されているのはそのためであろう。

幕府の規定や国情、とりわけ仏教の規定を考慮しつつ、そこに、できるだけ儒教の伝統を活かそうとする儒者一斎の立場を見ることができるのである。

三、『四庫全書総目』（四庫提要）との関係

そもそも中国の儀礼を取捨選択し、日本の国情や習慣に合わせて改編を加えるというのは別に一斎だけに限った話ではなく、儒教儀礼を実施しようとした日本の儒者すべてに当てはまるものであった。幕府に仕える儒官だった一斎の場合、そうした取捨選択の意識がかなり強くはたらいていたことは上述のとおりであり、それがこの書の特色の一つとなっているわけだが、次に注意したいのは、一斎が『家礼』を朱熹の作とはせず、仮託の書と見ることである。これは他の日本の儒者にはない特色であるため、以下、そのことにつき検討してみよう。

このことは『言志晩録』別存・第二十八条に、

林家喪祭旧式、沿文公家礼、公嘗疑、家礼出於仮託、不慾用之、晩年自述喪式、余亦有哀敬編、経公訂覧。公病

已革、使余幹事、一遵此式、旧式於是一変。

（林家の喪祭の旧式は文公家礼に沿う。公嘗て疑う、家礼は仮託に出づと。之を用うるを欲せず、晩年自ら喪式を述ぶ、余にも亦た哀敬編有り、公の訂覧を経たり。公、病已に革まるや、余をして事を幹せしむれば、一に此の式に遵う。旧式是に於て一変す。）

と述べられている。[10]ここにいう「公」とは林述斎のことで、『家礼』を仮託の書とするのは師の述斎の理解でもあり、『哀敬編』は述斎の訂覧を経ているという。引用文の後半にいう述斎の墓が一斎の手により『哀敬編』にもとづいて作られたことについては、すでに触れた。

『家礼』仮託説については、さらに『哀敬編』総論の第三条にも、

世ニ伝ル処ノ家礼ト称スル書ハ……恐クハ文公ノ作ニアラス、モシ公ノ作ナルモ初年ノ稿本ニシテソノ本意ニ非ルヘシ、明ノ王懋竑カ白田雑著ニ審ニ論シ、清乾隆官撰四庫全書総目モソノ考ニ従ヘリ、然レハ文公ノ礼説、文集語類ニ散見スル外、別ニ成書ノ考フヘキナケレハ、今大抵儀礼ノ次序ニ従ヒ、又礼記諸書ヲ斟酌シテコノ編ヲ成ス、家礼ノ説ニ至テハ従ハサル所多シ……（四庫全書総目曰、家礼五巻附録一巻、旧本題宋朱熹撰、案王懋竑白田雑著有家礼考、曰家礼非朱子之書也……）

といわれている。ここにあるように、一斎は清の王懋竑および『四庫全書総目』（四庫提要）により『家礼』を偽作か、もしくは朱熹早年における未定の稿本と見て朱熹の本意ではないとするのである。[11]もっとも、述斎と一斎はおそらく王懋竑の『白田雑著』を見てはいないのであって――ここで王懋竑を明人と誤っているのはそのためであろう――、この条の後半の「四庫全書総目曰」に始まり「礼従宜使従俗也」に終わる漢文による長文の双行注は、実は『四庫全書総目』の「家礼」条の全文をそのまま引用したものである。[12]『四庫全書総目』が王懋竑『白田雑著』を根拠として引いているため一斎は王懋竑の説を参照したような言い方をしたわけであるが、ともあれ文化・文政時代になると清朝考証学の成果が日本にも多く伝わっており、一斎はそれを新たな知見としてここで採用したことになる。

そもそも『四庫全書総目』は全二〇〇巻、紀昀らによる奉勅撰で、清の乾隆四十七年（一七八二）に完成、乾隆六十年（一七九五）に浙江布政使および武英殿から刊行された。すなわち浙本および殿本であり、このうち浙本が最も広く流布した。[13]この書がいつ日本にもたらされたのかははっきりしないが、かなり早く伝来していたのは確かであって、文化二年

（一八〇五）にはすでに昌平坂学問所が『乾隆欽定四庫全書総目』全四巻を刊行している。[14] この官版の刊行を主導したのが林述斎および一斎であることは、彼らの当時の地位からしてまず間違いない。

この官版『乾隆欽定四庫全書総目』は、もとの『四庫全書総目』が分量大部なところから、解題部分を削除して目録部分のみを載せたものであるが、[15] いま問題にしている『家礼』

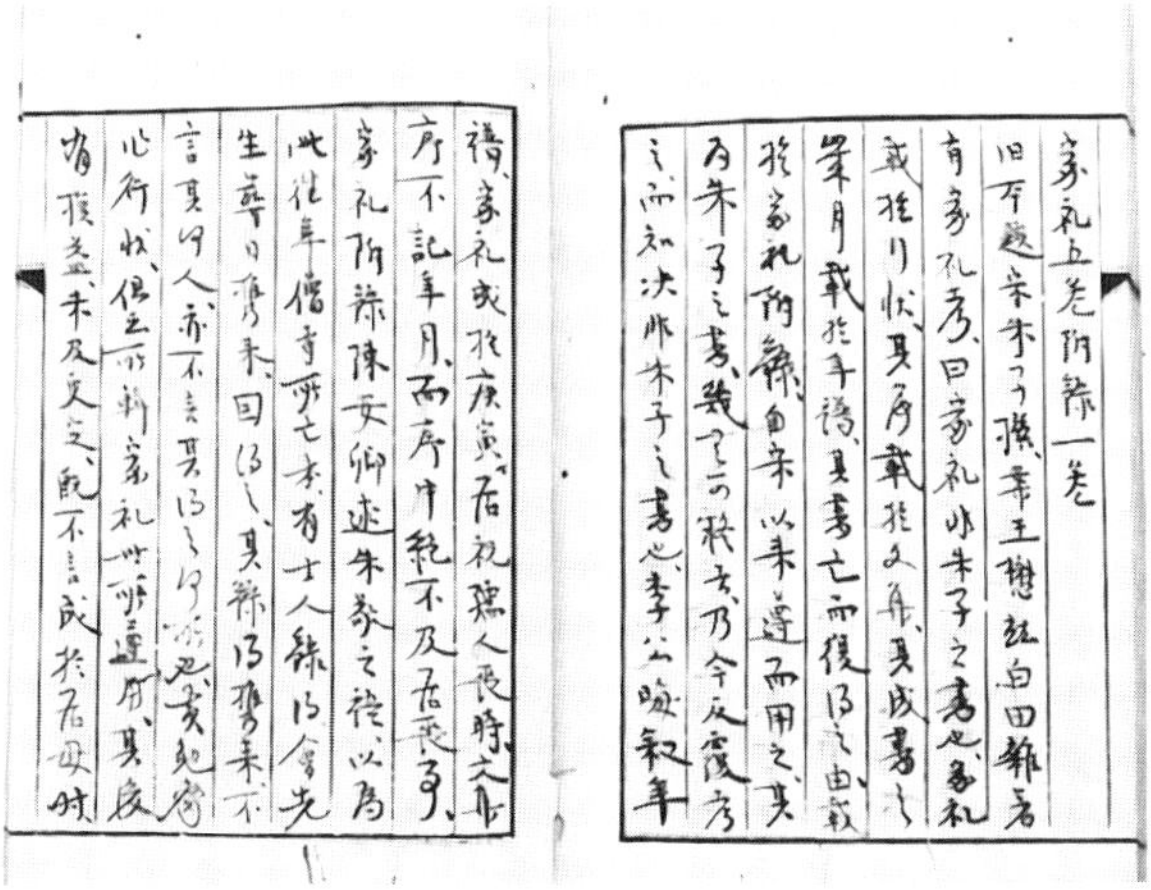

図2　一斎鈔写『四庫全書総目』家礼の条（東京都立中央図書館・河田文庫蔵）

に関しては、

家礼五巻附録一巻〔旧本題宋朱子撰、蓋依託也〕

と、『四庫全書総目』の仮託説をそのまま明記している（〔　〕は双行注）。

これとともに注意すべきは、前述の河田文庫に『四庫全書総目』の一斎抄本が残されていることである。「四庫全書総目鈔」と表書きされた全五冊で、冒頭の乾隆帝聖諭に始まり、巻一の易類から巻三十二の孝経類に至る経部の提要を一斎みずから筆写したものである。この中には節録部分があり、筆写時期も上述した『乾隆欽定四庫全書総目』全四巻の刊行の前か後か不明であるが、ここには『四庫全書総目』の「家礼」条の全文がそのまま筆録されているのである。**図2**にその書影を掲げたので参照されたい。

さらにいえば、『四庫全書総目』が巻帙浩繁なために、内容を簡略にして再編したものが『四庫全書簡明目録』二十巻であった。乾隆四十七年（一七八二）に成り、二年後の乾隆四十九年（一七八四）、『四庫全書総目』に先がけて刊行されている。[16] この『四庫全書簡明目録』が日本に伝えられたのもきわめて早く、『商船載来書目』には寛政五年（一七九三）に、すでにその名が載っている。[17] 中国における同書刊行のわずか九年後である。そしてさらに、この『簡明目録』は上記の官

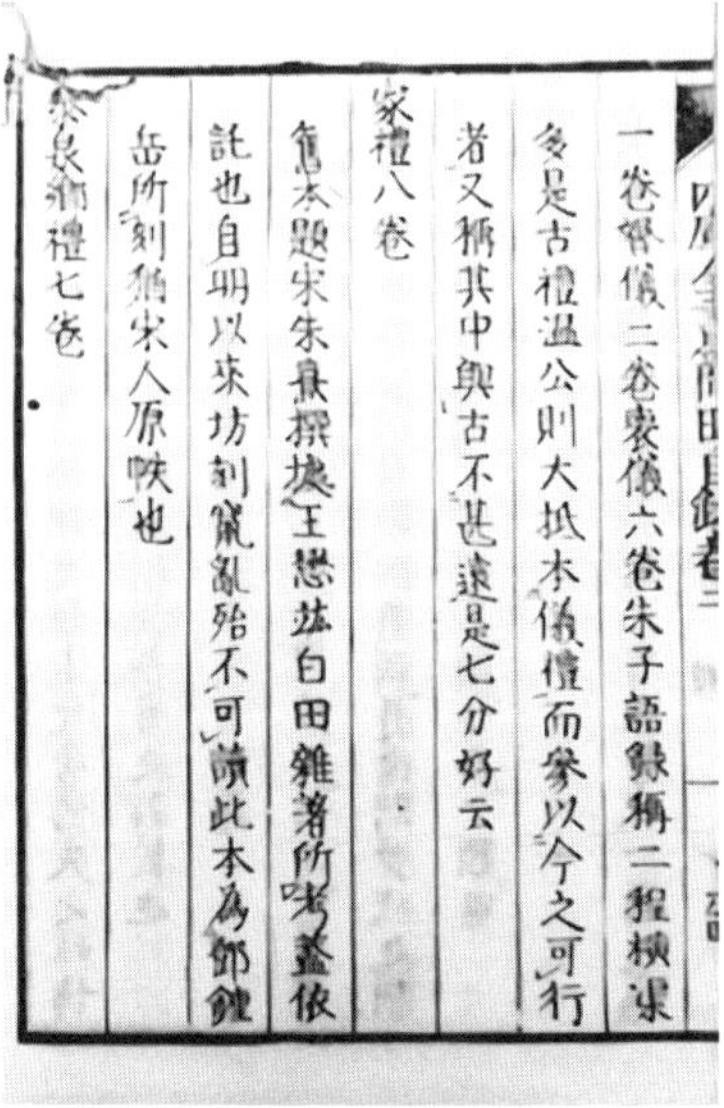
一巻婚儀二巻喪儀六巻朱子語録稱二程横渠
多是古禮温公則大抵本儀禮而參以今之可行
者又稱其中與古不甚遠是七分好云
家禮八巻
舊本題宋朱熹撰據王懋竑白田雜著所考蓋依
託也自明以來坊刻竄亂殆不可讀此本為鄧鍾
岳所刻猶宋人原帙也

図3　和刻本『欽定四庫全書簡明目録』家礼の条（関西大学総合図書館・長澤文庫蔵）

版『乾隆欽定四庫全書総目』の刊行に先だつ享和二年（一八〇二）に、訓点つきの和刻本が巻四、すなわち経部まで、返り点つきで刊行されている。(18) そして、その刊行を進めたのはほかならぬ一斎であって、一斎はその序文「刻四庫全書簡明目録序」で刊行の経緯を詳細に説明している。(19) いま、和刻本『欽定四庫全書簡明目録』巻二における『家礼』の条を返り点つきのまま引用すると、

家礼八巻

旧本題朱熹撰、據㆓王懋竑白田雑著所㆒㆑考、蓋拠依託也。自㆑明以來坊刻竄乱、殆不㆑可㆑読。此本為㆓鄧鍾岳所㆒㆑刻、猶㆓宋人原帙㆒也。

と、これまた作者問題に関して依託説が明記されているのが注意される（図3）。ここで『家礼』の巻数が八巻になっているのは、おそらく『簡明目録』が拠った底本の違いによるのであろう。(20)

考証が長くなったが、以上を要するに、一斎は儒教喪祭儀礼を論じるにあたって『四庫全書総目』の提要にいう『家礼』仮託説にいちはやく注目していた。日本近世の儒教喪祭儀礼研究はほとんどが『家礼』の強い影響下にあるといっていいが、『哀敬編』は清朝考証学の論点にもとづいて『家礼』とは一定の距離を置きつつ、日本独自の儒教喪祭儀礼を詳細に構想したのであって、当時としてきわめて貴重な試みであったといえる。

かくして『哀敬編』は古礼や日本の習俗に沿って『家礼』を批判するところが多いのであるが、しかし朱熹の説を十分に参考にしていることも否定できないのであって、朱熹の『語類』や『文集』をしばしば引用して説明に役立てている。また、朱熹の説を引用するにしても、固定的に決めつけるのではなく、その変化をトレースしているところがあって驚かされる。たとえば外親の主の祭りや、時祭を行なう日どりなどに関する議論がそうであって、これらは一斎が朱熹の著述をも綿密に検証していたことをよく示すものである。

四、その他の版本および小結

なお、『哀敬編』は関西大学総合図書館・内藤文庫にも写本一本を蔵するので、ついでに紹介しておきたい（図４）。こちらは一冊じたてで、巻頭に目次として「総目」がつき、

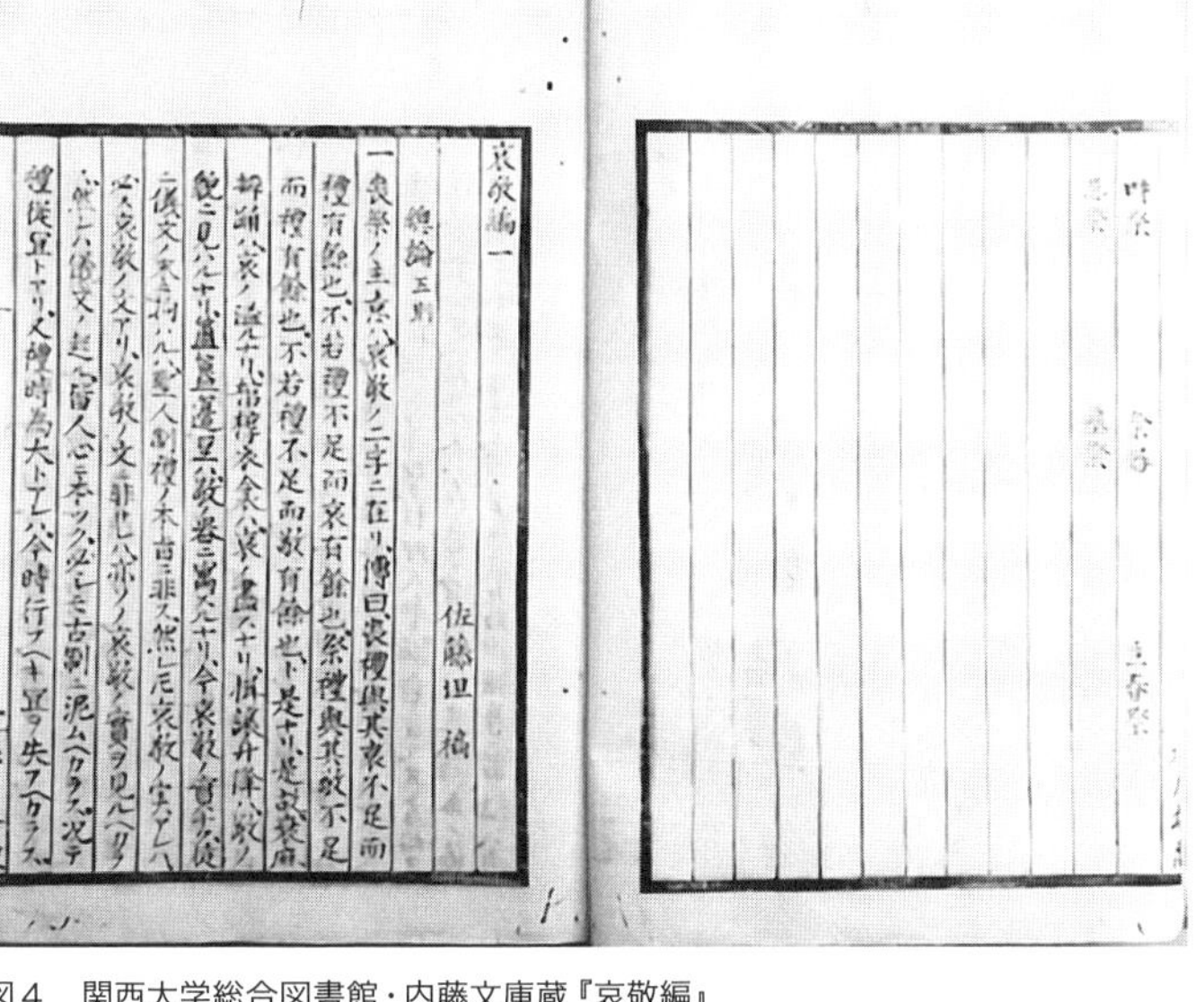
哀敬編一
總論　五則
佐藤坦　稿
一哀祭ノ主トスル所ハ哀敬ノ二字ニ在リ。傳曰、喪禮與其哀不足而禮有餘也、不若禮不足而哀有餘也。祭禮與其敬不足而

図４　関西大学総合図書館・内藤文庫蔵『哀敬編』

上部欄外に文字校訂に関する按語書入れがいくらかある。巻末には「天保十三年歳次壬寅七月廿一日校字畢／伊藤輔世」と記し、校訂者が伊藤輔世だったことがわかる。

伊藤輔世（一七九一〜一八六〇）は幕末の朱子学者で、字は孟徳もしくは子長、号は樵渓。岡藩（現：大分県竹田市）の儒者で、もと徂徠学を学習し、長じて田能村竹田に詩を学んだが、のち角田九華と交わって朱子学を究め岡藩藩校由学館の助教となった。[21] 九華は中井竹山および林述斎に学んで由学館教授となった人物である。

いま、この内藤文庫本を見ると、欄外書入れにおける文字校訂の結果が河田文庫本・内閣文庫本に共通することが多い。そのことからすると、内藤文庫本は河田文庫系統のテキストを抄写したのち、改めて校訂をほどこしたものといえよう。また本文と欄外書入れの筆跡が一致していると見られることから、校訂のみならず、本文の鈔写者も伊藤輔世であったと考えられる。

『哀敬編』は一斎の生前、刊行されることはなかったが、写本は東京都立中央図書館・河田文庫、国立国会図書館・内閣文庫、関西大学総合図書館・内藤文庫のほかにも、国会図書館本館、東北大学附属図書館・狩野文庫、財団法人無窮会、静嘉堂文庫などに蔵されており、広く読まれていたことがわ

かる。また、明治初期に著わされ、日本における『家礼』関連文献の掉尾を飾った池田草庵の『喪祭略儀』も『哀敬編』の一部を抄写している。(22)

以上に見てきたように、『哀敬編』はさまざまな面で特色ある文献となっている。まとめると次のようになろう。

一、一斎は誠実な心情を重視し、喪礼における「哀しみ」の感情、および祭礼における「敬み」の感情を重んじた。これは陽明学に共鳴する学者として当然の態度であったといえる。

二、ただし、一斎は儀礼を軽視したわけではなく、儀式と心情はおのずと両立すると考えて、喪祭儀礼のマニュアル『哀敬編』を著わした。

三、『哀敬編』は中国の古代儀礼を取捨選択しつつ、日本の国情や習慣に合わせて改変を加えている。特に、昌平坂学問所を率いた林述斎の門人であり、のちに昌平坂学問所の儒官になった立場上、幕府の規定や国俗にはしばしば妥協的であって、「漢土の古礼は、今行なうべからず。須らく時宜を斟酌して、別に一家の儀注を創るべし」、「今ニヲイテ其勢全ク仏事ヲ廃シカタシ」という語は一斎の立場をよく物語っている。服喪制度や仏教・僧侶への対応、棺や墓のつくりに関する構想、神主の題名における仏教追号の扱いなどはそのことを示す例である。幕府教学の指導者として国情や仏教とどう折り合いをつけるかは一斎にとって大きな課題だったのであって、それらのしばりを考慮しつつ、儒教の伝統を最大限活かそうとするのが儒者一斎の立場であった。

四、これと並んで特徴的なのは、一斎が当時日本に伝えられた『四庫全書総目』(四庫提要)および『四庫全書簡明目録』にいち早く注目し、そこに載せる王懋竑の『家礼』仮託説を採用したことである。これは師の林述斎に示唆を受けたものらしく、当時の日本において、同時代中国の最新の情報に対応したものであった。

五、そのため、『哀敬編』は清朝考証学の論点にもとづきつつ独自の儒教喪祭儀礼を構想することになった。

六、しかし、一方で『哀敬編』は朱熹の他の著作を綿密に議論している。すなわち『家礼』の影響は無視できないのであって、同書は日本における『家礼』変容の一つのかたちを示すものということができる。

七、『哀敬編』は一斎の生前に刊行されることはなかったが、写本は日本国内に多く散在しており、当時広く読まれていたことがわかる。

このように、『哀敬編』は日本における儒教葬祭儀礼および『家礼』受容史の中でも重要な位置にある。これまでこの書はほとんど論じられることがなく、それは日本儒教史もしくは日本思想史の研究に偏向があったことを示しているが、いずれにせよ、今後はその実践例や影響など、より詳細な検討が必要と思われる。

注

(1) 詳しくは吾妻重二編著『家礼文献集成　日本篇』一~八(関西大学出版部、二〇一〇~二〇一九年)を参照していただきたい。

(2) 『哀敬編』のテキストは、ひとまず吾妻重二編著『家礼文献集成　日本篇』七(関西大学出版部、二〇一八年)所収の影印によった。なお、本稿は同書における『哀敬編』の解説を大幅に補訂したものである。

(3) 河田文庫は、戦前に大蔵大臣を務めた河田烈の旧蔵書。河田烈の曾祖父は佐藤一斎その人であり、一斎女婿の河田迪斎、迪斎の子の河田貫堂へと受け継がれた。一斎の自筆稿本を多く含んでおり貴重である。

(4) 高瀬代次郎『佐藤一斎と其門人』(南陽堂本店、一九二二年)四七七頁、および田中佩刀「佐藤一斎年譜」(上記『佐藤一斎全集』第九巻所収)八一三頁。

(5) 前掲『佐藤一斎全集』第十一巻、二一九頁。相良亨ら校注『佐藤一斎　大塩中斎』(日本思想大系四六、岩波書店、一九八〇年)八五頁。

(6) 林由紀子『近世服忌令の研究』(清文堂、一九九八年)一九頁、五一頁。

(7) 新宿区教育委員会『国史跡林氏墓地調査報告書』(東京都新宿区教育委員会、一九七八年)。

(8) 林述斎は晩年、みずからの葬祭儀礼の手順として「喪式」を著わしている(後述)。詳細は省くが、現在、河田文庫に蔵する『封禅書』がそれにあたる。

(9) 本書には他にも、誌石のつくりや銘旌の扱い、外親(母方の親族)の神主の有無など、興味深い議論が見えるが、ここでは割愛する。

(10) 前掲の『佐藤一斎全集』第十二巻、一七六頁。相良亨ら校注『佐藤一斎　大塩中斎』一六〇頁。

(11) ただし、王懋竑および四庫提要のいう『家礼』仮託説は、近年の研究により否定されている。

(12) 筆者が参照した四庫提要は、北京・中華書局版『四庫全書総目』(一九八一年)の巻二十二、経部礼類四「家礼五巻附録一巻」の条である。この定本はあという浙本である。

(13) 前注『四庫全書総目』「出版説明」などによる。

(14) なお、大庭脩編著『江戸時代における唐船持渡書の研究』(関西大学東西学術研究所研究叢刊一、関西大学出版部、一九六七年)によれば『四庫全書総目』の持渡として最も早い記録は弘化元年(一八四四)の書籍元帳である(同書、四七八頁C)。しかし記録には現れないものの、同書は実際にはもっと早く伝来していたことになる。なお、大庭論考によれば、弘化元年以降、同書は頻繁に日本にもたらされている。

(15) そのことは杉山精一による官版解題『官板書籍解題目録』(出雲寺萬次郎、弘化四年(一八四七))上の「四庫全書総目　無巻数　五冊」の条に「凡テ巻ヲナスヿ二百、ソノ巻帙ノ繁重ニ亘タルヲ以テ検尋ニ便ナラサルカ故ニ解題ヲ刪リ去ツテ簡便ニ従エリ」とあるとおりである。

(16) 『四庫全書簡明目録』(上海古籍出版社、一九八五年)参照。
(17) 前掲注14、大庭脩『江戸時代における唐船持渡書の研究』所載「商船載来書目」の寛政五癸丑年に「欽定四庫全書簡明目録　一部二套」と見える(同書、七一八頁D)。
(18) 田原藩有朋館鐫蔵、鷹見爽鳩・星皐点。爽鳩と星皐は田原藩儒である。同書は首一巻に続き、巻一から巻四までの経部が刊行されたのみで、以下の史部・子部・集部は未刊。長澤規矩也『和刻本漢籍分類目録　増補補正版』(汲古書院、二〇〇六年)九二頁参照。
(19) 和刻本『欽定四庫全書簡明目録』巻頭。また『愛日楼文詩』巻一、前掲『佐藤一斎全集』第二巻、三七頁。
(20) ちなみに、前掲注16の上海古籍出版社『四庫全書簡明目録』は広東官刻本によるもので「家礼五巻、附録一巻」に作る。一方、民国二十一年(一九三二)の掃葉山房版『四庫全書簡明目録』は「家礼八巻」に作っており、和刻本と同じである。
(21) 笠井助治『近世藩校における学統学派の研究』下(吉川弘文館、一九七〇年)一八六二頁。
(22) 池田草庵『喪祭略儀』は吾妻重二編著『家礼文献集成　日本篇』八(関西大学出版部、二〇一九年)に影印した。

［Ⅰ 臨終・死の儀礼と遺体］

北京におけるパンチェン・ラマ六世の客死と葬送

池尻陽子

いけじり・ようこ――関西大学文学部准教授。専門は十七・十八世紀を中心とするチベット仏教文化圏の交渉史。主な著書・論文に『清朝前期のチベット仏教政策――扎薩克喇嘛制度の成立と展開』（汲古書院、二〇一三年）、「内秘書院モンゴル文檔案にみる十七世紀アムド東部のゲルク派諸寺院と清朝」（『チベット・ヒマラヤ文明の歴史的展開』、二〇一八年）などがある。

清朝の盛世のただなかであった乾隆四十五年冬、京師北京において、チベットを代表する大化身高僧パンチェン・ラマ六世が不慮の客死を遂げる。本稿では、乾隆帝が北京において威信をかけて挙行したパンチェン・ラマ六世の葬送を取り上げ、チベット仏教における化身高僧の葬礼及び当時の京師北京のチベット仏教界の様相を紹介する。

北京市中心部の一角、安定門の北側に建つチベット仏教寺院黄寺の境内には、清代に建立された白亜の仏塔が現存する。清浄化城塔――乾隆四十七年（一七八二）、清朝最盛期の皇帝として名高い乾隆帝（在位一七三五～一七九六）の勅命によって造営された、あるチベット化身高僧[1]のこの地での仏法弘通を紀念する仏塔である（**写真1**）。高僧の名はパンチェン・ラマ六世ロサン・ペルデン・イェーシェー（Tib. blo bzang dpal ldan ye shes、一七三八～一七八〇）。[2]当時のチベットにおいて、ダライ・ラマ（当時は八世ジャンペル・ギャンツォ、Tib. 'jam dpal rgya mtsho、一七五八～一八〇四）を凌ぐほどの宗教的地位と影響力を有していた大高僧である。

乾隆四十五年（一七八〇）夏、乾隆帝の七旬万寿節（七十歳の誕生日）の祝賀のために訪清したパンチェン・ラマ六世は、三ヶ月ほどを熱河や北京で過ごしたのち天然痘に罹患し、同年十一月二日、[3]北京黄寺において入寂した。パンチェン・ラマ六世の清朝訪問は、乾隆帝のチベット仏教熱が最高潮に達した時代を象徴する一大イベントであったが、そんな華やかなムードを一変させたパンチェン・ラマの不慮の客死は、これまで

写真1　黄寺の清浄化城塔

多くの研究者の関心を集めてきた。(4) しかし一方で、パンチェン・ラマ六世の入寂後、清朝の京師北京の地でどのような葬礼が行われたのか、その詳細を論じるものは存外に少ないように思う。このクラスのチベット仏教化身高僧の葬礼が北京で行われたのは、後にも先にもパンチェン・ラマ六世のこの一件のみであるため、清代のチベット仏教文化と歴史を象徴する事例の一つとして取り上げる価値はあるだろう。(5) そこで小稿では、パンチェン・ラマ六世の葬送及び関連事業について、北京が舞台となった入寂から一〇〇日後までの流れを紹介してみたい。依拠する史料としては、『六世班禅朝覲檔案選編』及び『清宮珍蔵歴世班禅額爾徳尼檔案薈萃』収録の清朝檔案と、(6) ジャムヤン・シェーパ二世（Tib. dkon mchog 'jigs med dbang po、一七二八〜一七九一）による『パンチェン・ラマ六世伝』（チベット語）(7) を用いる。清朝の北京遷都後約二七〇年の歴史の中で最も華やかな時代に、京師北京において当時のチベット仏教界の最上層の一角を担う化身高僧の葬礼はどのように営まれたのか。乾隆朝の京師のチベット仏教界の様相とともに、その一端をご紹介したい。

一、パンチェン・ラマ六世の入寂

乾隆四十五年十月二十九日（西暦一七八〇年十一月二十五日）、乾隆帝はパンチェン・ラマ六世の発熱と体調不良の訴えを聞き及び、すぐさま黄寺に医者を派遣したところ、パンチェンの出痘が確認された。翌日に乾隆帝が親しく病床を見舞うと、パンチェンは大いに喜び談笑したという。しかし、翌十一月初二日（一七八〇年十一月二十七日）には病状が急変、その日の夜戌の刻に逝去した。(8) 出痘が確認されてから僅か二日後の急逝であった。(9) 享年四十三歳。乾隆帝にとって、自身より三十近く年若であるパンチェンの逝去は予想だにしない事態であった。折しも、乾隆帝は来たるパンチェン・ラマ六世の誕生日（十一月十一日）の祝賀準備を進めていた最中だったこともあり、帝の驚きと悲嘆の様子が各種史料から伝えられている。[10]

乾隆帝は、パンチェン・ラマ六世が円寂したその日に第六皇子永瑢（Man. yung iong、一七四四～一七九〇）らを弔問使として特派している。[11] この第六皇子永瑢は、パンチェン・ラマ訪清に際して、大国師チャンキャ・ホトクト三世ロルペー・ドルジェ（Tib. lcang skya rol pa'i rdo rje、一七一七～一七八六）とともに迎接を担当していた宗室王公である。永瑢はチベット語での会話や仏教問答ができ、パンチェン・ラマ六世からの覚えもめでたかったといわれる。[12] そして翌三日には、永瑢とチャンキャ・ホトクト三世が勅命に遵いその後の段取りについて協議し、結果を軍機大臣福隆安（Man. fulunggan、鑲黄旗満洲旗人）が上奏している。その内容を要約すると以下の通りである。

①パンチェン・ラマ六世の遺体を納める金塔を建造すること。
②百日間念経を行うこと。
③金塔の安置場所は黄寺大殿内とすること。
④パンチェンの遺体の前での百日念経は、京城各寺のラマを招集し、交替で秘密集会タントラ（グヒヤサマージャ、Tib. gsang 'dus）などを勤修させること。
⑤毎日果物など供物の百供を行うこと。

この上奏内容は了承され、速やかに実行に移された。翌十一月四日には、ダライ・ラマ八世や摂政（Tib. srid skyong）ガワン・ツルティム（Tib. ngag dbang tshul khrims 一七二一～一七九一）ら中央チベット要人にもパンチェン円寂の事情を伝達すべく、軍機大臣阿桂（Man. agūi、正白旗満洲旗人）から駐蔵大臣恒瑞への寄信が発せられているが、その中にも今後の対応として同内容が記されている。[13] パンチェンの不慮の客死という事態に対して、清朝として速やかに手厚く対応する姿勢をチベット側に示すことが意識された内容といえる。

二、トゥクダム（死後瞑想）から初七日まで

パンチェン・ラマ六世入寂の翌日から、パンチェンの意識（Tib. rnam shes）の完成を促すため、北京の密教学堂僧たちによって秘密集会、勝楽（チャクラサンヴァラ、Tib. bde mchog）、大威徳金剛（ヴァジラバイラヴァ、Tib. 'jigs byed）の三種タントラ（Tib. gsang bde 'jigs gsum）[14] の大マンダラ法要が挙行された。ここでいう北京の密教学堂僧とは、雍和宮（Tib. dga' ldan byin chags gling）[15] の密教学堂（Tib. rgyud pa grwa tshang）に所属する

図2　故宮博物院所蔵パンチェン・ラマ六世像（タンカ）（『清史図典』紫禁城出版社、2002年）

僧たちを指す。雍和宮の密教学堂には、乾隆九年（一七四四）の設立当初から、シガツェのセーギュ（Tib. srad rgyud）[16]やラサのギュメ（Tib. rgyud smad）[17]などから高位の学僧が招請され、学堂長に任命されていた。[18]北京はゲルク派教学の中心からみれば僻遠の地でありながら、中央チベットから人材を確保する道が確立していたことで、高水準の教学及び儀礼の実践が可能な状況にあったのである。

上記法要と並行して、ラサのダライ・ラマ八世やラモ護法神（Tib. la mo chos skyong）、摂政ガワン・ツルティム、パンチェン・ラマ六世の師（Tib. yongs 'dzin）ロサン・チューペル（Tib. blobzarg chos dpal）らに対して、パンチェン・ラマ六世の化身が速やかに出現するための祈願（Tib. myur 'byon gyi gsol 'debs）と葬儀（Tib. dgongs rdzogs）を行うよう請願がなされ、それに伴う贈り物の献上が行われたという。[19]それらの請願と贈り物は、大国師チャンキャの選写した早期転生祈願文や占いと合わせて「摺子（上奏文）」に加えて（Tib. gral tse'i steng nas）[20]チベットへ送られたという。これは恐らく、上述の駐蔵大臣への寄信（注13）に添付して送られたことを示しているのであろう。

入寂から六日目、ちょうどパンチェン・ラマ六世が亡くなった時刻あたりに突然何かの声が響くと、パンチェンの遺体が西に傾き、両鼻孔から菩提心（Tib. byang sems）がこぼれ落ちるなど、トゥクダム（Tib. thugs dam、瞑想）が成就した徴が現れたという。ここでいうトゥクダムとは、チベットの高僧が死後に入る瞑想状態（死後瞑想）をいう。トゥクダムが終わり意識が完成されると、その徴として心滴が流れ出るといわれ、「両鼻孔から菩提心がこぼれ落ちた」というのはこれを指している。小野田氏によると、九孔（両眼、両耳、両鼻、口、肛門、尿道口）のいずれかから心滴が流れ出た場合は解脱することはなく、また九孔のうち上半身の孔から流れ出た場合は三善趣（天、人、阿修羅の三道）に再生すると信じられている。[21]パンチェン・ラマは化身高僧であるため、鼻孔から心滴が流れ出たことは、次代のパンチェン・ラマ七世として人間の世界に転生するための条件に適っており、パンチェンの早期転生を願う人々を喜ばせた。

パンチェン・ラマ六世のトゥクダム成就の吉報を受けた乾隆帝は、木製で下部に銀三百五十両を用いた装飾が施された棺を贈った。帝はこの棺にパンチェンの遺体を納めて黄寺の大殿に運ぶよう命じ、「朕自らが赴くべき御縁は大きいけれども（Tib. nged rang ngos bskyod pa'i 'babs 'brel che yang）」としながらも自身は行かず、名代として第六皇子永瑢とチャンキャ三世を派遣することを表明したという。(23) 納棺に際して帝自ら赴くことを避けた理由ははっきりしないが、天然痘への罹患を恐れてのことであろうか。なお、清朝では康熙二十年（一六八一）以降、皇子・皇女及び皇孫たちも皆人痘接種を受けていたと言われる。(24) 康熙帝の皇孫である乾隆帝も接種を受けたと思われ、入寂前日に親しくパンチェンを見舞い、入寂直後にも黄寺に赴き念経している。とはいえ、疱瘡の出ている遺体を清めて納棺する儀礼の場に立ち会うことはやはりリスクが高いと判断されたのかもしれない。一方で、チャンキャ三世は幼少時に天然痘に罹患して克服している。(25) チベットの大高僧パンチェン・ラマ六世の北京巡錫中の病死は、迎接側の清朝としては痛恨の極みであり、入寂後の対応には非常に気を遣った。最上級の敬意と厚遇を示す必要がある中、宮廷チベット仏教僧の最高位に位置づけられ、生前のパンチェンとの関係も深かった大国師チャンキャ三世が天然痘の確かな免疫を有していたことは、パンチェン入寂直前直後の様々な宗教行事を円滑に遂行するにあたって都合がよく、不幸中の幸いであったといえよう。

トゥクダム成就の翌日はちょうど初七日にあたり、遺体はサフラン水で清められた後、棺に納められた。遺体は五日目までに水分がほとんど失われて小さくなっていたという。そしてチャンキャ三世がパンチェン・ラマ六世の随員ドゥンパ・ホトクト・ロサン・チンパ（Tib. drung pa blo bzang sbyin pa）(26)、スルプン・ケンポ（Tib. gsol dpon mkhan po）らを伴い、霊柩を黄寺の大殿に運び中央に安置した。その後、ドゥンパ・ホトクトら随員一行が、パンチェンの化身が速やかに出現するよう祈願する法要を行った。この祈願法要にはチャンキャ三世も加わり、銀のマンダラを献じている。(27)

三、納棺から四十九日まで

納棺が行われた初七日の折、瑞雨が降るなどの吉兆が現れたため、この日から供物の百供が毎日行われることになった。(28) これは先に挙げたパンチェン・ラマ六世入寂後の段取り⑤に相当する。この日は、チャンキャ三世とツェンポ・ミンドゥル・ノモンハン三世（Tib. btsan po smin grol no mon han）[29] ラコ・ホトクト（Tib. ra kho hu thog thu）[30] 京師の四人の扎薩克喇嘛（ヘ Man. jasak i lama）[31] 雍和宮や黄寺の僧たちといった駐京僧の上層部の面々が供養の法要を行い、チャンキャ三世によって早期転生祈願文が読み上げられた。これに対して、パンチェンの随員スルプン・ケンポらは返礼の贈答を行うとともに、雍和宮や崇祝寺など京師の二十八カ所のチベット仏教寺院と幾つかの中国仏教寺院、及び熱河やドロンノール、フフホトなど南モンゴルの大寺院に対しても布施を行った。この日以降、チャンキャら京師駐在の高僧や清朝高官らが代わる代わるこのような供物の献上及び早期転生祈願を継続して行ったほか、南モンゴルや青海の寺院でも同様の祈願法要が営まれた。また、やはりこの日以降、霊柩の安置場所である黄寺大殿では、棺の右側で（Tib. g.yas su）密教僧たちがルーイーパ流の勝楽タントラ（Tib. bde mchog lū yi pa·i cho ga）[32] と早期転生祈願を、左側で（Tib. g.yon du）は他の僧衆が五種祈願と早期転生祈願を行っている。[33]

チベットにおいては、化身高僧の死後その遺体を塔に納めること（塔葬）が一般的である。第一節の段取り①にある通り、清朝もパンチェン・ラマ六世の遺体を納めるための金の霊塔（Tib. gser sdong）の準備を怠らなかった。パンチェン・ラマ六世の金塔は、大国師チャンキャの指導のもとで第六皇子永瑢と軍機大臣福隆安が指揮し、内務府造辦処において製作が進められた。しかし、非常に大きく荘厳な設計であったため初七日までには到底完成しえないとして、急遽前節でみた木製の棺が製造された。[34] トゥクダム成就後の遺体はこの木製棺に一時的に安置され、金塔の完成を待っていたのである。

金塔の大きさは七尺七寸六分（約二メートル半）、銅製の塔に鍍金したもので、松石（ターコイズ）や珊瑚、ラピスラズリなどによって豪華な装飾が施された。また、遺体と一緒に塔中に納める仏像として、チャンキャ三世の忠告に従って梵王太子仏像（Tib. rgyal bu gzhon nu don grub sku、出家前の釈迦牟尼像）を製造している。[35] そして四十九日目、満中陰の節目を迎えた十二月二十一日、果たして黄寺の大殿に金塔が将来され、パンチェン・ラマ六世の遺体が納められた。この時までにパンチェンの遺体をどのように処理したかについて『六世伝』等には詳細な記述がないが、標準的な処理としては遺体を塩につけて水分を抜き、十分に乾燥させ、防腐のための薬品や香料を施す。なお、塔葬では先に火葬して遺灰や遺骨を塔内に納める方法もあるが、今回筆者が調べた史料からはパンチェン・ラマ六世に関して火葬が行われた形跡は見出だせなかった。納塔に際しては乾隆帝自ら来駕してカター（チベットで儀礼に使用されるスカーフ、Tib. kha btags）を献じ、金塔の前で長時間の祈願を行ったという。[36] なお、この金塔は最終的にパンチェン・ラマの本拠タシルンポ僧院へ移送することを前提に作られたものであり、塔の完成前から移送のルートや護衛担当者の検討が綿密に行われている。

四、百日念経と金塔の護送

　四十九日までの流れを見る限り、チベットで化身高僧が入寂した際の標準的な手続きが、皇帝の名の下で盛大に、そして粛々と進められたようである。しかし、入寂後の段取り②として挙げた「百日念経」については、必ずしもチベット仏教において一般的な慰霊方法ではない。パンチェンの不慮の客死に対する手厚い対応を明確に示すという意味で「百日」とされたのであろうが、宮中の喪礼制度（百日間の穿孝）なども参考にされたかもしれない。さらに、パンチェン入寂直後の乾隆四十五年十一月四日付の和珅（Man. hešen、満洲正紅旗人）の上奏によると、パンチェンの霊塔が京師を出発する期日についてチャンキャ三世に諮問したところ、百日念経が明けるのが翌年二月十二日なので、その後に出発するのがよいとの回答があったという。[37] パンチェン入寂から百日後の乾隆四十六年二月十二日は、西暦一七八一年三月六日に当たる。上述の皇室の喪明けという一つの指標と、百日間という数字の良さに加えて、金塔を護衛しながらモンゴル、青海を経てタシルンポまで移動する一大ツアーを始めるのに相応しい時期を考慮したとみるべきであろう。つまり、厳寒期をやり過ごして移動しやすい時期としても、百日後は都合の良い区切りだったのである。以上に鑑みると、「百日」という数字に込められた宗教儀礼的意味合いはさほど大きくなく、諸事情を勘案した結果の決定であったと思われる。

　パンチェン・ラマ六世入寂から百日後の乾隆四十六年二月十二日、金塔を擁したパンチェン・ラマの随員一行は、第六皇子らをはじめとする清朝の高官やチャンキャ三世ら高僧たちに護られながら北京を出立した。一行は各地を巡行した後、その年の八月にタシルンポ僧院に到着している。

　一方北京では、パンチェン・ラマ六世入寂の地である黄寺境内にラマの弘法を顕彰し早期転生を祈念する塔院を建立する事業が進められた。本稿の冒頭で紹介した清浄化城塔（Tib. dwangs gsal 'phrul gyi pho brang gi mchod rten）である。建立の経緯や様式については既に多くの先行研究があり、[38] ここで詳しく論じることはしないが、北京におけるパンチェン・ラマ六世葬送関連事業の総仕上げとして少しだけ紹介しておきた

い。乾隆帝が清浄化城塔の建立を表明したのは、パンチェン・ラマ六世入寂後まもなくの十一月半ばであったが[39]、それからまる二年を経た乾隆四十七年（一七八二）十一月半ばに完成している。奇しくも同じ頃チベットでは、新パンチェンラマ七世となる赤ん坊が見出され認定されている。新パンチェン降王を祝うかのように誕生した北京の清浄化城塔は、塔本体から塔前の牌楼に至るまで漢白玉で造られ、随所に精緻で優美なレリーフが施された壮麗な姿をいまにとどめている（**写真3**）。

写真3　主塔の須弥座に施された釈尊の生涯を描いたレリーフの一角（托胎霊夢図）

おわりに

乾隆帝とパンチェン・ラマ六世の会見が清・チベット関係の最盛期の象徴として捉えられる一方で、その直後のパンチェンの客死は、この後パンチェンの兄弟たちによる遺産相続争いが勃発しグルカ戦争へと発展していく契機ともなるため、清朝とチベットの蜜月に翳りをもたらす序幕ともみなされる。しかし、以上みてきた北京におけるパンチェン・ラマ六世の葬送からは、パンチェンと乾隆帝の深い仏縁[40]と乾隆朝の北京のチベット仏教文化水準の高さが十分に看取されるであろう。二四〇年近くを経たいまなお失われていない北京黄寺の清浄化城塔の威容はその象徴ともいえ、昔日の繁栄と哀悼、祈りの情景が忍ばれる。

注

（1）チベット仏教では、高位の僧が生まれ変わりによってその名跡や地位、財産を継承するしくみがある（転生化身相続制度）。本稿では、チベット語でトゥルク（Tib. sprul sku、化身の意）と呼ばれるこれら高僧たちを、「化身高僧」と呼称することとする。

（2）チベット仏教の宗派の一つゲルク派において、パンチェン・ラマはダライ・ラマに次ぐ重要な化身高僧である。その系譜は実際には十七世紀に始まり、本稿で取り上げるロサン・ペンデン・イェーシェーは第三代にあたるが、宗祖ツォンカパの高弟ケードゥプジェを初代とする数え方もあり、その場合ロサン・ペンデン・イェーシェーは第六代目となる。どちらも広く知られた数え方であるが、本稿では後者を採ってロサン・ペンデン・イェーシェーを第六世として論を進める。

(3) パンチェン入寂の日付は清朝史料では十一月二日、チベット語文献では十一月一日と一日ずれるが、これは中国の暦とチベットのホル暦の違いから生じるものである。本稿では便宜上、基本的に清朝の暦に統一して示す。

(4) このうち、中国におけるパンチェン・ラマ六世進京に関する研究と史料については、陳慶英「対六世班禅進京多角度多層次的探討」(『乾隆皇帝与六世班禅学術検討会議論文集』中国蔵学出版社、二〇一五年、二一五—二二三頁)において整理されているので参照されたい。日本における同テーマに関する近年の研究としては、石濱裕美子『チベット仏教世界の歴史的研究』(東方書店、二〇〇一年)「第一一章 一七八〇年のパンチェンラマ・乾隆帝会見の本質的意義」(三二一—三六一頁)や、村上信明「パンチェンラマ三世の熱河来訪と清朝旗人官僚の対応:十八世紀後半の清朝・チベット関係の一側面」(『中国:社会と文化』二一号、二〇〇六年、一二五—一四一頁)などがある。

(5) なお、このパンチェン・ラマ六世の死から六年後には清朝の大国師チャンキャ三世ロルペードルジェが逝去するが、五台山滞在中であったため主要な葬送は全て北京ではなく五台山で行われた。

(6) 中国第一歴史档案館・中国蔵学研究中心合編『六世班禅朝覲档案選編』(中国蔵学出版社、一九九六年)(以下『選編』と略記)及び『清宮珍蔵歴世班禅額爾徳尼档案薈萃』(宗教文化出版社、二〇〇四年)(以下『薈萃』と略記)。このうち『選編』は影印史料集ではない上、満洲語やチベット語の档案は漢語訳のみ収録されており、本来は原档案を参照すべきであるが、本稿執筆にあたってはそれがかなわなかったため、『選編』収録の訳文を用いる。

(7) dkon mchog 'jigs med dbang po, *pan chen sku phreng drug pa dpal ldan ye shes kyi rnam thar bzhugs so*, krung go'i bod rig pa dpe skrun khang, 2014. 以下、引用箇所を注記する際には『六世伝』と略記する。なお、『パンチェン・ラマ六世伝』は漢語訳(許得存、卓永強訳、祁順来、李鐘霖校、西蔵人民出版社、一九九〇年)が出版されているが、誤訳や省略が散見し、本稿に関係する部分でもオリジナルのチベット語と異なる箇所が少なくない。その点についても必要に応じて指摘していく。

(8) 「軍機処満文班禅寄信档」乾隆四十五年十一月四日、駐蔵大臣恒瑞らへの寄信上諭(『選編』三一二—三一三頁)。

(9) 『六世伝』によると、ホル暦十一月二十四日夕方から体調不良であったようだが、パンチェン自身は重病ではないとして活動を続けていた。

(10) 例えば、ダライ・ラマ八世に事の次第を伝える書簡の中で、「[パンチェン・ラマ六世の入寂は]朕の心に全く思いもよらなかったのであり、本当に心に忍びず甚だ悲痛である(Man. mini gūninde umai gūnihakū bime. yargiyan i jenderakū umesi nasambi)」と心情を述べている(『薈萃』二二五頁)。

(11) 『六世伝』四〇一頁。

(12) 池尻陽子『清朝前期のチベット仏教政策』(汲古書院、二〇一三年)一九九—二〇一頁を参照。

(13) 「軍機処満文班禅寄信檔」乾隆四十五年十一月四日、駐蔵大臣恒瑞らへの寄信上諭（『選編』三二二―三二三頁）。

(14) ゲルク派の三大守護尊とされる。なお、『六世伝』四〇一頁では bde gsang 'jigs gsum となっている。

(15) 乾隆九年（一七四四）に開基された京師初の学問僧院。もとは雍正帝の皇子時代の住居で、雍正帝即位後に皇帝の行宮となり「雍和宮」と呼ばれるようになった。乾隆帝の発願によってチベット仏教僧院に改建され現在に至る。

(16) ツォンカパの弟子シェーラプ＝センゲ（Tib. shes rab seng ge、1383-1445）がシガツェのセー（Tib. srad）に創設した密教学堂。

(17) シェーラプ＝センゲとその弟子がラサに建立した密教学院の一つ。下密院（ギュメー、Tib. rgyud smad）と上密院（ギュトゥ、Tib. rgyud stod）がある。下密院からはガンデン僧院（Tib. dga' ldan dgon pa、ツォンカパが開基したゲルク派の大本山）の北堂長、上密院からは東堂長が任命され、交互にゲルク派教学の最高位ガンデン座主を選出する慣例となっていた。

(18) 前掲注12［池尻二〇一三］を参照。

(19) 『六世伝』四〇一―四〇二頁。

(20) チベット語の gral tse について、小林亮介氏（九州大学・比較社会文化研究院）より漢語の「摺子」（或いはその満洲語音写 jedz）の音写としてチベット語書簡や文献に現れる事例をご教示いただき、ここでの文脈にも合うため採用した。記して感謝申し上げたい。

(21) 小野田俊蔵「チベットにおける葬送儀礼」（『佛教大学総合研究所紀要』第二号別冊、一九九五、二〇八頁）。

(22) 『六世伝』四〇二頁では集会堂（Tib. 'du khang）となっている。なお、この建物には中央にツォンカパ像が安置されており、パンチェン・ラマ六世の棺が像を遮る形にならないようにとの配慮から、像に帳をかけて棺をその前に安置している（「軍機処満文班禅檔」乾隆四十五年十一月八日、福隆安の上奏、『選編』三二六頁）。

(23) 『六世伝』四〇二頁。

(24) 杜家驥「清発天花対行政的影響及清王朝的相応措施」（『求是学刊』第三一巻、第六期、二〇〇四年、一三四―一四一頁）などを参照。

(25) 雍正二年（一七二四）、清朝による青海平定作戦中にチャンキャ三世を「保護」した年羹堯の漢文奏摺（『宮中檔雍正朝奏摺』第十六輯、四三三頁）には、「小張家剌麻の出痘已經に全愈す」の一文があり、八歳のチャンキャ三世が青海から北京に移送される直前、西寧で天然痘に罹患しつつも克服して来京したことが分かる。

(26) タシルンポ僧院（Tib. bkra shis lhun po dgon pa）の大管財人（Tib. phyag mdzod chen mo）を務めていた人物で、パンチェン・ラマ六世の異父兄にあたる。

(27) 『六世伝』四〇四―四〇五頁。

(28) 『六世伝』四〇五頁。

(29) 青海のツェンポ寺（Tib. btsan po dgon dga' ldan dam chos gling）の化身高僧で、先代から駐京高僧として活躍。ミンドゥル三世（Tib. ngag dbang 'phrin las rgya mtsho、一七三七～没年不詳）は乾隆三十三年（一七六八）頃来京した。乾隆三十五年（一七七〇）に浄照禅師号を授与され、当時の京師ではチャンキャ三世に次ぐ地位にいた高僧。

(30) 青海クンブム僧院（Tib. sku 'bum byams pa gling）の化身高僧で、チャンキャ三世の甥にあたる。

(31) 扎薩克喇嘛は清朝におけるチベット仏教僧の職位の一つ。扎薩克喇嘛などの職位成立の経緯について詳しくは前掲注12

［池尻二〇一三］を参照。

（32）インドの伝説的密教行者ルーイーパの流儀で行うチャクラサンヴァラのタントラ法要。他にガンターパーダ流、クリシュナチャーリン流、マイトリーパ流などがある。サンヴァラマンダラについて詳しくは田中公明『曼荼羅イコノロジー』（平河出版社、一九八七年、二一九―二二二頁）を参照されたい。

（33）『六世伝』四〇五―四〇六頁。漢語訳（五四七頁）では左右を取り違えている。

（34）「軍機処満文班禅議覆檔」乾隆四十五年十一月三日、福隆安の上奏（『選編』三一一頁）。

（35）「内務府造辦處活計檔」乾隆四十五年十一月三日、福隆安の上奏（『薈萃』二〇四―二〇五頁）及び『六世伝』四一〇頁。

（36）『六世伝』四一〇頁。

（37）「軍機処満文班禅檔」乾隆四十五年十一月四日、和珅の上奏（『選編』三一四―三一五頁）。

（38）清浄化城塔について詳しくは丹迥冉納班雑・李徳成『名刹双黄寺：清代達頼和班禅在京駐錫地』（宗教文化出版社、一九九七）を参照されたい。また、筆者自身もかつて黄寺を訪れた経験があり、当時の状況を訪問記として報告している（池尻陽子「北京の黄寺について：黄寺訪問と清初の黄寺に関する覚書」『満族史研究』二〇〇五年、一八四―一九六頁）。

（39）「軍機処満文班禅檔」乾隆四十五年十一月十八日、和珅の上奏（『選編』三二四―三二六頁）。

（40）この時期までに形成されたチベット仏教的世界観（主に王統観）とその中での両者の関係については、前掲注4［石濱二〇〇一］及び同氏『清朝とチベット仏教』（早稲田大学出版会、二〇一一年）に詳述されているので参照されたい。

慰霊としての「鎮」の創出
――「鎮護国家」思想形成過程の一齣として

佐藤文子

「鎮護国家」は、漢訳仏典に根拠を見いだすことができない宗教思想であり、「鎮」「護」の結合はそれじたい、複数宗教の融合現象である。「鎮」という動作の対象とされた範囲は、正体不明のたましいから名指しされる神々や死者となった天皇にまで及ぶ。九世紀には慰霊としての「鎮」が展開し、日本社会における「廻向」「追善」の前提を形成した。

はじめに

「鎮護国家」は、漢訳仏典に根拠を見いだすことができない宗教思想である。「鎮護国家」は、単純な護国思想とは相当に意味が異なる複雑な組成の思想である。そしてそれは日本にしかない。日本古代に展開した「鎮護国家」の思想を、たとえば英文でthe protection of the nationの意味とするのは、この思想のもっとも特徴的な部分をとらえない誤訳である。なぜならこの語は、異質の動詞である「鎮」と「護」が、ことさらに組み合わせになって熟語化したものであるからである。本稿がこの問題を俎上にあげるのは、この事情を説き明かすことが、日本社会に展開する宗教思想――とりわけ生者と死者をめぐる魂魄についての思想――の特徴を捉えるにあたって重大な意味を持っており、当該分野において議論不可避の本質問題であると考えるからである。

史料に基づいて寺院史を研究する専門家の間では、歴史上の「鎮護国家」が八世紀ではなく九世紀に初見するという事

さとう・ふみこ――本願寺史料研究所研究員、関西大学・佛教大学非常勤講師、博士。専門は日本古代史・日本宗教史。主な著書に『仏教がつなぐアジア――王権・信仰・美術』（共編、勉誠出版、二〇一四年）、『日本古代の政治と仏教――国家仏教論を超えて』（吉川弘文館、二〇一七年）などがある。

実は知られている。[1]いっぽうで史学史上の「鎮護国家」概念についての誤解は深刻なものであり、いまなおそれは教育史学に深く影を落としている。明治維新以降に出来する仏教文物の権威財化や、政治勢力と宗教勢力との相互扶助的体制、日露戦争前後からの国家意識の進展という時代状況のなかで、古代の言葉をたくみに借りながら、近代の「鎮護国家」思想が形成されていった事情は、それだけで相当の紙幅を割いて論じられなければならない。[2]

しかし本稿では、ひとまずこの問題をおいて学問じたいを先に進め、古代史上の「鎮護国家」に包含されている「鎮」の思想について分析を進め、特にその死者慰霊としての側面を明らかにする。

一、「擁護国家」と「鎮護国家」

（一）古代社会における「国家」の語義

これまで「鎮護国家」思想の概念理解を混乱させ、その思想的特質についての議論を停滞させてきた要因に、「国家」の語義についての検証の欠落がある。八世紀・九世紀の文献上の「国家」と近代の「国家」（とくに日露戦争以降に実体化するところの）とを学問的手続きを経ずに同義と断定して論を進めているケースもまま見られる。「国家」の語義の問題はもとより本稿の主題とするところではないが、注意を喚起するためにごく簡単に触れておくことにする。

『令義解』（天長十年＝八三三）における「養老僧尼令」（1）観玄象条についての釈によれば、本条文言における「国家」が、尊号を名指ししないための言い換え表現——つまり天皇の意味——として使われていたことが確認できる。

【僧尼令観玄象条本文】凡僧尼上観玄象、仮説災祥、語及国家、妖惑百姓、并習読兵書、殺人姦盗、及詐称得聖道、並依法律付官司科罪。

【右記傍線部についての令義解の釈】謂、天文為玄象也。非真曰仮也。天反時為災也。吉凶先見為祥也。過誤為妖言也。語及国家者、不敢指斥尊号、故託曰国家也。言仮説之語、干渉人主也。妖惑百姓者、以仮説之言、惑一人以上。其自観玄象、至惑百姓、惣是一事。相須得罪也。若上観玄象、所説有実、及非観玄象、説他災祥、并雖説玄象、而不惑人者、並入下条也。

「国家」という文字列は漢籍からの輸入である。漢語としての「国家」は、重層的社会構造を背景に「国」「家」「身」を縦列させてとらえる思考習慣に基づいて、[3]「国」と「家」の意味で使われていることが多い。たとえば唐の訳経僧不空（七〇五〜七七四）は『仁王護国般若経』にもとづいて曼荼羅を建立することの効果を説明するなかで、「夫依経建立、護国・護家・護身、除災転障、従凡成聖」（不空『仁王護国般若波羅蜜多経陀羅尼念誦儀軌』T19.No.994.515a）としている。

また「国」をもって天子や天子の都を指していることがあるが、古代の日本では漢籍を参照して作文された文章において「国」を「国家」に翻訳している事例もある。(4) これは国郡制をとる日本では「国」が七道諸国における在地の意味で使われることが背景にあると考えられる。漢語的表現が好まれる際には「国」一字で天皇を指す用法もあるので、事実上同じ時代のなかで混用されている。

日本社会において「鎮護国家」という文字列が登場する九世紀における「国家」は、端的には天皇という人を指し、後述の通りそこから拡大して一族および従属する人々、また天皇が拠する都を指している場合がある。(5)

（二）「擁護国家」の発生

「鎮護国家」思想が現出する前の時代において、仏典を典拠とした護国思想が天皇に期待され社会に流布している。それが「擁護国家」思想である。その端緒となったのが『金光明最勝王経』の流布である。

日本の八世紀中葉に国分寺に備えられ依用された『金光明最勝王経』（義浄訳）「四天王護国品」には、四天王がこの経典の持経者を「擁護」することが説かれ、「人王」がこの経典を恭敬し供養すれば四天王に守護されることが強調されている。(6) また『金光明経』（曇無讖訳）には書かれない「四種利益」（国王がこの経を保護することで享受することができる四つの現世利益）が説かれている。具体的には、『金光明最勝王経』「分別三身品」のなかで、病や一切の災いから逃れる、長寿を得る、外敵に侵入されない、安穏に仏教の効き目が世に行き渡るなどとするのがそれである（T16.No.665.411a）。

聖武天皇がこれらの利益に期待していたことはあきらかで、天平十三年（七四〇）二月十四日聖武天皇詔（国分寺建立の詔）は、「滅業障品」を引用して「国土」において『金光明最勝王経』を講読・供養し流通させれば、四天王は擁護し、災障や疾疫は消除され願いは叶うという内容を述べている(7)。

『金光明最勝王経』本文では、四天王が為政者一族をまもることを「擁護彼王（人王）后妃眷属」あるいは「擁護自身（人王）后妃王子乃至内宮諸婇女」（「四天王護国品」T16.No.665.428a-b）という文字列で表現している。日本側の史料に現れる「擁護国家」は、これら漢訳経典にみられる護国思想が、翻訳されて日本に流通していく過程で生じた和製漢語であったと考えられる。

『金光明最勝王経』「四天王護国品」では、このすばらしい経典を尊重する持経者は擁護される、だから人間世界の為政者はよりよき持経者となれ、という文脈で「人王」を主体的実行者とする作善と功徳を説いている。そのため「擁護」の対象は、次に見るように「人王」とその周囲の人々が中心であり、「国土」や「人民」は副次的位置に置かれている。(8)

『金光明最勝王経』「四天王護国品」（部分）

爾時、仏告四天王。（中略）是諸人王若能至心聴受是経、（中略）以是因縁、汝等（四王）応当擁護彼王后妃眷属、令無衰悩、及宮宅神、常受安楽、功徳難思。是諸国土、所有人民、亦受種種五欲之楽、一切悪事皆令消殄

（T16.No.665.428a）

延暦二十四年（八〇五）九月十六日の最澄上表では、天台法華宗の方式によって僧侶となった者への公験（政府発行の身分証）を桓武天皇に求めるという文脈のなかで、「弥勤精進、仏法興隆、擁護国家、利楽群生」（最澄『顕戒論縁起』）と述べている。その後空海も弘仁十二年（八二一）の「奉為四恩造二部大曼荼羅願文」（『性霊集』七）に曼荼羅造作による功徳を説いて、「伏願、廻此功業、奉報仏恩、擁護国家、尅証悉地。」と述べている。

これらを要するに「擁護国家」とは、天皇を中心とする人々が檀越となって仏事によって功徳を積み、人智を超えた世界からの報を被り、攘災招福を図ることを意味していたといえる。それは天皇自身が寄進者筆頭となって『金光明最勝王経』を依用して、災障・疾疫の消除を願った八世紀の体験を先蹤とするものではあるが、八世紀だけのものではなく、日本社会の具体的事情のなかで他の要素をも含み込みながら、九世紀以降に引き継がれていったとするほうが実情に近い。

(三) 史上の「鎮護国家」

次に日本社会において「鎮護国家」思想がどのような経緯で成立するかについて考察していく。「鎮護国家」思想については、これまで大方の漠然とした推量として、漢文仏典など漢字文化圏の文献に原典がある思想であると目されてきた。しかしながら実際に探索した結果「鎮護国家」は日本以外に事例が発見できず、(9)いくつかの段階を経て九世紀日本で成立する和製漢語であると考えるに至った。

「鎮護国家」は、唐招提寺豊安の『戒律伝来記』（天長七年＝八三〇）に初見し、その後九世紀中葉を境に急速に普及して、天皇に対して私立道場の認可を求めるときの主張となって現れる。

（1）『戒律伝来記』上巻

（天平）宝字二年中、更有別勅加大和上之号。詔、天下僧尼、皆帰大和上習学戒法也。自爾以来、以僧二百五十

戒・尼五百戒授与此土出家之類、住持仏法鎮護国家。(T74.No.2347.0004c)

(2)『戒律伝来記』序

唯此戒律者、証涅槃之要衢、赴菩提之基本也。譬猶浮海絶流憑檝棹而利渉。尋冥向遠待轅輪而得臻。然則尸羅也渡苦海之軽舟、毘尼也到彼岸之絶乗。是知、鎮国・護家是戒為首。種因招果是律居先。寔乃如来之密蔵、諸聖之胎孕矣。(T74.No.2347.0001a)

この時点の「鎮護国家」をどう読むかにおいて、注意しなければならないのは、漢語が通用する空間であった唐招提寺の戒律僧の文意として、ここでの「国家」が日本社会に通用する「国家」ではなく、「国・家」に近いということである。『戒律伝来記』序が述べるところでは、戒律は涅槃にいたるための要衢(重要な通過点)であり、菩提に赴くための基本にして彼岸に至る優れた手立てであるとし、「是れ知る、鎮国・護家は是れ戒の首為るを」としている。

つまりこの事例は、「鎮護国家」が四字熟語化する以前の萌芽的用法であったと考えられ、「鎮」と「護」のふたつの動詞が「国」と「家」のふたつの名詞を受けているのである。「鎮」と「護」が別の動詞であったことは重要である。日本以外では複合しづらい別の意味の動詞が、日本において複合するという現象こそを思想の特質として捉え、分析を深めていく必要がある。

吉田一彦は本稿で言う「擁護国家」(吉田の行論においては、これを唐僧義浄の訳語である「護国」で代表させているが、本稿ではこれを日本社会に通用した「擁護国家」で代表させている。)と「鎮護国家」の違いに言及し、「「鎮護国家」とは、寺、宗派、僧などが主体になって実施する行為であった。これは「護国」を行う主体が四天王であった国分寺とは大きく異なる。」としている。(10)

吉田は唐の訳経僧義浄による『金光明最勝王経』本文が説く思想と、日本社会で実際に展開した「鎮護国家」思想とを同次元で比較しているため、両者の違いを過大に捉えるが、国分寺における仏事も講読師や国分寺僧らという僧侶が担って修されるのであり、人々が仏事を修することで仏菩薩や鬼神など人智を超えた世界の者の力を被るという意味では連続的な面がある。次章以下にみるように両者は別々にではなく併存的に展開し、「擁護国家」思想があったところに、あらたに「鎮」の思想が登場し、融合していくという流れをとっている。

九世紀中葉になると私立道場の定額認可においてたびたび申請者から「鎮護国家」が主張される。天皇以外の檀越や僧侶の活動によってすでに成立している「道場」が「寺」となろうとする際に、檀越や僧侶側は自分たちが「鎮護国家」を行う（もしくはすでに行ってきた）と主張し、天皇の認可を得て定額や御願としての立場を獲得する。それはたとえば次のようなケースである。

太政官符

応以元慶寺為定額置年分度三人事

大悲胎蔵業一人　金剛頂業一人

摩訶止観業一人

右法眼和尚位遍照上表称、此寺、中宮有身之日、今上降誕之時、至心発願、始以草創。自後堂宇漸構、仏像新成、見聞随喜、道場正備。夫増宝祚於長代、真言之力也。消禍殆於未萌、止観之道也。是以奉祈仙齢以此冥助。修練之誠年月差積。方今皇基肇開、万物荷慶、道之将隆、幸遇此時。謹検案内、依去天安三年三月十九日、貞観元年四月十八日格、嘉祥・安祥両寺各置三人年分。望請、准彼二寺置件年分、遠伝両宗之玄教、永為国家之鎮護。其試業経書等一准天台宗年分。（中略）即当今上降誕之日剃頭得度。（中略）使止観業者転読仁王般若経。真言業者三時念持不断誓護。又為定額寺弥増興隆、上誓護聖朝下福利億兆者、大納言正三位兼行左近衛大将陸奥出羽按察使源朝臣多宣。奉　勅宜依来表

元慶元年（八七七）十二月九日

（『類聚三代格』巻二、年分度者事）

右の太政官符では、天台僧遍昭が陽成天皇即位を期に上表して、天皇降誕時に母藤原高子の発願により草創された寺に、このたび「国家之鎮護」のための年分度者を置き、定額寺とすることを願い出て勅許を受けている。この寺は陽成天皇の元号を受け元慶寺と号することになる。

元慶寺およびこれが先例とする嘉祥寺・安祥寺の成り立ちにおいて言えることは、「鎮護」の対象となる「国家」の意味するところが、誕生日や忌日あるいは元号寺号によって、特定の天皇の個人的霊魂に集約されていることである。直接の檀越ではない天皇が名誉的に願主の立場におかれ、寺家（檀越・僧侶）側の寄付行為による功徳の善報をギフトとして享受する。自己から自己へではなく自己から他者へ作善の成果が贈呈される「廻向」の形式をとっているところに、八世紀にはない九世紀という時代の思想的特質があり、これが「鎮護国家」の寺の特徴にもなっている。

二、慰霊としての「鎮」思想

（一）戒律による「聖代之鎮護」

「鎮護国家」の成立にいたる途上において「鎮」思想が出現する。その過程において次の事例に見る「鎮国家」が、九世紀前半のごく一時期に出現し、その後「鎮護国家」に融合して見られなくなる。

（1）観音寺講師光豊牒（太政官符所引）、僧侶が死に絶えた肥前国弥勒知識寺に僧五人を置き、国家を鎮め遊霊を救いたい。

太政官符
　応令常住肥前国松浦郡弥勒知識寺僧五人事
右得大宰府解称、観音寺講師伝灯大法師位光豊牒称、「依太政官去天平十七年十月十二日騰勅符、件寺始置僧廿口施入水田廿町。自爾以来年代遥遠緇徒死尽、寺田空存修行跡絶。望請、置度者五人令修治彼寺、即鎮国家兼救遊霊」者。府依牒状謹請官裁者。右大臣宣、宜選心行無変精進不倦、堪住持仏法鎮護国家之僧以令常住。
　承和二年八月十五日　（『類聚三代格』巻三、定額寺事）

（2）仁明天皇勅、最近の疫気の災に対処するため、東大寺に灌頂道場を建立し二十一僧を置いて息災増益法を修し国家を鎮める。

勅、「去歳冬雷、恐有水害疫気之災。宜於東大寺真言院建立灌頂道場、置廿一僧、夏中及三長斎月、修息災増益之法。以鎮国家。永為恒例。」
（『続日本後紀』承和三年（八三六）五月丁未〈九〉条）[11]

（3）仁明天皇勅、国家を鎮め疫癘を攘うのに仏教に頼り、五畿七道諸国に灌頂経法を修させる。

勅、「鎮国家、攘疫癘、仏力頼之。宜令五畿内七道諸国、修灌頂経法。」
（『続日本後紀』嘉祥三年（八五〇）正月丙午〈廿七〉条）

これら「鎮国家」は一見してなんらかの災異についての対処であるということはわかるが、「鎮」の思想の仕組みや対象のすがたが判然としない。「鎮護国家」成立にいたる思想過程全体を俯瞰しなければこれらの意味は捉え難い。この意味を解明するために、前章に見た唐招提寺豊安における「鎮」が、その先達たる鑑真ら戒律僧のどの行為を指していたかということから分析を進めていく。

「鎮護国家」が初見する『戒律伝来記』より以前、淡海三船『唐大和上東征伝』（宝亀十年＝七七九）は、鑑真らが伽藍を建立した当時の状況を説明して次のように述べている。

仍以宝字元年丁酉（＝七五七）十一月二十三日、勅施備

> 前国水田一百町。大和上以此田欲立伽藍。時有勅旨、施大和上園地一区。是故一品新田部親王之旧宅。普照・思託請大和上「以此地為伽藍、長伝四分律蔵・法励『四分律疏』・『鎮国道場飾宗義記』・宣律師『鈔』、以持戒之力、保護国家」大和上言「大好」。

ここでは鑑真の弟子らが、新田部親王旧宅の地に伽藍を建立して戒律とその注釈（法励撰『四分律疏』・定賓撰『嵩岳鎮国道場飾宗義記』・道宣『四分律删繁補闕行事鈔』）を伝え、「持戒の力を以て、国家を保護せむ」と鑑真に請うたとしている。『唐大和上東征伝』の段階ではもちろん「鎮護国家」思想は成立しておらず、「保護」は「擁護」の類義である。

鑑真私立の唐律招提は講律道場として機能し、天平宝字一、二年ごろには弟子の思託が、大安寺に住する道璿の門人に対して『四分律疏』『鎮国道場飾宗義記』を講じ、定額となった天平宝字三年八月一日には、道璿門下の大安寺僧善俊が唐招提寺に請じられ、やはりこの二書を講じている。[12] したがって『唐大和上東征伝』のいう「持戒の力」による「保護国家」とは、律蔵を伝え講律を修する功徳によって「国家」を護るということを指していたと考えられる。

他方、中国における戒律による「鎮」については、円仁が入唐中に現地を訪れて見聞した「勅置鎮国道場」の事例がある。ただこれは日本での鑑真らの「鎮護国家」あるいは「鎮国・護家」には直結しない可能性が高い。その事情は以下の通りである。

円仁『入唐求法巡礼行記』は、唐の開成五年（八四〇）五月に五台山大華厳寺を訪れた際、志遠（七六八〜八四四）門下の天台僧が、朝は善住閣院で『法華経』を、晩は涅槃院で『摩訶止観』を講じ、「勅置鎮国道場」で『四分律』を講じていたことを記録している。[13] しかし円仁の記録に言うところの「鎮国道場」が、唐の五台山大華厳寺で実際にそのように呼称されていたかについては疑義がある。

日比野丈夫・小野勝年『五台山』[14] は当該記事の「鎮国道場」を注釈して「五台山の諸寺に鎮国道場が置かれたのは、いうまでもなく不空三蔵の尽力によるものであって、金閣・清涼・華厳・玉華及び大暦法華の五大寺が即ちそれであった。」と述べているが、中国側の史料の情報では不空生前これらが「鎮国道場」とは呼ばれていた形跡がない。

唐の大暦二年（七六七）の不空上表では、この五寺に二十一人ずつの僧侶を配置して「為国」に行道させ、転経させることを代宗に求め許されているが、これらが「鎮国」と呼称された形跡はない。[15] またこれに類する例として、唐の乾元三年（七六〇）には不空みずからが住する大興善寺において「為国」に「灌頂道場」を修することを上奏し墨勅によって許されているが、[16]これもまた「鎮国道場」とは呼称されない。「鎮国道場」という呼称そのものが後次的で、おそらくは円仁の拡大解釈に依るところが大きく、先行して不空らが「鎮」を行っていてそれが単純に輸入され日本で行われたという流れではとらえられない。つまるところ、五台山大華厳寺にみられる講律は『唐大和上東征伝』に言う「持戒の力」による「保護国家」にはつながるが、『戒律伝来記』における「鎮」にはつながり難い。

(二)死者たる天皇への戒律

鑑真周辺の戒律僧らが「鎮」を担当する契機を日本側の状況のなかに見出すとすれば、孝謙天皇の時代において、死者となった天皇の慰霊に戒律が用いられた事実に注目しなければならない。中国の皇帝が死者となった場合に戒律に依拠した慰霊が主たる方法に来ることはまずないので、これは日本側にのみ起こる事情といえる。

八世紀後半の日本において、天皇が仏弟子となり菩薩戒を受ける状況が展開していたことは周知の通りである。天平勝宝六年(七五四)四月には、東大寺盧舎那殿の前に戒壇が設置され、聖武天皇光明皇后皇太子阿倍内親王が鑑真を戒師として受戒している(『唐大和上東征伝』)。彼らの受戒は仏教への帰依を示すとともに戒律の力によって此岸における自己の安泰を図る行為であった。菩薩戒の受戒は、本人がそれを受持し修練による悟入を目指していくための方途ではなく、戒業優れた僧から受戒することに攘災的効果を期待するものであって、その行為には祓えにも似た潔斎の意味も含まれていた。

天平勝宝七年(七五五)十月から体調が思わしくなかった聖武太上天皇は、天平勝宝八歳(七五六)五月二日寝殿において崩じ、十九日には佐保山陵に葬られる(『続日本紀』同日条)。二十五日孝謙天皇は勅して、父聖武天皇の看病に住持した僧侶を労っている。

> 勅、奉為先帝陛下、屈請看病禅師一百廿六人者、宜免当戸課役。但良弁・慈訓・安寛三法師者、並及父母両戸。然其限者、終僧身。又和上鑑真・小僧都良弁・花厳講師慈訓・大唐僧法進・法華寺鎮慶俊、或学業優富、或戒律清浄、堪聖代之鎮・護、為玄徒之領袖。加以、良弁・慈訓二大徳者、当于先帝不予之日、自尽心力、労勤昼夜。欲報之徳、朕懐罔極。宜和上・小僧都、拝大僧都。華厳講師拝小僧都。法進・慶俊並任律師。
> (『続日本紀』天平勝宝八歳(七五六)五月丁丑〈廿四〉条)

ここで孝謙天皇は、鑑真・良弁・慈訓・法進・慶俊の名を特に挙げ、「或いは学業優富、或いは戒律清浄にして、聖代の鎮・護に堪え、玄徒の領袖たり。」としている。ここにみえる「聖代之鎮・護」は、九世紀に熟語化する「鎮護国家」の先蹤概念にあたると考えられる。のちに鑑真の弟子豊安が『戒律伝来記』にいう「鎮・護」とは、この頃からの彼らの功績について述べたものと見てよい。僧の学業や戒律が宗教的能力に直結すると考えられていたことはいうまでもないが、ここで戒律と治病とが強く結びついていることは注目されるべきである。この前日の禅師法栄の功績に対する勅からもこの認識が看取される。

勅、禅師法栄、立性清潔、持戒第一、甚能看病。由此、請於辺地、令侍医薬。太上天皇（聖武）得験多数、信重過人。不用他医。爾其閲水難留、鸞輿晏駕。禅師即誓、永絶人間、侍於山陵、転読大乗、奉資冥路。朕依所請。敬思報徳。厭俗帰真。財物何富。出家慕道、冠蓋何栄。莫若名流万代。以為後生准則。宜復禅師所生一郡、遠年勿役。

（『続日本紀』天平勝宝八歳（七五六）五月丙子〈廿三〉条）

この勅の述べるところでは、法栄は「立性清潔、持戒第一」であり、看病の能力が高く、太上天皇が得た「験」（効果）は多数であったという。[17] 流れには逆らえず聖武天皇が亡くなると、法栄はただちに「永く人間を絶ち、山陵に侍して大乗を転読し冥路を資けむ」ことを誓ったのだという。

死者聖武天皇の冥路を資けるために山陵に侍して転読された「大乗」とは具体的には『梵網経』であった可能性が高い。というのも、天平宝字元年四月十五日から五月二日（聖武一周忌）には、勅によって諸国において『梵網経』が講じられており（『続日本紀』天平宝字元年（七五七）正月甲寅〈五〉条）、孝謙天皇が『梵網経』を死者聖武のたましいの対処に積極的に用いていたことがあきらかであるからである。天平勝宝八歳十二月には孝謙天皇はこの講説のために東大寺以下六箇寺に六十二人の講師を屈請している。このとき孝謙天皇は、みずから「詞」を認め遣わしている。

勅、遣皇太子及右大弁従四位下巨勢朝臣堺麿於東大寺、右大臣従二位藤原朝臣豊成・出雲国守従四位下山背王於大安寺、大納言従二位藤原朝臣仲麻呂・中衛少将正五位上佐伯宿禰毛人於外嶋坊、中納言従三位紀朝臣麻路・少納言従五位上石川朝臣名人於薬師寺、大宰帥従三位石川朝臣年足・弾正尹従四位上池田王於元興寺、讃岐守正四位下安宿王・左大弁正四位下大伴宿禰古麿於山階寺、講梵網経講師六十二人。「其詞曰、皇帝敬白、朕自遭閔凶、情深荼毒。宮車漸遠、号慕无追。万痛纏心、千哀貫骨。

恒思報徳、日夜無停。聞道、有菩薩戒、本梵網経。功徳巍々、能資逝者。仍写六十二部、将説六十二国。始自四月十五日、令終于五月二日。是以、差使敬遣請屈。願衆大徳。勿辞摂受。欲使以此妙福无上威力。翼冥路之鸞輿。向華蔵之宝刹。臨紙哀塞。書不多云」。

（『続日本紀』天平勝宝八歳（七五六）十二月己酉〈三十〉条）

「詔」において孝謙天皇は、父聖武が亡くなったことの悲しみと報徳の思いを述べて「聞くならく、菩薩戒あり、本と梵網経なり。功徳巍々にして、能く逝者を資く。」とし、また「欲はくば此の妙福无上の威力を以てして、冥路の鸞輿を翼け、華蔵の宝刹に向かはしめむ」として寺々の大徳らに講師の摂受を願っている。『梵網経』による死者儀礼が日本社会に行われるのは、これ以前に天平勝宝六年七月の『梵網経』百部の書写[18]が知られる。これはすでに指摘されるように藤原宮子の死没にともなう儀礼であった[19]。死者のたましいへの対処としての『梵網経』依用は鑑真の来日直後からである。

『梵網経』を死者儀礼に用いる根拠になっているのは『梵網経』〈第三十九軽戒に該当〉のつぎの説である。

若仏子、常応教化一切衆生、建立僧房、山林薗田、立作仏塔。冬夏安居、坐禅処所、一切行道処、皆応立之。而菩薩応為一切衆生講説大乗経律、若病疾・国難・賊難、父母兄弟・和上阿闍梨亡滅之日、及三七日乃至七七日、亦講説大乗経律、而斎会求福、行来持生。

（天平勝宝九歳三月廿五日僧霊春願経による[20]）

ここでは、この戒を受けた「菩薩」は一切衆生のために「大乗経律」を講説すべきであり、「疾病・国難・賊難」と「父母兄弟・和上の阿闍梨の亡滅の日」および「三七日乃至七七日」にも「大乗経律」を読誦・講説すべきであるとし、あらゆる災難のときこの経律を講説するべきであると説いている。孝謙天皇自身が菩薩戒弟子であるので、この説には重い意味があったといえるであろう。

講説が行われた期間の終日が一周忌直前であるのは、おそらくはそこまでを聖武天皇の冥路の途中（中陰）と認識していたからである。諸国梵網経講説を終えた上で忌日正当である五月二日から東大寺に千五百僧を請じて悔過が行われた。そしてその終日の五月八日に至って凶事の段階を脱却する。すなわち祥瑞の恩寵がもたらされ、蚕児によって「五月八日開下帝釈標知天皇命百年息」なる瑞字が顕わされるのである。群臣らは議奏して「陛下の御宇、百年の遠期を授かるを標す」とし、これが天平宝字改元の契機とされた[21]。

孝謙天皇勅による諸国梵網経講説は、聖武天皇のたましいをまったく時空が異なる世界へと送りだすのではなく、戒律の力で安定させる「鎮」の役割を担っていた。梵網経講説から周忌の悔過に至る一連の仏事は、宗廟祭祀が欠落した日本社会において、死者の祖先化の儀礼（儒教的喪葬における虞祭から祔祭にいたる部分）の代用の役割を担ったと考えられる。

図　『梵網経』下巻（天平勝宝九歳僧霊春願経）（京都国立博物館所蔵）

ただし、恩寵を示したのは聖武天皇の人格的霊魂ではなく歴代天皇の集合的霊魂でもなく「帝釈」であって、死者自身の人格の継続や再社会化は不確定なものであった。戒律講説・悔過という一連の仏事は、死者たる天皇に戒律を説き聴かせる儀礼と生者の罪障を滅却する儀礼とを組み合わせて、①災異が起こりがちな状況を脱却し②生者たる天皇の安泰を図るというものであって、これが『戒律伝来記』に述べられた「鎮・護」の意味の内実であった。

　戒律による「鎮・護」は、戒律僧の来日を契機とするが、外来のままのものではなく、死者儀礼としてはむしろ日本の天皇の喪葬儀礼の欠落を埋めるべく成立してくるものであり、一概に外来とも固有ともいえない融合的な様相を持っていたというべきである。

　ここで注意しなければならないことは、当時の人々の観念上の境界線が、生者と死者との間というよりも、むしろ〈生者たち〉と〈差し障りを起こす何か〉との間にあるということである。つまり彼らは、死者の個を捉えようと模索しながら、結局のところ死者をざわざわとした災異のもとと連続的に捉え、それらに「鎮」という同じ動詞を用いる。災異も神も死者たる天皇も「鎮」の対象である。

死者への対処としての「鎮」は、この後の歴史のなかで「追善」に取って代わられる。しかしながら、仏教的異界に転生している個人に対して、世界を隔てた生者たちが、仏教者の仲介によって善功徳を贈るという意味の「追善」とこの時期の「鎮」とは、思想の質や段階に違いがある。

三、「鎮」思想の展開

(一)大極殿における「鎮」

日本古代においては、毎年正月大極殿において御斎会と呼称される護国法会が修されていた[22]。これは『金光明最勝王経』に依拠する法会で、正月八日から十四日まで七日七夜最勝王経講と吉祥悔過が行われた[23]。この形式が整うのは称徳天皇時代と考えられる。結日の十四日には十人が新規に得度することが恒例で、延暦二十五年以前においては年分度者として実施される得度はもっぱらこれを指していた。最澄『顕戒論』巻下―四十四「開示山中大乗出家、為国常転大乗明拠」によれば、正月の大極殿で実施される年分度者の得度をもって「鎮国」のためと捉えていた形跡が認められる。

僧統奏曰、「又太政官去延暦二十五年正月二十六日符称、『被右大臣宣称、奏(奉)勅、準十二律、定度者数。受戒之後、皆令先読誦二部戒本、諳案一巻羯磨四分律鈔、更試十二条。本業十条、戒律二条、通七以上者、依次差任立義・複講・諸国講師。雖通本業、不習戒律、不聴任用。』者謹依勅旨、施行久矣。加以。年分度者、本為鎮国。故於宮中歳初令度、三司共會簡取才長。乃受戒日。省寮同集。勘会本籍。而今言在山独令出家。亦与大戒者。既毀先帝之綸旨。亦侮如来之制戒」〈已上奏文〉

論曰、古来度者、毎年十人。先帝新加、年年両口也。其新加旨者、其専為伝持円頓戒定慧也。不但悕求出家功徳。而頃年之間、此宗学生、小儀被拘、馳散城邑。山室空蕪、将絶円道。誠願、両箇度者、勘山修於多年、試文義於中使。然則、円宗三学、不絶本朝先帝御願、永伝後際。夫臺山五寺、山中度人、中使簡択。更無倫濫。況我千年之君、移出家於叡山、授仏戒於叡嶺。窃以、退山住邑者、深破先帝之綸旨。山学山度者、何亦侮如來之制戒也。

延暦年間には、官僧の得度において官人登用試を模倣した課試選抜を実施しようとした桓武天皇が、宗分に人数枠を割り振る最澄案を受けて、天皇勅として僧綱・治部省・玄蕃寮が立ち会いで選抜する新しい年分度者制を構築した[24]。ところが桓武天皇死後、最澄が僧綱らとの対立に陥り、弟子を官僧にさせることができなくなってしまう[25]。『顕戒論』が引用する僧綱らの上奏文には、比叡山で独自に年分度を実施しようとする最澄を批判して、「年分度者は本と鎮国の為なり、故に宮中において歳の初めに度せしめ、三司共会して才長を簡取す。」としている。最澄はこれに反論し、桓武天皇が年分度者を二人増やしたのは、「円頓の戒定慧を伝持せむが為なり。但だ出家功徳を悕求するのみにあらず」としている。ここでは僧綱らは正月に大極殿で得度させるからこそ「鎮国」の効果があるとし、最澄の反駁はそれを「出家功徳」と呼称している。

正月御斎会が修される大極殿は、天皇の統治権を象徴する建物であり、[26]奈良時代から平安時代初めまでは正座（高御座）が置かれる正殿であった。したがってここでの「鎮」の中心に天皇のたましいがあると考えられる。ただし儀礼が実施される日は誕生日ではなく正月であり、当代天皇の個を限定するには至らず、天皇のたましいを集合的霊魂と不可分の状態で認識していた。

人王を願主とする法会が宮室で開催されることは、『金光明最勝王経』「四天王護国品」の説くところに依拠する。

> 爾時四王白仏言。世尊、於未来世、若有人王、楽聴如是金光明経、為欲擁護自身后妃王子乃至内宮諸婇女等。城邑宮殿皆得第一不可思議最上歓喜寂静安楽。（中略）欲聴之時、先当荘厳最上宮室王所愛重顕敞之処、香水灑地散衆名花。安置師子殊勝法座、以諸珍宝而為挍飾、張施種種宝蓋幢幡。焼無價香。奏諸音楽。其王爾時当浄澡浴以香塗身。著新浄衣及諸瓔珞、坐小卑座不生高挙。捨自在離諸驕慢、端心正念。聴是経王。
>
> （「四天王護国品」T16.No.0665.0428b）

ここでは、人王がこの経を聴こうと楽う時、「最上の宮室、王の愛重する所の顕敞の処」を荘厳して「師子殊勝法座」を安置して宝蓋・幢幡を設置し、人王は身を整えて「小卑座」に坐すとしている。安置されるべき法会の主尊は、人王自身に対してこの経典を恭敬し供養せよと説く『金光明最勝王経』の主旨に従うならば、『金光明最勝王経』じたいでなければならない。ところが大極殿御斎会において天皇正座である高御座に安置されたのは、盧舎那仏（大日如来）であったことが判明している。[27]御斎会の儀礼の整備の時期が、『梵網経』を方途として死者のたましいに対処しようとした時期に重なることは重要である。天皇正座に盧舎那仏を安置して行われた毎年正月の儀礼は、聴聞に集まった非人格的無主的集合から祖霊観念が抽出され定義されていく過程で、少なからざる役割を担ったものと考えなければならない。御斎会の得度が「鎮国」のためと明言されているのは、仏教的体裁をとるこの儀礼に生者たる天皇と天皇に縁づけられた霊魂の制御の意味が重なっていたためだと推量される。[28]

(二) 得度による「鎮」と「廻向」

さて、南都僧綱らと対立していた最澄は、弘仁九年以降独自のシステムにもとづいて比叡山中で年分度を実施していた。[29]最澄自身は年分度者は「出家功徳」を求めるばかりのものではないとしたが、この後弟子光定は天長十年(八三三)の上表のなかで年分度者をもって「鎮国家内」としている。

法師光定言、(中略)至于今日、寺家之政、不奉令聞主、其政為体。十一月一日、将定安居講師。彼之講師為事、一夏九十日内、為国家之、宣深義旨、奉守国家。十二月、将定宮中聴衆。其之聴衆為事、一七日内、奉為皇帝、昼則奉聴金光妙典、夜則奉称三宝珍号、奉荘陛下。三月、将定年分度者、鎮国家内。其之度者為事、各各労経義、精磨宗旨。如此政事、在於山門。是延暦寺、先師為守国家、不欲薗田、不入酒与之女、為持仏法之力、所建立也。

(『伝述一心戒文』所収天長十年十月二十四日光定上表)

ここにおける「国家内」とは人王の城邑に相当する平安京を指すと思われる。比叡山の山中出家が実施されるのは毎年三月十七日すなわち亡き桓武天皇の忌日であり、少なくとも形式上は桓武天皇という個を特定している。しかし論理的な仕組みについての手がかりは無い。彼らが桓武天皇のたましいをどのような状態にあると考え、得度を実施することでどのようにフォローしようとしたのかについてまったく言及がない。

八世紀段階で流布していた「出家功徳」とは、『賢愚経』や『出家功徳経』に説かれる思想で、自らが出家すること(「放人出家」)あるいは従属する者の出家を免すこと(「自出家」)によって果報を受けることができるというものであった。[30]八世紀の天皇は災異に当面すると、讖緯説に基づいて人間世界の為政者が徳を示す行為を行うことで天の表す災異をおさめようと考えた。そこでたびたび大赦や賑恤を行い、その際に大量得度(すなわち「放人出家」)を組み合わせて行った。つまり八世紀段階の「出家功徳」は作善者自身の現報を期待するものであって廻向ではない。此岸の生者が行うところの「放人出家」が、仏教世界への寄進行為となり、その功業によって生者たる行為者自身が幸福を享受するという構造をとっていたのである。九世紀になるとここに変化が起こり、災異の因となっている直接見ることができない何か(神霊や死霊を含むざわざわとしたたましい)を整序する手だてとして得度が実施されるようになる。

勅曰、「如聞、諸国頃日、疫癘間発、百姓夭死。出家功徳、不可思議。宜度百僧、弭此凶禍。庶幾、納群生於仁寿、致品物於中和。省寮僧綱、率宗師長其道者課試之、一同年分。其諳誦法華若最勝王経、及禅行集（傑）焉、験聴衆者、亦同預之。」

（『類聚国史』一七三疾疫一八七天長六年（八二九）四月丙寅〈十七〉条）

ここでは諸国で頻発する「疫癘」で百姓が夭死していることへの対処として、百僧を得度させて「凶禍」を弭めようとしている。「弭」は「鎮」と同義である。ここでは讖緯説に基づく天と人（天皇）との関係性は消えている。「疫癘」を引き起こしていると目されているのは名指しをされない「群生」と「品物」、すなわち衆庶万物のたましいたちであり、これを仁寿殿・中和院に迎えて法華経か最勝王経を聴かせることで理性化を図って災異をおさめようとしている。天皇正寝である仁寿殿と天皇が神を祀る中和院を災異を起こしている彼らの聴聞の場としたことは、大極殿という場で正月御斎会が行われたことと仕組みが同じである。

いっぽうで九世紀には災異の人格化が進捗するむきもあり、名前を特定化して交渉する対処法もさかんに行われるようになる。そこでは制御され難いたましいを理性化する手だてとして仏教的回路が使われるのが常であった。不遇死者を名指しして霊座に迎え、解脱を勧める経典を説き聞かせることで、生者の都合に合わない災異を消除するために行われた「御霊」の信仰も、これに包含される一種といえる。このような動向のなかで、神に度者を与える「神分度者」は、特定の神霊を理性化して、生者の都合に合うように神威を発揮させる手だてとして展開している。

次に見る天長七年（八三〇）太政官符は、天平勝宝元年以来豊前国宇佐八幡神に与えられていた年分度者一人について、(31) 宮司の恣意的な運営のために資質が低下しているために読経簡試の実施を定めたものである。ここには神に度者を与える理由が説明される部分がある。

太政官符

応試度八幡弥勒寺年分者事

右別当観音寺講師伝灯大法師光豊・弥勒寺講師伝灯法師位光恵等牒称、護宗廟鎮社稷、大神之威無二。助神霊増威勢、大覚之徳最一。是以聖朝建立弥勒寺、度年分一人以酬彼神霊。理須簡智行者羯磨剃頭請師授戒。而承前宮司不経試練任情度補。法会之庭法用有闕、転経之日経文訛雑。徒免課役不曾住持。聖願既闕、神感何有。望請、簡住神山若弥勒寺経三年已上、六時行道心行已定之人、講師宮司共試読経。然後度補者、左近衛大将従三位兼守大納言行民部卿清原真人夏野宣。奉勅、依請。

天長七年七月十一日（『類聚三代格』巻二、年分度者事）

ここに引用される光豊・光恵牒が述べるところでは、「護宗廟鎮社稷」（朝廷を護り神々を鎮める）には、「大神」の威力が無二であり、八幡神の霊を助け威勢を増すには、仏教の功徳がもっとも優れている、そのため「聖朝」は弥勒寺を建立し、毎年一人の新規得度者を八幡神の霊に与えている、やるからには「智行者」を選んで正しい作法で得度・授戒させければならないが、宮司が資質に欠ける者を恣意的に得度させるため、法会も転経もままならず、課役を免じているというのに仏法を住持したためしがない、とする。

つまりここでは、八幡神の霊威を増益することで朝廷を護り神々を鎮めることができると考え、八幡神に神分度者が与えることが、仏教の功徳でその霊威を増倍する手だてとされているのである。であるがゆえに神のための法会や転経は宗教的資質の高い者が勤めなければならないというのである。

資質の高い者を得度させ神霊に経典を説き聴かせる行為の仕組みについては『慈覚大師伝』に重要な手がかりをみることできる。

（嘉祥）三年春三月、皇帝（仁明）崩、太子（道康親王＝文徳）即位。則令左近衛中将藤原朝臣良相手書曰、「大師虚往実帰、希世傑立、雖未接晤、而常欽仰。右僕射（良房）与大師、本自相識故也。今依遺詔、十七日甲子、可有践祚。夫大事之中、猶有障礙、大師宜始十五日、迄十八日。転読大般若以護念之。又択大師童子中精練者一人、為予落髪披緇、令入学門。然則方頼薫修之力。長得泰山之安、其転経不必羨多巻数、唯要字句分明、感悟神霊耳。」（『慈覚大師伝』）

これは伝記の文脈上は熾盛光法が修された惣持院の建立由緒を説明する位置にある挿話で、嘉祥三年三月十七日の文徳天皇践祚の大事中に憂慮された「障礙」を円仁が未萌に鎮めるという場面である。引用される藤原良相の手書は、三千院本『慈覚大師伝』では良相が令旨を書き留めたということになっており、手書の中身は践祚を控えた道康親王（文徳）が円仁へ要請した旨となっている。その内容はおよそ次の通りである。

「亡き天皇（仁明）の遺詔によって十七日に践祚の予定であるが、大事に「障礙」がありそうである。円仁に『大般若経』を転読して「護念」してもらいたい。また円仁の童子から精練なる者一人を選んで、自分（文徳）のために落髪し僧侶とさせて「学門」に入らせてほしい。そうすれば仏事の功徳が及んで安泰である。大般若経の転経は必ずしも多い巻数を読むのではなくて、とにかく字句をはっきりとさせて、「神霊」を感悟させることこそが重要である。」

ここではまず、正体が明かされない何かによって儀礼に「障礙」（差し障り）が起こるであろうことが予測されている。その対処として円仁に『大般若経』転読と精練なる弟子の得度が依頼されている。得度は生者たる文徳のためであり、転読は災異の因である神霊を感悟させて災異をおさめるためである。転読の際に字句をはっきりとさせる必要があるということから、「障礙」の因となっている神霊が悟りから遠いたましいであると見なされていたことが判る。

ここで生者たちは自分たちを脅かす災異を解決しようとしているのであって、この正体が何であるかは、その場の対処の取り方をもってなされる一応の判定（定義）に過ぎない。『大般若経』転読で対処される名指しされない「神霊」の意味するところは、漠然としたたましいの集合のようでもある。ただ『慈覚大師伝』の論理として、理性化させるべき集合に仁明天皇のたましいは含まれていると考えるべきである。それはこの得度を制度化した次の太政官符によって明らかである。

太政官符
　応増加年分度者二人事
右十禅師伝灯大法師位円仁表称、「天台宗者、鑑心之明鏡、衛国之秘術、（中略）延暦聖皇賜山家年分二人、一人止観業、一人真言胎蔵業、跨世塡遵、各勤其業、至於金剛界蘇悉地両部大法、雖令兼学、而人志有限、教門浩博、禀学之徒未能窮其微細、伏望、恒例年分度者二人之外、更蒙賜両人、各令習学一業、令一人学金剛頂経為業、兼読法花金光明両部経、令一人学蘇悉地経為業、兼読法花金光明両部経、並使精進通文義厳試其業預得度之例、不出山門、守紀修行、始于我聖御宇、長為永代之恒式、（中略）伏乞、聖慈特垂明許」者、右大臣宣、奉勅、「円仁法師遠渉滄溟求来大教、禅風浩卓花躅幽奇、才行之至天人所帰、実是釈氏之棟梁、朝家之鎮衛也、勧人弘道功徳無涯、宜准来表允其欵情、所冀以此功業廻向、大梵天王、三十六天主帝釈天王、四方之四王、三界之諸天、閻魔法王、天神地祇、一切護法、共成随喜咸倍威光、冥翌所薫即帰先帝、逾増福善速証菩提、復乃覆護国家、扶持人物、天寰快穏、宝祚延長、宗社鴻基期無尽而遠存、空王正法化有情而久住、宜仰所由明知此意者、事須毎年四月三日並令得度、自余事条一同前度之例。」
　嘉祥三年十二月十四日（『類聚三代格』巻二、年分度者事）

天台宗年分の二名増員を求めた円仁の上表を受けて、文徳天皇勅は、この「功業」を神々に「廻向」して神威を増倍し、見えない助力が先帝（仁明）のもとにとどいて福徳を増やし、速やかに菩提を証するように、そして「国家」を護り「人物」（命あるもの）を助け、宮室を快穏とし天皇の寿命を延ばして天皇家の鴻基を長くあらしめ、仏教がいつまでも有情を化すようにと願っている。ここで功業による廻向が向けられている対象には、『金剛頂経』に根拠が求められる神以外に、日本の天神地祇と一切の護法神が参入しており、死者仁明天皇がこれらを眷属に従える主尊の位置にある。円仁上表によって増員されたこの年分は桓武天皇忌日の年分とともに、のちには東塔院に付された「鎮国」のための度者と言われるようになる。(32)

ここでは、「鎮護国家」という概念のひとつのモデルが見えている。すなわち、目に見えないなにか（ここでは名指しされた神々とそれを従える死者天皇のたましい）を制御するという行為と、目に見えている生者たる天皇を「護」るという行為が論理の上で結合し、直接の檀越ではない者たちが、仏教者が主催する仏事の功業による廻向を受けるという構造が成立しているのである。

むすび

「鎮護国家」思想は、九世紀日本に成立する宗教思想であり、漢訳仏典を含む漢籍類に典拠をとることができない個性豊かな思想である。しかしそれは、外来ではないから固有であると断じられるような単純な性質のものではない。アジアの東端という立地において、断続的に文物が舶載される環境ならではの文化要素の複雑な融合が、この概念を日本社会に成立させている。

ここに包含される「鎮」の思想は、「鎮護国家」思想の特徴を示す重要な因子である。「護」が目に見える対象についての対処であるのに対して、「鎮」は目に見えない対象への対処である。「鎮」の対象となるのは、生者にとって災異を引き起こしうる不安定な何か、であって、その様態はざわざわとした欠片のようなたましいから、名指しされ特定化された神霊や死霊にいたるまで、広くに渉っている。

死者となった天皇に対する慰霊もまた「鎮」と呼ばれることがあった。孝謙天皇は死者となった父聖武天皇を『梵網経』講説によって慰霊し、さらに悔過によって凶を脱却しその喪を終結させている。戒律の力で済度することをもって祖霊化手続きの代用としたのである。死による凶を転じる技術は、仏教的回路を用いることで獲得されたといわなければならない。

凶を転じる技術として機能した慰霊としての「鎮」は、

「追善」ではない。仏教的異界に転生している個人を捉えて生者が功徳を贈るというレベルの行為ではなく、攘災の意味を強く残している。むしろ「鎮」によって対象が捉られたことで、たましいの人格化が徐々に進展し、「廻向」や「追善」の段階を引き出している。

　毎年正月の大極殿御斎会において、天皇の正座たる高御座に盧舎那仏（大日如来）が安置されたこともまた、これを促進したといえる。盧舎那仏という形象と名称のもとで、非人格的無主的集合が理性化され、天皇にとってゆかりある集合に整序されて祖霊観念が抽き出される。盧舎那仏という尊格が、隔絶していた生者と死者とを縁故的に結合させ、家的祭祀を成立させていくのである。

　日本社会において、目に見えた生者を対象とする「護」と目に見えない諸々のたましいを対象とする「鎮」とが、融合し一体化していく理由はまさにここにある。寿終死の作法がなく、廟祭が欠落した状況下になければ、「鎮」によって天皇の死に対処することはなく、「鎮護国家」という思想が引き出されることはない。その意味で「鎮護国家」は複数宗教が淘汰されずに融合しやすい日本社会の特徴を如実に表すものといえるであろう。また祖霊観念というものが、高御座に安置された盧舎那仏を得て、構築されゆくものであったことにも注意をしなければならない。

　本稿は「鎮護国家」の要素である慰霊としての「鎮」についてのアウトラインを示したのみで、論じ残した点は多い。特に空海における「鎮」が、全体の中でどこに位置づけられるかについては紙幅の関係から言及することができなかったので、後考を期したい。

注

（1）吉田一彦がすでにこの事実を紹介している。吉田一彦「国分寺国分尼寺の思想」（須田勉・佐藤信編『国分寺の創建　思想・制度編』吉川弘文館、二〇一一年）。

（2）すでに佐藤文子「鎮護国家」（大谷栄一ほか編『日本宗教史のキーワード』慶応義塾大学出版会、二〇一八年）においてこの問題を簡単に説明している。また国史学の成立とともに登場する〈国家仏教〉論の成立と展開については、佐藤文子「史学史としての〈国家仏教〉論」（『日本古代の政治と仏教』吉川弘文館、二〇一八年）。

（3）『孟子』巻七「離婁章句」に「孟子曰、人有恒言、皆曰天下国家。天下之本在国、国之本在家、家之本在身」と説き、ここでは三者は重層的相似的関係で捉られている。

（4）たとえば承和三年五月九日太政官符（『類聚三代格』巻二「応東大寺真言院置廿一僧令修行事」）は、字句修辞において『不空表制集』の上表（乾元三年「請於興善寺置灌頂道場状一首」など）を参照しながら「為国」の部分を「為国家」に替える。

（5）苫米地誠は空海における「国家」の語義について分析して

おり、有益である。(苫米地誠「真言密教における護国」『現代密教』十三、二〇〇〇年)。

(6)「若有人王、恭敬供養此金光明最勝経典、汝等(四天王)応勤加守護令得安穏。」(T16.No.665.427b)。

(7)「案経云、若有国土講宣読誦、恭敬供養、流通此経王者、我等四王、常来擁護。一切災障、皆使消殄、憂愁疾疫、亦令除差。所願遂心、恒生歓喜者。宜令天下諸国各敬造七重塔一区、并写金光明最勝王経・妙法蓮華経各一部。朕又別擬写金字金光明最勝王経、毎塔各令置一部。所冀、聖法之盛、与天地而永流。擁護之恩、被幽明而恒満。其造塔之寺、兼為国華。必択好処、実可長久」(『続日本紀』天平十三年(七四一)三月乙巳〈廿四〉条)。

(8)吉田一彦は『金光明最勝王経』「四天王護国品」では、四天王による「護国」が説かれるが、それは具体的表記としては、四天王が「国土」「人民」「国王」を「擁護」すると書かれている。」とする(吉田前掲注1)。しかし『金光明最勝王経』「四天王護国品」にはその表記は、具体的には存在しない。どの記述をもってこの解釈をされたのか該当箇所が不明であるため、吉田説についての検証はここでは行うことができない。

(9)これについては成稿にいたるまでに多分野の専門家からの教示を得、最終段階においては中国文献の探索について関西大学二階堂善弘氏のご指導に浴した。

(10)吉田一彦前掲注1。

(11)なお『類聚三代格』巻二所収承和三年五月九日太政官符では弘仁十三年治部省符所引勅に「去年冬雷、恐有疫水。宜令空海法師於東大寺為国家建立灌頂道場。夏中及三長斎修息災増益之法、以鎮国家者。今被従二位行大納言兼皇太子傅藤原朝臣三守宣称、自今以後、宜件院置廿一僧、永為定額不向食堂、全令修行。別当之僧専当其事。但住僧夾名、専当法師等簡定牒僧綱令行。若僧有闕、随以補之。」とあるが、年代に疑義がある。

(12)蔵中しのぶ「律令・仏教・文学の交錯」(『日本文学』六〇—五、二〇一一年)。

(13)「次入善住閣院随喜。有禅僧五十余人、尽是毳納錫杖、各従諸方来巡者也。勅置鎮国道場、有天台宗僧、講四分律、亦是遠和上門下。」(『入唐求法巡礼行記』開成五年五月十七日条)。

(14)日比野丈夫・小野勝年『五台山』(平凡社、一九九五年)。

(15)『代宗朝贈司空大辯正広智三蔵和上表制集』巻二、請臺山五寺度人抽僧 制一首(T52.No.2120.0835b)。

(16)『代宗朝贈司空大辯正広智三蔵和上表制集』巻一、請大興善寺修灌頂道場(T52.No.2120.0829b)。

(17)法栄の経歴を知る史料は乏しいが、天平勝宝四年に筑前国宗像郡を本貫とする優婆塞を貢進している(『大日本古文書』三—五九〇)ので、同地出身であった可能性がある。

(18)天平勝宝六年七月二十四日「充百部梵網経本幷紙筆墨帳」(『大日本古文書』十三—一〇一)。

(19)井上薫「鑑真伝の諸問題」奈良大学『文化財学報』第三集、一九八四・遠藤慶太「中宮の追福」(『正倉院文書研究』七、二〇〇一年)。

(20)京都国立博物館所蔵。船山徹『東アジア仏教の生活規則 梵網経 最古の形と発展の歴史』(法蔵館、二〇一七年)が翻刻を行っている。

(21)『続日本紀』天平宝字元年(七五七)八月甲午〈十八日〉条。

(22)御斎会については、倉林正次「御斎会の構成」(『国学院大学大学院紀要』一二、一九八一年)、吉田一彦「御斎会について」(『日本古代社会と仏教』吉川弘文館、一九九五年)、吉川真司「大極殿儀式と時代区分論」（『国立歴史民俗博物館研究報告』一三四、二〇〇七年）などがある。

(23)『僧綱補任抄出』・『年中行事秘抄出』などが天平神護二（三）年説を、『今昔物語集』が神護景雲二年説を採っている。また吉田前掲注22は神護景雲元年説を採る。ただし毎年恒例の『金光明経』講説と十人の新規得度は持統十年（六九六）にすでに開始されている（『日本書紀』持統十年（六九六）十二月己巳朔条）。

(24) 佐藤文子「延暦年分度者制の再検討」（『日本古代の政治と仏教――国家仏教論を超えて』吉川弘文館、二〇一八年）。

(25) 辻善之助『日本仏教史』上世篇（岩波書店、一九四四年）。

(26) 佐藤文子「淳仁朝の造宮計画――宮の新営と天皇権獲得の原理」（『日本古代の政治と仏教――国家仏教論を超えて』吉川弘文館、二〇一八年）。

(27) 吉川真司前掲注22。

(28) この問題については、神祇祭祀の体裁をとって行われていた鎮魂祭を併せて論じるべきであるが、本稿ではこの分析に至らなかった。後考を期す。

(29)「天台法華宗年分学生式」・「勧奨天台宗年分学生式」。

(30) 佐藤文子「臨時得度の政治思想」（『日本古代の政治と仏教――国家仏教論を超えて』吉川弘文館、二〇一八年）。

(31) 天平勝宝元年六月二十六日太政官符『類聚三代格』巻二年分度者事。

(32)『日本三代実録』仁和三年（八八七）三月戊子〈十四日〉条・『類聚三代格』巻二年分度者事、仁和三年三月十日太政官符。

附記　本稿はJSPS科研費JP16K02222基盤研究（C）「日本とアジアの魂魄観についての比較思想史的研究――災異と人神の関係から考える」（佐藤文子）の研究成果の一部である。

神泉苑御霊会と聖体護持

西本昌弘

貞観五年の神泉苑御霊会では、崇道天皇（早良親王）など著名な御霊以外に、観察使・橘逸勢・文室宮田麻呂など異例の人物が取り上げられて慰霊の対象とされた。彼らが御霊として選ばれた理由を、貞観五年春夏に急増した薨卒者の顔ぶれから類推し、御霊会は清和天皇の聖体護持を主目的に開催された可能性が高いことを論じたい。

にしもと・まさひろ――関西大学文学部教授。専門は日本古代史。主な著書・論文に『日本古代の王宮と儀礼』（塙書房、二〇〇八年）、『桓武天皇』（山川出版社、二〇一三年）、『飛鳥・藤原と古代王権』（同成社、二〇一四年）、『早良親王』（吉川弘文館、二〇一九年）、『空海と弘仁皇帝の時代』（塙書房、二〇二〇年）などがある。

はじめに

貞観五年（八六三）五月、平安京の神泉苑において御霊会が催され、崇道天皇（早良親王）以下六座の御霊を慰撫するため、さまざまな行事が繰り広げられた。この御霊会をめぐっては、平安京の都市民との結びつきを重視する研究や、藤原良房の政治的意図を読み取る研究などが行われてきたが、私は近年、その背景に諸国国分寺で挙行されていた崇道天皇のための読経行事が存在することに注意を喚起した。(1)

本稿では、霊座六前のうち観察使以下三名の経歴と死去に至る経緯を洗い直すとともに、貞観五年春夏に急増した薨卒者の顔ぶれに注目しながら、神泉苑御霊会の主たる目的は清和天皇の聖体護持を祈念することであった可能性が高いことを論じてみたい。

一、神泉苑御霊会

『日本三代実録』貞観五年五月二十日条にみえる神泉苑御霊会の記事を、その内容によって区分しながら掲げると、以下のようになる。

①神泉苑に於て御霊会を修す。勅して左近衛中将従四位下藤原朝臣基経、右近衛権中将従四位下兼行内蔵頭藤原朝臣常行等を遣して、会の事を管せしむ。王公卿士赴き集まりて共に観る。霊座六前、几筵を設け施し、花果を盛り陳べ、恭敬薫修す。

②律師慧達を延いて講師と為し、金光明経一部、般若心経六巻を演説せしむ。

③雅楽寮の伶人に命じて楽を作し、帝の近侍児童及び良家の稚子を以て舞人と為す。大唐・高麗更に出でて舞う。雑伎・散楽競いて其の能を尽くす。此の日宣旨して、苑の四門を開き、都邑の人の出入・縦観を聴す。

④所謂御霊とは、崇道天皇・伊予親王・藤原夫人、及び観察使・橘逸勢・文室宮田麻呂等是なり。並びに事に坐して誅せられ、冤魂厲と成る。近代以来、疫病繁く発り、死亡甚だ衆し。天下以為らく、此の災い、御霊の生す所なりと。京畿より始めて、外国に爰及ぶまで、夏天・秋節に至る毎に、御霊会を修し、往々断たず。或は仏を礼し経を説き、或は歌い且つ舞う。童貫の子をして靚粧して馳射し、膂力の士袒裼して相撲し、騎射芸を呈し、走馬勝ちを争い、倡優の嫚戯、逓相誇り競わしむ。聚りて観る者、填咽せざる莫し。遐邇因循して、漸く風俗と成る。

⑤今茲の春の初め、咳逆疫を成し、百姓多く斃る。朝廷祈りを為し、是に至りて乃ち此の会を修す。以て宿禱に賽いるなり。

まず①は、清和天皇の勅命により、左近衛中将の藤原基経と右近衛権中将の藤原常行らが派遣されて、御霊会のことを統括した。王公卿士が会集して観覧した。霊座は六前用意され、机と筵を設けて、花果を盛り並べ、うやうやしく修法が行われたという。

次に②は、僧による読経のことを述べたもので、律師の慧達が招かれて講師となり、金光明経一部と般若心経六巻が講説されたという。『元亨釈書』巻九、勧進一によると、慧達は美濃国の秦氏の出身で、薬師寺の仲継に師事して法相を学んだ。比良山に上って長く修練していたが、仁寿帝（文徳天皇）の不予に際して、慧達を召したところ、彼が山を出て宮に入ると、帝の病はたちまち癒えた。元慶二年（八七八）八月二日に入滅したが、三十八歳の時より終歳まで、薬師寺において毎年、万燈会を修したという。(2) 御霊会の講師となった経歴との関係でいうと、慧達が文徳天皇の病気平癒に尽力したことが注目されよう。

③は御霊会の際の芸能について述べる。雅楽寮の伶人（楽人）が奏楽するなか、清和天皇に近侍する児童や良家の少年が舞人となる。さらに大唐舞や高麗舞が行われ、雑伎や散楽もその芸能を競い合った。この日宣旨により、神泉苑の四門を開き、京都周辺の人々が出入して、参観することを許した。ときに清和天皇は未成年の十四歳であったから、清和に近侍する児童や良家の少年が舞人として選ばれたのは、神泉苑御霊会が清和天皇と深く関わって開催された可能性を示唆する。

④は今回の御霊会開催に至る前提を述べたものである。いわゆる御霊とは崇道天皇（早良親王）・伊予親王・藤原夫人（藤原吉子）・観察使・橘逸勢・文室宮田麻呂らをさす。いずれも事件に連座して刑死したが、冤魂（無実の罪で亡くなった人の魂）は厲（鬼）となり、近代以来、疫病をしばしば発生させ、甚大な死者を出した。天下の人々は、この災いは御霊が起こしたものであると考えた。京畿よりはじめて外国に及ぶまで、夏天から秋節に至る時期に御霊会を修し、中断させなかった。あるいは仏を礼し経を説き、あるいは歌いまた舞った。少年に化粧させて馳射させ、力持ちの者に上着を脱いで相撲させ、騎射・走馬・倡優の嫚戯など、代わる代わる芸能を競わせた。集まり観覧する者はひしめきあった。遠くも近くも習慣となり、ようやく風俗となっている。

最後に⑤は、朝廷が今回の御霊会を開催した理由を述べたもので、今年の春先から、咳逆（感冒などせきの出る病気）が流行して疫病となり、百姓が多く倒れたため、朝廷は祈禱を行ったが、ここに至って御霊会を修したのであるという。

たしかに貞観四年の冬から同五年の春夏にかけて、京内や諸国では咳逆が流行していた。『日本三代実録』によると、貞観五年正月二十一日、天下が咳病を患ったため、内宴が停止され、清和天皇の住まいである雅院で七日間の修法が行われた。正月二十七日には、去年の冬末より今月に至るまで、京城および畿内・畿外で咳逆が流行して、死者が甚大な数に上ったため、御在所および建礼門・朱雀門で大祓を行い、災疫を攘うとともに、京内の飢病者に賑給を行った。三月四日には、今春は咳嗽が流行し、病死する者が多かったという理由で、七道諸国の名神に班幣が行われた。三月二十三日には内殿・中宮・神泉苑の三処で大般若経が三日間転読された。四月三日には、伯耆講師の賢永が、年来の五穀不登・百姓窮弊に加えて、疫病が頻発して死者が増大している状況を仏力で救うため、一万三千仏・観世音菩薩像を描き、一切経を写して国分寺に安置し、毎年百斛を出挙して灯明料に充てんことを奏上して許された。五月十三日には、六十僧を内殿に請い、三日間の大般若経転読を行っている。

貞観五年の五月二十日に行われた御霊会は、こうした東宮雅院をはじめとする平安宮内や国分寺などで行われた祈禱行事ののちに、前年の冬から今年の春夏にかけて京内や諸国で猛威を振った咳逆を鎮めるために、平安京内の神泉苑で大規模に行われたものであった。その二日後、清和天皇は雅院に神泉苑御霊会の舞童を召し、雅楽寮に音楽を演奏させている。

貞観七年五月十三日には、四人の僧を神泉苑に招き、般若心経を読ませる一方で、六人の僧を七条大路の衢で朱雀道（朱雀大路であろう）の東西に分配し、朝夕二回、般若心経を読ませた。夜には佐比寺僧の恵照が疫神祭を修して災疫を防いだ。このときは予め左右京職が東西九箇条の男女から一人一銭を出させ、僧の布施・供養に充てた。京邑の人民が功徳を頼り、天行を免れるようにさせるためであったという。このように平安京内における防災の読経時に、左右京の住人から布施・供養を出させているのは興味深い。住民みずからが布施・供養を負担することで、仏力により天災を逃れんとする意識が存在したこと、あるいはそうした意識を朝廷が京内の住民に植えつけようとしていることを示唆する。

貞観七年六月十四日には、京畿七道において人々が御霊会と称して、私的に徒衆を聚め、走馬や騎射を行うことを禁じた。小児が集まり戯れることは制限しないという。全国的に御霊会がさかんに催されていたことをうかがわせるとともに、京職や国衙が関与しない御霊会は私的なものとして禁止される場合があったことが確認できよう。

御霊会は本来、諸国の民衆によってはじめられた行事で、貞観五年に神泉苑御霊会が開催される以前から行われていたものである。そのことは、前掲した『日本三代実録』の御霊会記事の④の部分に詳しく記されており、御霊会の研究史に

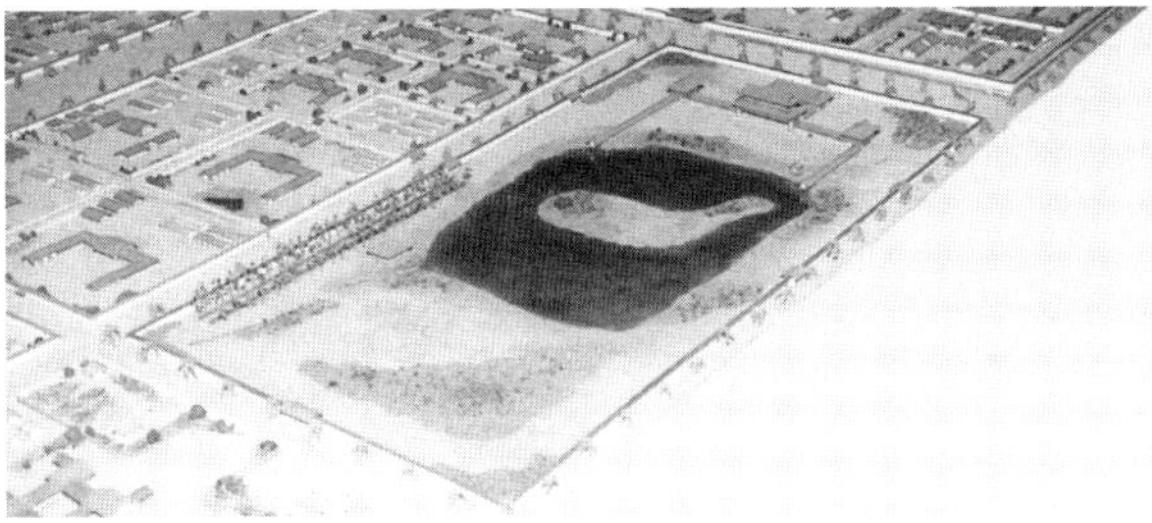

図1　神泉苑（平安京復元模型・部分、京都市歴史資料館所蔵）（『平安京図会』復元模型の巻（京都市生涯学習振興財団、2014年）より転載）
神泉苑は天皇や貴族の宴遊の場となった苑池。平安宮の南に接して8町の地を占め、中央に池と中島を配し、池の北に正殿として乾臨閣を築いた。

おいても、早くから指摘されてきたところである。[3] 問題となるのは「始自京畿、爰及外国」の解釈である。「京畿より始めて、爰に外国に及ぶ」と読み、「御霊会は京畿にはじまり、外国に波及した」と解釈するのが一般的であるが、「爰」には引く、及ぶの意味があるので、「爰及」は同義語を重ねたものとみるべきで、「京畿より始めて、外国に爰及ぶまで」と読み、「京畿はもちろん外国まで」の意味に解する説が妥当であろう。[4]

ここで想起すべきは、延暦二十五年（八〇六）以来、崇道天皇のために諸国国分寺において毎年二月・八月の八日から十四日までの七日間、金剛般若経の転読が行われていたことである（『日本後紀』延暦二十五年三月十七日条、『類聚三代格』巻三、同日付太政官符）。貞観五年の神泉苑御霊会で御霊六座の筆頭にあげられるのも崇道天皇であった。延暦二十五年から継続される崇道天皇のための諸国国分寺読経が中心となって諸国御霊会が成立し、これを受ける形で、貞観五年に平安京において朝廷が神泉苑御霊会を開催したと考えられるのである。[5]

二、観察使・橘逸勢・文室宮田麻呂

貞観五年の神泉苑御霊会では六座の御霊に対して慰霊が行われた。このうち、崇道天皇が御霊・怨霊の代表格であることはいうまでもないが、伊予親王と藤原吉子も大同五年（八一〇）七月、弘仁十年（八一九）三月、承和六年（八三九）九月などに慰霊が行われており、御霊として慰撫の対象となることに疑問の余地はない。これに対して、観察使・橘逸勢・文室宮田麻呂の三名は神泉苑御霊会より以前に慰霊の対象となったことがほとんどなく、この三名が霊座に加えられた理由は改めて検討する必要があろうと思われる。以下、順番に検討してゆきたい。

（一）観察使

観察使は藤原仲成をさすとみてよいだろう。井上満郎氏は、「観察使」を「橘逸勢」にかかる官職名と解釈し、御霊会で慰撫された御霊は五座五名であるとした。[6] この前提のもと、御霊五名の共通点は平安京（または長岡京）から離れ、遠く異境に配流されて死んだ霊であることであり、御霊会の基本は異界から現世にやってきて人々の間に死をもたらす御霊を現世から異界に送り返すことであると説いた。

しかし、観察使を橘逸勢とみる井上説に無理があることは、宮崎浩・南かおり両氏の指摘する通りである。[7] 橘逸勢に観察使の官歴は確認できないが、藤原仲成は大同四年（八〇九）四月に北陸道観察使に任じており（『公卿補任』大同四年条）、かつ異常な最期を遂げた観察使は仲成だけである。何よりも御霊会の祭神は「霊座六前」と明記されているので、これを五前に減らすのは疑問である。観察使が藤原仲成に相当するとすると、仲成は平安宮内の右兵衛府で射殺されたので、御霊はすべて京外で死んだとする井上説に破綻が生じる。京外で死んだ御霊が京内に侵入するという考え方や、御霊を都市住民に祟る神とする見方は成立困難であろう。

そもそも、崇道天皇は延暦二十四年（八〇五）に配流地の淡路国から大和国に改葬されており、橘逸勢も後述するように嘉祥三年（八五〇）に遠江国から京内へ帰葬された。貞観五年（八六三）の御霊会までに御霊の多くは京内や畿内に改葬されているのであり、彼らを異界からの侵入者とみなすのは妥当ではない。善珠や最澄の御霊慰撫策からみて、怨霊は業道を離脱しえず苦悩しているから、災害や疫病を引き起こすと考えられたので、般若経を転読し、執着を離れて成仏することを説くことで、御霊の救済をはかり、災害や疫病の発生を止めようとしたとみるべきである。(8)

藤原仲成は種継の長子で、薬子の兄である。平城天皇が即位し、薬子が天皇の寵愛を受けるようになると、その威を借りて王公宿徳を凌辱するようになった。仲成は大同四年四月に北陸道観察使となったが、五月には右兵衛督を兼ね、翌年六月に観察使を廃して、参議となったのちも、右兵衛督を帯していた（『公卿補任』）。弘仁元年（八一〇）九月十日、薬子の変に際して、右兵衛府に繋がれ、佐渡権守への左遷が言い渡された。仲成は長官として勤務していた官衙に監禁されたことになる。同日の宣命によると、仲成は「己が妹の能からざる所を教え正さずして、還りて其の勢いを恃みて、虚詐の事を以て、先帝の親王・夫人を凌侮し、家を棄て路に乗りて東西辛苦せしむ。此の如き罪悪、数へ尽すべからず」と非難されている。この宣命が出された翌日の九月十一日、仲成は禁所である右兵衛府において射殺された。

仲成が凌侮した先帝の親王・夫人とは、伊予親王とその母藤原吉子のことである。この二人は大同二年十月に謀反を計ったとして捕らえられ、川原寺に幽閉されて飲食を断たれたのち、十一月に薬を仰いで死んだ。この伊予親王事件の背景に仲成の存在があったことになる。伊予親王には継枝王・高枝王・吉岡女王という三子があったと考えられるが、(9)この事件に連座して三子とも「遠配」となり、「辛苦流離して、生計を知らず」という状況に陥ったという（『日本文徳天皇実録』天安二年五月十五日条）。仲成が東西辛苦させたというのは、伊予親王母子だけではなく、親王の三子の苦境も含めた表現なのであろう。

伊予親王と藤原吉子は御霊会の霊座六前にも含まれているから、御霊会では被害者である伊予・吉子と加害者である藤原仲成の両方を慰撫していることになる。最澄の撰になる「長講金光明経会式」や「長講仁王般若経会式」には、崇道天皇御霊・伊予親王御霊・藤原夫人御霊などとともに藤原仲成御霊・藤原内侍御霊などの名前がみえるから、仲成や薬子が慰霊の対象となりうることがわかるが、朝廷が主催する御霊会で仲成が慰霊されたことには、それなりの理由があったとみなければならない。

仲成が霊座六前の一つに入っていることについて、宮崎浩氏は、伊予親王事件の真相は藤原南家の勢力を排除しようとする藤原北家の内麻呂や冬嗣の策略であったと考え、仲成は身に覚えのない罪を着せられ射殺されたため、北家にまつわる怨霊として慰撫されたとみた。(10) ただし、伊予親王事件の真相はむしろ平城天皇が皇位継承上の有力なライバルであった伊予親王を排除したものとみた方がよく、仲成や薬子の利害は平城天皇と共通していたと考えられる。(11) 薬子の変のあと、薬子・仲成の係累のみが長く免罪されなかったことからみても、仲成が薬子の変で中心的な役割を果たした薬子に同調していたことは否定できず、(12) その際に宣命で非難された仲成の罪状についても、身に覚えのない罪を着せられたというものではありえないと思う。

ただし、仲成の罪状は、妹の薬子を教正しなかったことや、虚詐の事で先帝の親王・夫人を凌侮したことであるが、これらは謀反という大罪とはやや異なるものである。こうした罪状での射殺はやや酷に過ぎるのではないか。嵯峨天皇による薬子の変時の処分として、仲成のみは厳罰に過ぎるという認識が時の経過とともに意識されるようになっていったのであろう。その意味で、仲成が怨霊になるとすると、嵯峨天皇の係累に被害が及ぶ可能性がある。そのような眼で貞観五年の御霊会前後の状況を再確認する必要がある。

(二) 橘逸勢

橘逸勢は奈良麻呂の孫で、入居の子である。兄に永継・永名、姉に桓武天皇の後宮に入った御井子・田村子がいる(『尊卑分脈』『橘氏系図』)。『橘逸勢伝』や『日本文徳天皇実録』嘉祥三年(八五〇)五月十五日条によると、延暦二十三年(八〇四)に遣唐使に従い渡海して、唐国に留住し、明哲を歴訪して学業を受けた。大同元年(八〇六)八月に帰国したのち、弘仁元年(八一〇)の殿閣諸門の改号にあたり、逸勢は宮城東面の門額を書いた。承和初年に従五位下に叙され、同七年には但馬守に任ぜられたが、年老病弱のため、静居して出仕しなかったという。(13)

承和九年（八四二）七月十七日、春宮帯刀伴健岑と但馬権守橘逸勢らの謀反が発覚したため、六衛府が宮内と内裏を固守し、右近衛少将藤原富士麻呂らが近衛を率いて健岑・逸勢の私宅を囲み、その身を捕獲した。これより先、阿保親王が嵯峨太皇太后橘嘉智子に緘書を上呈すると、皇太后は藤原良房を御前に喚び、密かにその緘書を良房に渡した。そこには今月十日に伴健岑が阿保親王のもとに来て、嵯峨太上天皇が崩御すると、国家の乱が起こるので、皇太子の恒貞親王を奉じて東国に入ると語ったことが記されていたという。

図2　伊都内親王願文　御物（週刊朝日百科『皇室の名宝』11　御物1（朝日新聞社、1999年）より転載）
天長10年（833）9月、伊都内親王（桓武天皇皇女）が母藤原平子の意を受けて、一族の安穏と繁栄を祈り、山階寺（興福寺）東院西堂に香灯読経料を奉納した際の願文。筆者は橘逸勢といわれているが、確証はない。三筆に比すべき名筆である。

伴健岑と橘逸勢は左衛門府に拘禁され、七月十八日と十九日の両日、参議正躬王と参議和気真綱の窮問を受けた、二十日には正躬王・真綱が逸勢らに拷問を加えたが、逸勢は服さなかった。同日、逸勢の近親である右兵衛督橘永名らは身に帯びる兵仗を解いて進上した。二十三日には勅使の藤原良相が近衛を率いて恒貞親王の直曹を囲み、親王は皇太子の位を廃された。同時に大納言藤原愛発、中納言藤原吉野、春宮大夫文室秋津らも任を停めて左遷された。いわゆる承和の変である。

橘逸勢は死罪を減じて、非人姓に改めて伊豆国に配流となった。その子や孫も京外に配され、兄の永名も解任されて京外に配されている。逸勢が配所に送られる途中、その女が泣きながら徒歩で付いてきた。護送する官兵が追い払うと、女は昼は止まるが夜に進み、ついに随い行くことができた。逸勢は八月十三日、遠江国板築駅に到って旅中に命を落とした。嘆き悲しむ女は駅の下に埋葬し、墓前に廬を営んで、屍を守り離れなかった。落髪して尼となり、妙冲と名乗り、父のために誓念して、暁夜に苦至したため、行き過ぎる旅行者はこれをみて涙したという（『日本文徳天皇実録』嘉祥三年五月十五日条、『橘逸勢伝』)。

以上のように、橘逸勢は承和の変に連座して伊豆国に配流される途中、遠江国板築駅で亡くなった。拷問によっても自白しなかったというから、無実の罪で刑死した可能性が高い。逸勢の孫の珍令は幼少のため、早くも九月には召還され、旧宅に安置されている。その後、承和十二年七月には承和の変の連座者のうち、藤原秋常・丹墀縄足・紀貞継らが入京を許され、兄の橘永名も入京を許された。嘉祥二年(八四九)十月には、逸勢の子の龍剣・室山らが本姓に復して入京を許されている。嘉祥三年五月十五日には、橘逸勢に正五位下が追贈され、遠江国に詔して、逸勢を本郷に帰葬させた。尼となっていた女が屍を背負って京に還った。逸勢の邸宅は蚑松(はいまつ)殿(どの)と呼ばれ、姉小路北堀川東にあったが、ここに墓が造られたとされる(『橘逸勢伝』)(14)。さらに仁寿三年(八五三)五月二十五日には、橘逸勢に従四位下が加贈された。

嘉祥三年三月には仁明天皇が崩御して、文徳天皇が即位した。十一月には惟仁親王が生後八ヵ月で立太子する。この年二月十六日には藤原富士麻呂が四七歳で卒したが、富士麻呂は承和の変の際に、健岑・逸勢の私宅を囲み、両人を捕獲した人物である。また、五月四日には嵯峨太皇太后橘嘉智子が崩じている。嘉祥三年五月十五日に逸勢に正五位下が追贈され、本郷に帰葬することが許されたのは、こうした出来事が関係するのであろう(15)。とりわけ承和の変のきっかけを作った橘嘉智子、変による処罰を承認した仁明天皇、逸勢らを拘束した藤原富士麻呂らの死去が、橘逸勢の名誉回復が必要であるとの気運を高め、追贈と京都帰葬が実現した可能性がある。

仁寿三年二月には京師と畿外で疱瘡が流行し、死者が多数にのぼった。天平九年と弘仁五年の疱瘡流行に比すものであったという。四月十八日には仁明天皇の第八子である成康親王が疱瘡を患い逝去した。五月に入っても終息しなかったようで、五月十一日には災疫を除くため十七大寺で大般若経を読み、十三日には大宰府に命じて観音・弥勒両寺や四王院・香椎廟・管内国分寺などで大般若経を読ませている。同年五月二十五日に橘逸勢に正五位下が加贈されたのは、すでに指摘されているように、この年の疱瘡流行がその理由であったと考えられる(16)。

(三) 文室宮田麻呂

文室宮田麻呂は承和六年(八三九)五月に従五位上となり、翌年四月に従五位上で筑前守となった。同九年正月に新羅人の李少貞らが筑紫大津に到着し、去年、李忠・揚円らがもたらした貨物の返却を大宰府に要請した。前筑前守の文室宮田麻呂はかつて新羅人の張宝高に唐国の貨物を買うために絁を付託したが、宝高が死去したため現物を得ることができず、そのため宝高の使者がもたらした貨物を奪ったと訴えられたのである。新羅海商の貨物を差し押さえた宮田麻呂と、その返還を求める新羅の李少貞との対立は、容易に解決することなく長期化したようである。(17)

承和十年十二月二十二日、従者の陽侯氏雄が主人の文室宮田麻呂が謀反を企てていると密告した。召喚された宮田麻呂は蔵人所に参上したが、ただちに左衛門府に拘禁された。朝廷は使者を宮田麻呂の京および難波の宅に派遣し、「反具」を探し出した。その「反具」とは、京宅の弓十三枝、胡録三具、箭一六〇隻、剣六口、難波宅の冑二枚、零落甲二領、剣八口、弓十三張、胡録十具、鉾三柄である。これらは右近衛陣に棄て置かれた。十二月十六日に参議滋野貞主と左衛門佐藤原岳雄を遣わして宮田麻呂を推問させた。二十九日には宮田麻呂の罪刑は謀反で、斬刑に相当するが、一等を降して伊豆国に配流されることとなった。その子の忠基は佐渡国、安恒は土佐国、従者二人は越後国と出雲国にそれぞれ流罪となった。

御霊会以前に、文室宮田麻呂の官位を復したり、名誉を回復したりした記事はみられないので、彼が御霊会で慰霊された理由は不明である。宮崎浩氏は、嵯峨太上天皇の没後には新しい怨霊が出現し、藤原北家が政治権力を獲得するために犠牲にしてきた人物がクローズアップされたという。そして、橘逸勢と文室宮田麻呂は藤原良房が直接失脚させた人物であるから、両者への陳謝は良房の意思から出たものであるとする。(18)

一方、松原弘宣氏は、貞観五年八月に「庶人文室宮田麻呂」が所有していた家十区・地十五町・水田三十五町が貞観寺に勅施入されたことから、貞観寺の経済的基礎にするため、宮田麻呂を御霊としたと考えている。(19)これに対して山崎雅稔氏は、宮田麻呂の謀反事件の背景にあるのは、承和八年末に貿易上のトラブルを起こしていることであり、朝廷は新羅の内乱が日本に伝播して、国内支配の混乱を招くことを危惧し、新羅人と通謀する恐れのある宮田麻呂を謀反人として排斥したと論じた。(20)

一方で渡邊誠氏は、官司先買後の私的な交易活動は認められており、私的な債権取り立ても法には触れないので、宮田麻呂の行為は合法であるとする。しかし、宮田麻呂が差し押さえた貨物の返却を拒否したため、新羅からの要請に応えることができず、彼らを国外に追いやることができない。そこで、朝廷は貨物を回収するために、謀反を仕組んで宮田麻呂を失脚させたとみた。(21)

このように、文室宮田麻呂事件の背景については、藤原良

表1　貞観元年～5年薨卒者一覧

年	月日	薨卒者	続柄	年齢
貞観元年(859)	4月23日	大納言正三位安倍安仁	東人の孫、寛麻呂の子	67歳
	5月1日	参議従四位上藤原貞守	楓麻呂の曾孫、諸貞の子	62歳
	7月13日	従四位上備前守藤原春津	緒嗣の第2子	52歳
	8月10日	尚侍従三位当麻浦虫	継麻呂の女	80歳
	10月23日	尚侍従三位広井女王	雄河王の女	80余歳
	12月22日	従四位上摂津守滋野貞雄	家訳の子	65歳
貞観2年(860)	5月18日	散位従五位上小野恒柯	永見の孫、瀧雄の子	53歳
	8月5日	中宮大夫従四位下藤原良仁	冬嗣の第7子、母は嶋田氏	42歳
	9月26日	勘解由次官従五位下御輔長道		62歳
	10月3日	正五位下内薬正物部広泉		76歳
	10月29日	中納言正三位橘岑継	清友の孫、氏公の長子	57歳
	閏10月20日	無品同子内親王	淳和天皇皇女、母は丹墀池子	
	12月29日	従五位下内薬正大神虎主		63歳
貞観3年(861)	2月29日	参議従四位上清原岑成	弟村王の子	63歳
	9月19日	無品伊登内親王	桓武天皇皇女、母は藤原乙叡の女	
	9月24日	正五位上刑部大輔豊階安人		65歳
貞観4年(862)	2月25日	無品有子内親王	淳和天皇皇女、母は高志内親王	
	8月是月	従五位下大判事讃岐永直		80歳
貞観5年(863)	正月3日	大納言正三位源定	嵯峨天皇皇子、母は百済王慶命	49歳
	正月5日	従四位下内蔵権頭藤原興邦	葛野麻呂の孫、常嗣の子	43歳
	正月11日	従四位上中務大輔清原瀧雄	夏野の第2子	65歳
	正月19日	無品大原内親王	平城天皇皇女、母は伊勢継子	
	正月20日	従五位上助教滋善宗人		64歳
	正月21日	無品純子内親王	嵯峨天皇皇女、母は文室久賀麻呂の女文子	
	正月22日	散位従四位下棟氏王	葛井親王の子	
	正月25日	大納言正三位源弘	嵯峨天皇皇子、母は上毛野氏	52歳
		散事従四位上統忠子	淳和天皇皇女	
	4月15日	従四位下近江権守良岑清風	安世の第3子	44歳
	5月1日	参議正四位下正躬王	万多親王の第7子	65歳
	5月19日	尚蔵従三位菅野人数	真道の女	
	閏6月13日	従四位下良岑寛子		
	7月16日	前宮内卿正四位下豊江王	葛田親王の孫、高橋王の子	68歳
	7月21日	無品善原内親王	桓武天皇皇女、母は藤原大継の女河子	

房の陰謀説、貿易上のトラブル説などが唱えられているが、そのいずれもが推測を含むものであり、確定的なことはいいにくい。宮田麻呂がなぜ謀反の罪に問われたのかについては、今後の検討に委ねるほかないであろう。いずれにしても、宮田麻呂は仁明天皇の承和十年に謀反の罪に問われて、伊豆に配流となった。その子や従者も佐渡・土佐などに流されており、橘逸勢の場合と同じく、厳しく処断されたのである。桓武朝以降、六国史において謀反の罪で検挙されたのは、延暦元年の氷上川継、大同二年の伊予親王、承和九年の伴健岑・橘逸勢、同十年の文室宮田麻呂の四件五名のみである。この五名のうち三名が御霊会で慰撫されたのであるから、宮田麻呂が御霊会で祀られる理由はあったとみるべきであろう。

三、貞観五年の死者と御霊会

貞観四年の冬から翌五年の春夏にかけては、京内や諸国で咳逆が流行した。『日本三代実録』では、貞観五年に公卿を含む多数の官人が死去したことが記されている。いま貞観元年から同五年までの五位以上官人の薨卒記事をまとめると、**表1**のようになる。これを参照しながら、年次ごとに死亡者の推移を追ってみたい。

貞観元年（八五九）の薨卒者は六名である。四月に大納言の安倍安仁（六十七歳）、五月に参議の藤原貞主（六十二歳）が死去するが、いずれも六十歳を越えた高齢での死亡である。このほか尚侍二名、四位官人一名の死去があるが、前者は八十歳と八十余歳での死亡である。

貞観二年の薨卒者は七名とやや多い。十月に中納言の橘岑継（五十七歳）、閏十月に同子内親王（淳和皇女、母は丹墀氏）が薨去し、八月に中宮大夫の藤原良仁（冬嗣の第七子）が四十二歳で卒去している。これ以外に、五位官人が四名死去しているが、おおむね高齢での死亡である。

貞観三年の薨卒者は三名である。二月に参議の清原岑成が六十三歳で卒去し、九月に伊登内親王（桓武皇女、母は藤原乙叡の女）が薨去した。このほか五位官人が一名死去している。

貞観四年の薨卒者は二名である。二月に有子内親王（淳和皇女、母は高志内親王）が薨去したほか、八月に五位官人一人が高齢で死去している。

貞観五年の薨卒者は十五名を数え、うち九名が正月に死去している。この数値は突出したもので、咳逆の流行と深く関わるものと思われる。とくに正月三日と二十五日に相次いで二人の大納言が薨去したことは、朝廷に大きな衝撃を与えたことであろう。

大納言源定（嵯峨皇子、母は百済王慶命）四十九歳

大納言源弘（嵯峨皇子、母は上毛野氏）五十二歳このほか正月には、藤原興邦（北家葛野麻呂の孫、常嗣の子）が四十三歳で逝去し、大原内親王（平城皇女、母は伊勢継子）、純子内親王（嵯峨皇女、母は文室久賀麻呂の女）、棟氏王（葛井親王の子）、統忠子（淳和皇女）、清原龍雄（夏野の子）、滋善宗人らが亡くなっている。

その後、一時的に薨卒者はみられなくなったが、四月になると、良岑清風（安世の子）が四十四歳で死去し、五月一日には参議の正躬王（万多親王の第七子）が六十五歳で没した。この正躬王は承和の変時に伴健岑と橘逸勢を尋問し、拷問を加えた人物である。彼が亡くなった十九日後に神泉苑で御霊会が開催されていることは注目される。

このように貞観五年には、とくに正月を中心に、嵯峨天皇の皇子で現役の大納言であった源定と源弘が壮年で薨去したのをはじめ、藤原北家の興邦が壮年で亡くなり、平城・嵯峨・淳和の各皇女や桓武の孫王などが相次いで死去した。死者のなかには橘逸勢らを尋問して拷問を加えた正躬王も含まれていた。前年の冬からこの年の春夏にかけて咳逆が流行しており、京内や諸国で多くの死者が出たというので、こうした皇族や五位以上官人の多くも咳逆による被害者なのであろう。こうした状況を受けて、桓武朝以降、謀反などの罪状で刑死した者のうち、冤罪と思われる者に対する慰霊を行う必要が出てきた。このために挙行されたのが神泉苑御霊会だったのであろう。

前述のように御霊会では、観察使（藤原仲成）・橘逸勢・文室宮田麻呂など、これまではほとんど慰霊の対象になっていなかった人物が霊座のなかに加えられていた。こうした異例の人物の鎮魂が行われたのは、貞観五年の正月から五月までに多くの公卿・官人が薨卒したことと関係があろう。すなわち、大納言の源定と源弘が壮年で薨去したため、嵯峨天皇の子孫に御霊の祟りが及ぶことを恐れ、薬子の変の際に宮内で射殺された藤原仲成が慰霊の対象になったものと思われる。また、橘逸勢が霊座に加えられたのは、謀反の罪に問われて刑死した「冤魂」であったからであるが、彼を尋問して拷問を加えた正躬王が、この直前に死去したことも一つの要因となったのではないか。文室宮田麻呂が祀られた理由は不明であるが、橘逸勢と同じく仁明朝に謀反の罪に問われていることから、やはり同様の「冤魂」として慰霊されたのであろう。

貞観五年に神泉苑で御霊会が開催された政治的背景については、これまでにも議論が重ねられてきた。まず今市優子氏は、伊予親王事件・薬子の変・承和の変の結果として、藤原氏のうち南家や式家が没落し、北家が有力になっていったこと、桓武・嵯峨・仁明から文徳・清和へと嵯峨系の直系相承に変化していったことを踏まえて、この直系相承への変化の途上で失脚させられた人々が御霊と認識されたとみる。そして、幼帝である清和天皇即位後の政治不安という状況を背景に、藤原良房を中心とする朝廷が、疫病流行のさなかに、失脚者を御霊として鎮魂する行事を主催したのであり、現在の朝廷の安定と正統性を主張する意図があったと説いた。[22]

次に宮崎浩氏は、崇道天皇・伊予親王・藤原吉子の怨霊への恐れは、桓武の皇統につらなる人間である限り、代々受け継がれるものと認識されていたが、承和の変を境にして、怨霊慰撫のパターンが変化し、藤原良房が直接失脚させた橘逸勢・文室宮田麻呂が慰霊の中心になるとする。貞観五年は疫病流行の年であったが、良房にとって御霊会を行う真の目的は疫病対策というより、むしろ清和天皇即位による北家のさらなる繁栄を祈るための合同慰霊祭であったという。[23]

さらに山﨑雅稔氏は、貞観五年に大納言源定・同源弘・参議正躬王の三人が死去したのは咳逆病と無関係ではなかったとし、同年十一月に藤原良房の六十賀宴が開催され、翌年正月に清和天皇が十五歳で元服したことから、神泉苑御霊会は桓武以来の王統につきまとっていた怨霊を鎮め、彼らがもたらした疫病の流行を抑えることを通して、清和天皇の成人や良房の六十賀を準備するもので、清和―良房体制の政治的安定を企図したものであったと論じた。[24]

以上の三氏の研究には、いくつかの異なる観点も含まれているが、御霊会の背景に北家の藤原良房の意向が存在し、幼帝清和を擁する朝廷の政治不安を解消し、北家のさらなる繁栄を祈るねらいが存在したとみる点で共通するといえよう。こうした見方は大枠としては承認できるものであるが、山﨑氏以外は、貞観五年の咳逆流行に踏み込んだ考察を行っていない点が気にかかる。この年の正月に九名、四月と五月に各一名の薨卒者があった。そのなかに大納言二名と参議一名が含まれており、その死の背後に嵯峨の係累や仁明・文徳の係累への祟りが想起されたとすると、良房が幼帝清和への影響を憂慮したことは想像にかたくない。したがって私は、神泉苑御霊会開催の理由としては、良房が清和の身体護持を企図したことを第一義に考えるべきであろうと思う。

そのことをうかがわせる傍証を三つあげたい。第一に、咳逆流行への対策が清和の住まいである雅院（内殿）を中心に行われたことである。貞観五年正月二十一日、天下が咳逆を患うことを理由に内宴を停め、雅院で七日間の修法が行われた。正月二十七日には、御在所および建礼門・朱雀門で大祓を行い、災疫を攘った。三月二十三日には一二〇人の僧を内殿・中宮・神泉苑に招いて、相分かれて大般若経を転読させた。五月十三日には六十僧を内殿に請い、三日間の大般若経転読を行っている。中宮なども含まれているが、主として雅院（内殿）において修法や転読が行われていることが注目される。

第二に、前述したように、御霊会で講師を務めた慧達が文徳天皇の病気平癒に尽力した僧であったことである。清和の父である文徳の不予を回復させた慧達を御霊会に起用しているのは、清和が咳逆を発症しないようにする予防措置であった可能性を思わせる。

第三に、御霊会に清和の近侍児童と良家の稚子を舞人として参加させ、御霊会の二日後には清和の居住する雅院に舞童を召し、雅楽寮に奏楽させていることである。御霊会における芸能の主役である舞人に清和に近侍する児童を充てていることは、御霊慰撫が主として当時十四歳であった清和のために行われたことを示唆するであろう。

御霊の祟りはまず天皇や皇位継承者に降りかかるものであった。[25] 早良親王の御霊は桓武天皇に影響を与える前に、皇太子であった安殿親王に祟りをもたらしたことを想起したい。その意味では、承和の変で謀反の罪に問われた橘逸勢の御霊は、当代の仁明天皇だけではなく、変後に皇太子となった道康親王（文徳天皇）とその一族にも影響を与えると考えられたのであろう。

文徳天皇と藤原良房の女明子の間に生まれた惟仁親王（清和天皇）は、皇位継承者として良房の期待を一身に担い、八ヵ月で立太子し、わずか九歳で即位した。良房は惟仁の誕生直後から真雅を内裏に侍らせ、惟仁の身体護持を祈らせていた（『日本三代実録』元慶三年正月三日条、同四年十二月四日条、『真雅伝記』）。仁寿二年（八五二）頃には、良房は惟仁を加護する目的で、真雅と図って、嘉祥寺内に精舎（嘉祥寺西院）を建立したが（『日本三代実録』貞観十六年三月二十三日条、『真雅伝記』）、これは貞観四年七月に貞観寺と改名され、清和の御願寺となった。[26] 良房は惟仁誕生直後からその息災無事に細心の注意を払っていたのである。

貞観年間には天皇の身体護持を祈る行事として、四季御読経と御燈という行事が年中行事化した。四季御読経とは天皇の御在所に六十名前後の僧を召し、大般若経を転読する行事である。清和朝の貞観元年にはじめられたが、陽成朝になると春秋二季の行事に改められた。[27] 御燈は三月三日と九月三日に北辰（妙見）に燈火を献じて息災無事を祈る行事で、八世紀後半から下級官人の間に流行したが、貞観元年以降、天皇も御燈を行うようになった。[28] これらは藤原良房が清和天皇の身体護持のために開始したものであろうが、前例のない幼帝即位という状況を背景に、その息災無事を願う行事が恒例化していたことは、神泉苑御霊会の背景を考える上でも留意すべきことといえる。

貞観四年末から五年春夏にかけての咳逆流行は京内・諸国で多数の死者を出し、怨霊の活動が疑われたことであろう。朝廷でも大納言源定、同源弘と参議正躬王が亡くなり、多くの官人が死去した。こうした状況下に良房は、桓武朝以降、「事に坐して誅せられ」、その「冤魂」が「厲と成」った人物六人を祀る御霊会を開催した。崇道天皇・伊予親王・藤原吉子など代表的な御霊に加えて、嵯峨天皇やその子孫に祟りを及ぼす恐れのある観察使（藤原仲成）、仁明天皇・文徳天皇やその係累に祟りを与える恐れのある橘逸勢らを対象にすえ、その慰霊につとめた。源定・源弘は嵯峨天皇の皇子、正躬王は橘逸勢を尋問し拷問を加えた人物であったからである。こうした事実を勘案すると、貞観五年の御霊会は、京内・諸国における咳逆流行を静めるという一般的な目的のほかに、嵯峨天皇の曾孫であり、仁明・文徳両天皇を祖父・父にもつ清和天皇の身体護持をはかることを主たる目的として挙行されたものといえるであろう。

前述した先行研究との関係でいえば、藤原北家の繁栄をはかるためとか、良房の六十賀を準備するためというよりは、幼帝清和即位後の政治不安や清和の元服を準備することに注目した議論に共感を覚える。そして何よりも、貞観四年末から五年春夏にかけて猛威を奮った咳逆流行の具体相にもっと注目すべきであろう。神泉苑御霊会は前年末より流行する咳逆の流行から幼帝清和の身体を守ることを第一義に、当時の状況下でもっとも祟りを警戒すべき藤原仲成や橘逸勢らを加え、桓武朝以降、事に坐して冤魂となった六座の御霊を慰撫したものと考えられる。

おわりに

以上に述べてきたことを要約すると、以下のようになる。

一、貞観五年五月、平安京の神泉苑において御霊会が催され、崇道天皇以下の霊座六前に対する慰霊の行事が繰り広げられた。御霊会は諸国の民衆がはじめた行事で、疫病を引き起こす御霊（冤魂）を慰撫するために読経や芸能を行うものである。その背景には延暦二十五年から毎年二月・八月に実施されていた崇道天皇のための読経行事が存在したと考えられる。貞観四年末から翌五年春夏にかけて、京内や諸国で咳逆が流行したため、これを静めるために神泉苑御霊会が開催されたのである。

二、神泉苑御霊会では御霊の代表格である崇道天皇・伊予親王・藤原吉子以外に、それまでほとんど慰霊の対象となっていなかった観察使（藤原仲成）・橘逸勢・文室宮田麻呂の三名が霊座に加えられた。仲成は薬子の変の際に伊予親王母子らへの加害者として非難されているが、妹の薬子と比較すると、その罪状は謀反に問われるほどではなく、宮内で射殺されたのは厳罰に過ぎると認識されるようになったのではないか。仲成の祟りが起こるとすると、それは嵯峨天皇の係累に波及するとみなされたであろう。橘逸勢は承和の変時に謀反の罪に問われ、伊豆配流の途中、遠江国で死去した。その後、仁明天皇・太皇太后橘嘉智子の死や疱瘡流行などを契機に、名誉回復と本郷帰葬が許される。文室宮田麻呂は承和十年に謀反の罪で伊豆配流となった。宮田麻呂事件の背景については不明の点が多いが、橘逸勢と同様、仁明朝に謀反の罪に問われたので、それが冤罪であるとすると、逸勢と同じく仁明や文徳の係累に祟りが起こると考えられたであろう。

三、貞観五年には十五名の薨卒者があり、そのうち九名が正月に亡くなるなど、異常な状態が出来した。なかでも正月に源定と源弘の大納言二人が壮年で薨去したことは、嵯峨天皇の係累への祟りが想起されたことであろう。また、御霊会直前の五月十一日には橘逸勢を尋問し拷問を加えた参議の正躬王が卒した。仲成と逸勢が御霊会の霊座に加えられたのは、こうした薨卒者の顔ぶれに影響されたものであろう。藤原良房は幼帝清和の即位直後から、四季御読経・御燈など天皇の身体護持を祈る行事を恒例化させていた。貞観五年の神泉苑御霊会は咳逆流行に直面する京内・諸国の状況を踏まえて実施されたものであろうが、第一義的には清和天皇の聖体護持を目的として、当時の状況下でもっとも祟りを警戒すべき御霊を選んで、その慰撫に努めたものといえるのではないか。

藤原良房が誕生直後の清和を護持するために真雅と図って創建した貞観寺は、貞観十六年三月二十三日に落慶法要の日を迎えた。『日本三代実録』によると、貞観寺において大斎会を設け、道場の新成を賀した。律師道昌を導師、大僧都慧達を呪願に配し、諸宗の宿徳僧一〇〇人が威儀を整えた。雅楽寮の唐・高麗楽、大安寺の林邑楽、興福寺の天人楽などが演奏され、予め教習を受けた公子王孫の年少者四十人が代わる代わる舞を披露した。その幡蓋・灌頂などは荘厳さで耳目を奪い、親王公卿百官が集まり、参観する京畿の士女たちでひしめき合ったという。

貞観寺の落慶法要は慧達が招かれたことも含めて、神泉苑御霊会とよく似た様相で開催されたことがわかる。清和を護持するための寺院の大斎会が御霊会と類似するという事実は、御霊会開催の主目的をよく示すものといえよう。

注

（1）西本昌弘『早良親王』（吉川弘文館、二〇一九年）。
（2）慧達については、今市優子「貞観五年御霊会の成立について」（『文化史学』四五、一九八九年）二五四―二五五頁、中本由美「貞観五年御霊会の成立とその意義」（『仏教史研究』四七、二〇一一年）一〇五―一〇六頁などを参照
（3）長洋一「貞観五年御霊会についての一試論」（『九州史学』五、一九五七年）、柴田實「祇園御霊会」（同編『民衆生活史叢書五　御霊信仰』雄山閣出版、一九八四年）など。
（4）笹岡弘隆「御霊信仰に関する整理ノート」（『真言宗豊山派総合研究院紀要』一七、二〇一二年）一四二頁。
（5）以上、崇道天皇読経と諸国御霊会および神泉苑御霊会などの関係については、西本昌弘注1著書において論述した。
（6）井上満郎「御霊信仰の成立と展開」（民衆生活史叢書五『御霊信仰』、雄山閣出版　一九八四年）、同「御霊信仰」（上田正昭編『講座日本の古代信仰』一、神々の思想、学生社、一九八〇年）。
（7）宮崎浩「貞観五年御霊会の政治史的考察」（『史学研究』一九八、一九九二年）、南かおり「御霊信仰の成立と展開」（『皇学館史学』二六、二〇一一年）。
（8）西本昌弘注1著書一四〇―一四一頁、一九八―二〇二頁。
（9）櫻木潤「伊予親王事件の背景」（『古代文化』五六―三、二〇〇四年）。
（10）宮崎浩注7論文。
（11）櫻木潤注9論文一二頁。
（12）西本昌弘「薬子の変とその背景」（『国立歴史民俗博物館研究報告』一三四、二〇〇七年）。
（13）橘逸勢については、山中裕「橘逸勢とその時代」（『書道芸術』一五、一九八五年）、上野英子「留学生橘逸勢の悲劇――小野篁考（六）」（『実践国文学』四二、一九九二年）、原國人「橘朝臣逸勢についての覚書（一）」（『中京国文学』二三、二〇〇四年）などを参照。
（14）『拾芥抄』諸名所部には「蚊松殿」は「姉小路北堀川東、橘逸勢家」とある。『百練抄』平治元年九月二日条に、後白河上皇が橘逸勢社の祭礼を金銀錦繍で飾り立て、天下の壮観であったと評されているが、この橘逸勢社は蚊松殿の西に接続する地域で、ここに逸勢霊神が鎮祭されていたという（夏目隆文『橘逸勢と夏目甕麿の研究』新葉社、一九九五年、七五頁）。
（15）今市優子注2論文は仁明と嘉智子の崩御、宮崎浩注7論文は仁明崩御、文徳即位、惟仁立太子、山﨑雅稔「貞観五年神泉苑御霊会の政治史的考察」（十世紀研究会編『中世成立期の政治文化』東京堂出版、一九九九年）は仁明崩御、文徳即位、惟仁立太子、嘉智子崩御などを、嘉祥三年五月の逸勢への追贈と本郷帰葬の理由と考えている。
（16）今市優子注2論文二四八頁、山﨑雅稔注15論文八頁。
（17）渡邊誠「文室宮田麻呂の「謀反」」（『日本歴史』六八七、二〇〇五年）一三頁。
（18）宮崎浩注7論文一一―一二頁。
（19）松原弘宣「文室朝臣宮田麻呂について」（『続日本紀の時

代』塙書房、一九九四年)。
(20) 山﨑雅稔注15論文一二―一五頁。
(21) 渡邊誠注17論文。
(22) 今市優子注2論文。
(23) 宮崎浩注7論文。
(24) 山﨑雅稔注15論文。
(25) 下出積與「怨霊と民衆」(『歴史と地理』二四九、一九七六年)六頁は、怨霊の報復は当代の天皇ないし皇位継承者の一族に指向されていると述べ、山﨑雅稔注15論文九頁は、御霊はまず天皇との関わりにおいて捉えられなければならないと論じている。
(26) 彦由栄子「藤原良房政権と僧侶(上)(下)」(『政治経済史学』四九・五〇、一九六七年)、竹居明男「嘉祥寺・貞観寺考」(『文化史学』三九、一九八三年)、荒井秀規「貞観寺荘園と「応天門の変」」(『日本歴史』七六一、二〇一一年)。
(27) 熊谷保孝「四季御読経と貞観寺真雅」(『政治経済史学』一一八、一九七六年)。
(28) 西本昌弘「八・九世紀の妙見信仰と御燈」(『日本古代の王宮と儀礼』塙書房、二〇〇八年)。

南北朝期における幕府の鎮魂仏事と五山禅林
——文和三年の水陸会を中心に

康　昊

南北朝内乱期、禅宗は鎮魂の分野で幕府の仏事に参入し、徐々に中心的役割を果たすようになった。観応の擾乱後、渡来僧・入元僧の働きかけのなかで室町幕府は元朝をモデルとした水陸会を導入した。文和三年（一三五四）の水陸会は幕府の鎮魂仏事政策の総括と位置づけることができる。

こう・こう——大阪大学大学院文学研究科博士後期課程。専門は日本中世宗教史、東アジア交流史。主な論文に「『元亨釈書』の歴史構想における顕密仏教と禅宗」（『日本史研究』二〇一八年）、「東福寺円爾の伝法衣と中世禅宗の法脈意識」（『仏教史学研究』二〇一八年）、「中国の台禅論争と虎関師錬」（『日本仏教綜合研究』17号、二〇一九年）などがある。

はじめに

本稿の目的は、文和三年（一三五四）の鎮魂水陸会を取り上げ、禅宗が室町幕府の鎮魂施策に参入していった歴史過程とその原因を解明することである。水陸会（すいりくえい）（施餓鬼（せがき））は中世禅宗の代表的な鎮魂仏事であるが、それが登場した背景とその担い手を分析することで、戦時から平時への移行期に禅宗が果たした役割を究明したい。

室町幕府の鎮魂政策と禅宗との関わりを明らかにしようとするこの研究は、次のような研究史的意義を有する。

第一は、鎮魂水陸会の実証的検討を深めることで、南北朝内乱期における鎮魂施策の全容とその政治的意義を解明することである。中世における戦争と鎮魂との関わりについては、久野修義の研究がある。久野修義は治承・寿永の内乱後の鎮魂仏事を検討するとともに、蒙古襲来後の円覚寺建立、建武政権下の大蔵経書写、さらに室町幕府による天龍寺創建、安国寺・利生塔の造営、文和三年の一切経書写などの史実を挙げて、鎮魂の政治的・社会的意義を考察した。そして、鎮魂には権力者による内乱終結という意味付けと、自らをその平和の維持者として明示するための戦後処理という一面を持っていたと論じ、鎮魂の目的は社会に安穏をもたらすことであると述べた。(1)

室町幕府の鎮魂仏事については、辻善之助がいち早く南禅寺千僧供、天龍寺創建、安国寺・利生塔の造営、文和三年の一切経書写などの史実に注目し、その後、今枝愛真・森茂暁・松尾剛次によって研究が積み重ねられてきた。そして、天龍寺の建立と安国寺・利生塔の設置は、後醍醐天皇の追善や元弘以来の戦死者の鎮魂を目的としており、天下太平の祈願が目的に含まれていると論じられた。さらに玉懸博之は、天龍寺の仏事には元弘以来の亡魂に「親疎」なく益を蒙らせる側面があったと述べ、また菅基久子は、その背後に夢窓疎石の怨親平等無差別の禅宗思想があると指摘した。(2) 以上の先行研究を踏まえ、本稿は、研究の手薄な文和三年の鎮魂水陸会の実態を明らかにすることによって、観応の擾乱後の鎮魂仏事が室町幕府にとって、どういう政治的意義をもっていたかを解明したい。

第二は、武家祈祷における禅宗の位置づけについて、研究をより深化させることである。原田正俊は、禅宗が葬送や鎮魂など、顕密仏教の手薄な分野に積極的に参入して、顕密諸宗と機能的な棲み分けを行った、と指摘した。(3) しかし、鎮魂の分野はこれまで顕密仏教が中心となって担ってきた。顕密仏教との「棲み分け」を実現するには、禅宗が鎮魂の領域に進出できた理由の解明が不可欠である。そしてそれを明らかにするには、禅宗が鎮魂仏事に参入していった歴史過程を、より具体化する必要がある。

第三は、この問題を東アジア世界の枠組みのなかで捉え直すことである。原田正俊は、後醍醐天皇・室町幕府が元代の禅宗に関心をもった事実を指摘し、十四世紀の日本仏教が元代仏教の影響を受けていた、と述べた。(4) ところが、室町幕府の仏教政策と元代仏教との関係に触れたこれまでの研究は、いまだ一般的・抽象的な説明に止まっており、両者がどのように連関していたのか、具体化することができていない。本稿は原田正俊の問題提起を受け、足利尊氏と元代仏教との関係を探求したい。

水陸会(施餓鬼)は宋元仏教の代表的な仏事法会であるが、本稿が主に取り上げる文和三年の鎮魂水陸会は、日本において、鎮魂また戦死者の弔いを目的として行われた最初の水陸会である。しかも施餓鬼は、この後、重要な追善仏事として日本社会で盛行するが、文和三年水陸会は施餓鬼の成立過程を考える上でも重要である。

以上の問題関心から、本稿は①文和三年の水陸会の背景と推進の担い手を分析し、②文和三年・貞治四年（一三六五）の鎮魂水陸会がもつ政治的意義を検証し、さらに③文和三年の水陸会の国際的背景を検討したい。そこで第一章では、文和三年以前の段階で、禅宗が室町幕府の鎮魂施策へ参入していった過程とその歴史的背景を考えたい。

一、武家鎮魂施策への参入
――暦応・康永年間（一三三八～一三四五）

（一）幕府の鎮魂仏事と禅宗

戦争によって膨大な犠牲者を出しながら成立した政治権力は、その過程で生み出した怨霊を鎮魂し、安穏をはかることが不可欠である。つまり、鎮魂仏事の開催は幕府の重要な職務である。そして実際、室町幕府は安国寺・利生塔を設置し、暦応二年（一三三九）に後醍醐天皇が逝去すると天龍寺を造営した。ここで注目したいのが、暦応・康永年間に行われた禅宗の千僧供養である。

暦応二年に後醍醐天皇が亡くなると、百箇日忌（命日から数えて百日目）仏事が南禅寺で行われ、盛大な千僧供が催された。千僧供とは、一〇〇〇人ほどの僧侶が招かれて読経などの仏事を行い、施主より布施を受ける大法会である。この南禅寺千僧供は足利尊氏が主催し、南禅寺住持の虎関師錬が導師をつとめており、「一時の嘉会」と讃えられた盛大な法会である。[5] 幕府を悩ませた後醍醐天皇の逝去は室町幕府にとって重大な政治的意味をもったため、千僧供養のような大仏事を行ったのもうなずける。ただし、幕府は禅宗仏事だけでなく、顕密仏事も行っていた。同じ日に、等持院では二十人の顕密僧によって曼荼羅供が行われており、足利尊氏以下の「群官」はそちらに参加していた。[6] 足利尊氏や室町幕府の要人たちは、禅宗の千僧供よりも、顕密仏事のほうが重要と考えていたのである。

康永四年（一三四五）、再び禅宗の千僧供養が行われた。[7] 『師守記』は、「於二建仁寺一有二千僧供一、是関東将軍守邦親王十三回云々」と記している。この関東将軍（守邦親王―鎌倉幕府の末代将軍）を弔う千僧供養については、当時の建仁寺住持である雪村友梅の語録『宝覚真空禅師語録』に「供二千僧会一為二関東前将軍十三周追薦一」と題する法語が収録されている。『師守記』と『宝覚真空禅師語録』は共に、建仁寺千僧供の日付を八月十六日だと記している。同日は後醍醐天皇の命日でもあり、天龍寺で後醍醐天皇の七回忌仏事が行われていた。同じ日に、鎌倉幕府ゆかりの寺院である建仁寺で守邦親王の追善仏事を行い、後醍醐天皇ゆかりの地である天龍寺で追善仏事を開催したのだ。この同日開催は意図的なものだろう。建仁寺の千僧供養も、元弘以来の戦争で死んだ人々の菩提を弔う仏事の一環と考えてよい。[8]

実は南北朝初期において、建仁寺はなお鎌倉幕府ゆかりの寺院として性格が残っていた。暦応二年（一三三九）、住持嵩山居中（すうざんこちゅう）は建仁寺で「元亨（弘）戦場相州平公（北条高時）一家七周之大忌」を実修している。[9] さらに、康永四年（一三四五）の五月に北条高時の十三回忌も行われ、また八月二十九日より著名な天龍寺供養法会が開催された。[10] 康永四年の建仁寺千僧供養は、元弘以来の戦乱で命を落とした人々の供養を目的とした一連の仏事のなかに位置づけることができるであろう。戦乱が小康状態になったため、鎮魂の必要性が浮上したのである。

以上、本節では暦応〜康永の鎮魂仏事を中心に検討した。禅宗は天龍寺や、安国寺・利生塔の仏事と、暦応・康永の千僧供養を担当し、幕府主催の鎮魂施策に参入していった。しかし他方では、曼荼羅供などの顕密仏事も催されており、禅宗が武家鎮魂施策の中心になったとは言えない。次節では、禅宗千僧供養が開催された歴史背景を検討したい。

(二) 禅宗千僧供養と顕密仏教

千僧供養は平和への移行時に相応しい仏事である。応永六年（一三九九）の「供養相国寺塔願文」は次のように述べている。

有二梁崇法之時一、請二千僧於同泰寺一也、大宋啓運之世、集二千僧於禅霊寺一也、雖レ存二本朝建久之例一、未レ勘二造塔供養之儀一、嘉模相同、善根猶勝者歟。[11]

応永六年の千僧供養会は南北朝合一の後に、「国家泰平」「社稷安穏」を祈願する盛大な顕密仏事として行われた。千僧供養の先例として、梁武帝と南朝宋（四二〇〜四七〇）の事例、さらに「本朝建久」の東大寺供養が挙げられている。梁武帝は大通元年（五二七）以後、同泰寺で何度も数万人の僧俗を動員して無遮大会を行った。南朝宋（劉宋）では、宋文帝（四〇七〜四五三）が禅霊寺を建立し、そこで千僧供養を行ったという。いずれも仏教崇敬の事例として広く知られており、政治的意義を持つ大仏事であった。[12] 東大寺の場合、平岡定海が述べたように、東大寺供養は敵味方の戦死者の追善供養を意味した。[13] 建久六年（一一九五）の東大寺供養だけでなく、文治元年（一一八五）、建仁三年（一二〇三）の東大寺供養も千僧供養の形をとった。[14] また、戦乱の世を鎮めた豊臣秀吉も方広寺で千僧供養を開催した。[15] 平時に実施することもできるが、千僧供養は特に戦争から平和への移行期に秩序の安定を寿ぐ仏事と考えられていた。

顕密仏教の千僧供については松尾剛次・菅真城の研究がある。院政期に千僧御読経が盛んに行われたが、それは国家的受戒制を反映して、大極殿・法勝寺・東大寺・延暦寺を会場とする場合が殆どであるが、会場が東大寺である場合は請僧が南都僧によって構成され、大極殿・法勝寺での請僧は南都北嶺を統合する形で実施された、比叡山では延暦寺僧のみで構成された。[16] ところが、森由紀恵によれば、後鳥羽院政期以降は千僧供養への御幸がなくなり、承久の乱後、法勝寺千僧御読経が途絶したという。[17] 院政期に比べ鎌倉期の千僧供養の開催頻度が顕著に低下している。そして、南北朝内乱期では顕密僧による千僧供養が低調となり、禅宗へと移行した。顕密仏教の千僧供養が頻繁に現れるようになるのは、足利義満期以降を待たなければならない。つまり禅宗は南北朝内乱期に幕府主催の千僧供養を中心となって担ったのだ。[18] では、なぜこの時期に、禅宗の千僧供が盛んに行われたのか。禅宗側と、顕密仏教側、それぞれの要因を考えてみよう。

禅宗が千僧供のような大規模仏事を担うようになった背景には、五山禅林の発展がある。鎌倉期と建武政権期、すでに鎌倉と京都で禅宗の千僧供が行われていた。[19] 公武権力の保護を受けていた五山禅林は、鎌倉末〜南北朝期に大きく成長した。原田正俊は、永徳元年（一三八一）「足利義満禅院規式」などの幕府規式史料をもとに、五山禅院が人的に拡大していったことを明らかにした。一三四〇年段階で五山寺院は三〇〇人に限定されていたが、その後、僧数が増大して最盛期には一〇〇〇、二〇〇〇人を超えた大刹も登場した。たとえば、十刹の臨川寺には永和四年（一三七八）で「五七百衆」がおり、応安五年（一三七二）の東福寺には「現住六百有三人」がいた。[20] 永徳〜至徳年間（一三八一〜一三八七）には、禅宗の千僧供養が六回も確認できるし、応永十五年（一四〇八）の足利義満の葬儀では五山僧三〇〇〇人が参加している。[21] 南北朝内乱期に五山禅院は大集団に成長し、法会に大勢の禅僧を参加させることが可能になった。そして、大量の僧徒を動員した禅宗千僧供の開催は、室町幕府が五山禅院の統制に成功していたことを象徴的に示している。

それに対し、南北朝期における顕密千僧供の途絶は、幕府・北朝による顕密寺社統制の不調を意味している。康永・応安の山門嗷訴を始め、山門嗷訴、寺社紛争、山徒間の合戦が頻繁に起きており、南北朝期、幕府と延暦寺大衆との関係が不調になっていた。[22] 興福寺の場合は、南北朝期は大乗院と一乗院門跡の分裂・抗争の時期であり、観応二年（一三五一）から四十年近くの間、南都では門跡同士、或いは門跡内部での激しい争いが断続的に起こった。そのため、興福寺維摩会のような基幹仏事ですら継続することが困難であった。[23] 大衆集団を抱える延暦寺・興福寺の状況が示すように、幕府・北朝は顕密寺社を充分に掌握できていない。その結果、大田壮一郎が指摘したように、十四世紀半ばには、強訴・抑留・騒乱等によって顕密系の恒例仏事が停滞している。[24] 権門寺院への請僧の配分がほぼ定まっている恒例仏事ですら開催が困難である。まして臨時の千僧供養ともなれば、諸寺院への請僧数の配分に不満があれば、それが新たな強訴の引き金になる。

このように幕府・北朝は、顕密寺社から大量の僧侶を動員することが困難となっていた。康永四年(一三四五)の彗星御祈の際、洞院公賢は千僧会も含めて大仏事の勤修を建言したが、採用されていない。[25] 顕密僧に対する大規模な請僧は困難となっていた。それに比べると、五山禅林は幕府が容易に動員することができる。南北朝期に禅宗が大規模な鎮魂仏事に参入できた理由はここにある。

以上、禅宗が武家主催の鎮魂仏事に参入できた背景を考察した。原田正俊は禅宗が顕密の比較的手薄な分野に参入したと述べたが、[26] 幕府による顕密寺院の動員が不安定になっていたため、禅宗は、顕密僧が得意な千僧読経会に参入することができたのである。

第一章では暦応・康永年間の武家鎮魂仏事を検討してきた。この時期、幕府による顕密寺院の動員が不安定になったため、その代わりとして禅僧が登用され、それが契機の一つとなって禅宗が武家鎮魂仏事を担うようになった。文和三年の鎮魂水陸会はこのような背景のなかで登場し、幕府の鎮魂政策のなかで重要な役割を果たすことになる。次章では、観応の擾乱後における鎮魂水陸会の開催とその政治的意義を検討したい。

二、観応の擾乱後における鎮魂水陸会と室町幕府

(一) 水陸会と施餓鬼について

本論に入る前に、水陸会をめぐる先行研究を紹介しておこう。水陸の生物に飲食物を与えて諸霊を救済しようとする法要である水陸会は中国仏教において最重要の仏事であり、一般に『天地冥陽水陸儀文』『法界聖凡水陸勝会修斎儀軌』などのテクストを用いて行われた。宋元仏教の水陸会では、すでに施餓鬼が中心となっていた。[27] 日本中世では、水陸会の語はほぼ施餓鬼と同義で使われた。たとえば、『蔭凉軒日録』に記された寛正二年(一四六二)の「大施餓鬼」は『碧山日録』と『小補東遊後集』では「水陸会」と記載されているし、応永二十一年(一四一四)の足利義持逆修「水陸」は『満済准后日記』に「施餓鬼」と記されている。[28] また、「大施餓鬼

集類分解」という十五世紀の施餓鬼儀礼テクストのなかでも、大施餓鬼は「水陸無遮大斎会」と書かれている。[29]こうした事例は数多い。中世史料に登場する「水陸会」と「施餓鬼」は、ほぼ同じ意味と捉えてよかろう。

ところで原田正俊は、室町時代の禅僧達が施餓鬼を整備し顕密諸宗とは別系の法会とすることで、顕密諸宗以上の宗教的力を鎮魂の分野で発揮することに成功した、と指摘した。また、池田丈明は明徳三年大施餓鬼に着目し、これが敵味方の救済仏事であると論じたし、西山美香は飢饉や大規模な兵乱があった後に営まれた大施餓鬼会に注目した。[30]しかしこれまでの研究は、足利義満期以降の施餓鬼会しか注目していない。山田雄司は、義満のときに施餓鬼が戦死者供養として定着したと述べたが、[31]実際には施餓鬼が戦死者供養として定着するのは尊氏・義詮期まで遡る。

追善仏事としての水陸会（施餓鬼）は、十四・十五世紀に数十件を確認することができる。応永十八年（一四一一）の勝蔓院十三回忌大施餓鬼や、応永二十三年の今出川公直室七々日忌施餓鬼などがそうであるが、[32]その詳細は別稿に譲りたい。また、徳野崇行は、南北朝期以降の飢饉の頻発と餓死者の発生が施餓鬼と関連していると論じているが、[33]水陸会と戦争との関係性を充分に検討していない。

総じていえば、これまでの先行研究は南北朝期の水陸会に殆ど注意を払っていない。文和三年（一三五四）の水陸会は、鎮魂仏事として確認できる最初の事例である。池田丈明はこれを論文の表に取り上げたが、残念ながら具体的な検討を行っていない。南北朝内乱期の政治情勢と五山禅林の動向を意識しながら世俗権力者が水陸会を取り入れた経緯を分析する必要がある。

幕府の鎮魂政策として文和三年の水陸会を紹介したのは早島大祐である。[34]本稿は早島大祐の問題提起を受け、文和三年の水陸会を具体的に検討したい。水陸会は大陸風の新しい法会であり、また不特定多数の死者の菩提を弔う仏事でもある。この点に留意しながら分析を進めることが肝要だ。

（二）足利尊氏による水陸会と宋版一切経書写

ここから文和三年（一三五四）の水陸会の検討に入りたい。この水陸会は十二月二十三日に、足利尊氏が母親である上杉清子十三回忌として等持院で開催したもので、それはまた足利尊氏発願一切経の供養会でもあった。このうち足利尊氏発願一切経については、先行研究で盛んに取り上げられた。辻善之助・玉懸博之・生駒哲郎によれば、この一切経書写は安国寺・利生塔の設置や天龍寺の創建と同じく、戦没者の追善を目的としたものである。[35]また久野修義・大塚紀弘・菅基久子も文和三年の一切経書写に言及している。[36] しかし、文和三年の水陸会は、足利尊氏発願一切経の供養会であるにも関わらず、これらの研究ではまったく触れていない。これは非常に残念なことである。

文和三年水陸会の様子は、青山慈永「仏観禅師語録」や此山妙在『若木集』などが触れている。たとえば、「仏観禅師語録」は次のように述べている。

> 文和甲午冬、伏値㆓乃妣雪庭二品大夫人一十三周忌辰㆒、特命㆓天下禅教律僧㆒、書㆓写毘盧大蔵尊経五千余巻㆒、孟春開筆、臘月畢功、献㆓等持禅院㆒、設㆓水陸大会三昼夜㆒、当㆓二十三日㆒、特請㆓東陵和尚㆒、陞座説法、挙㆓揚宗乗㆒、以伸㆓慶讃㆒、諸山碩徳洎大小官員、聚㆓会于此㆒、（中略）大日本国管領天下都大元帥亜相大夫征夷大将軍仁山居士、文和甲午臘月二十三日、為㆓乃母等持院殿二品雪庭太夫人一十三年遠諱之辰㆒、於㆓正月㆒為㆑始、親自書㆓写大般若経一十巻㆒、更命㆓諸山僧衆㆒、共書㆓大蔵尊経五千四十八巻㆒、修㆓設種々功徳㆒、普施㆓無遮無碍六道斛食等㆒、為㆑昇㆓薦陣亡魂衆㆒。[37]

足利尊氏は、生母の十三回忌に際し、等持院で「水陸大会三昼夜」を催した。その水陸会の内容は「普施㆓無遮無碍六道斛食㆒」、つまり施餓鬼であり、その目的は「昇㆓薦陣亡魂衆㆒」することにあった。この水陸会は、戦乱で亡くなった人々の鎮魂と救済をはかる施餓鬼である。この時に、導師を務めたのは渡来僧の東陵永璵（とうりょうえいよ）であるが、彼については次節で詳しく検討したい。この水陸会については『源威集』も「大仏事、水陸供、其例稀也」と述べており、盛大な仏事であったことがうかがえる。[38]

前掲「仏観禅師語録」にみえるように、水陸会が開催される前、正月から十二月まで一切経の書写が行われた。足利尊氏は「天下禅教律僧」（諸宗の僧侶）に命じて一切経の書写を行わせた。そして写経が完成すると、尊氏の自筆も含めた尊氏発願一切経を等持院に運んで水陸会を開いて供養したという。[39]

この尊氏発願一切経のなかに、尊氏の願文が入っている。それによれば仏事の目的は「後醍醐院証㆓真常㆒、考妣二親成㆓正覚㆒、元弘以後戦亡魂、一切怨親悉超度」[40]と書かれている。尊氏の父母だけでなく、後醍醐天皇と元弘以来の戦死者も供養の対象になっていた。尊氏発願一切経書写と等持院での水陸会とは、目的が同じで仏事も関連している。文和三年の水陸会は上杉清子の追善だけを目的としたのではなく、後醍醐天皇や元弘以来戦死者の鎮魂をも目的としていた。そしてその水陸会には「諸山碩徳」「大小官員」が参加しており、五山禅林の僧侶や室町幕府の官人が参列していた。

また、一切経の書写に動員されたのは「天下禅教律僧」である。尊氏発願一切経の現在における残存状況から、尊氏の自筆をはじめ、天龍寺、建仁寺、寿福寺、極楽寺、東福寺、興聖寺、泉涌寺、大覚寺、法金剛院、法勝寺、園城寺、神護寺、高山寺、興福寺などの僧侶が写経に加わっていたことが確認できる。(41)この点についてはすでに、生駒哲郎は写経僧に禅律僧が多かったと論じ、大塚紀弘は五山の禅僧が圧倒的に多いと述べている。(42)この時の写経は形式的には禅顕密併置であったが、実際には禅律僧が圧倒的に多かった。顕密寺院に対する幕府の動員能力が、いまだ不充分であることを示している。このように一部の顕密僧は写経仏事に参加したが、一連の仏事の中核である水陸会は五山禅林によって担われた。

しかも、この一切経の書写では宋元版の大蔵経が底本に用いられた。生駒哲郎はその底本を東禅寺版であると断定したが、佐々木勇によれば思渓版が中心であり、普寧寺版や東禅寺版も用いられたという。(43)いずれにせよ、宋元版の大蔵経が底本として用いられている。

文和三年(一三五四)の宋元版一切経の書写と水陸会は、不特定多数の戦死者の菩提を弔う機能を持った点において、暦応・康永年間からの鎮魂仏事の延長線上に位置付けるべきである。大規模な一切経の書写と盛大な水陸大会の開催によって、足利尊氏は終戦を切に願ったのである。その後、尊氏はこのような大規模な鎮魂仏事を行うことなく世を去った。本稿は文和三年の水陸大会を、南北朝期における幕府鎮魂仏事の画期と考えたい。

そこで、この水陸会がどのような政治状況のなかで行われたのかを確認しておこう。観応の擾乱後の文和二年六月、南朝軍が再び京都に攻め上ってきた。義詮の危機を知った尊氏は上洛を決意し、七月二十九日に鎌倉を出発した。一年半もの滞在によって鎌倉府が整備され、この上洛によって尊氏と義詮との東西分割体制が解消された。『源威集』は尊氏が上洛した理由を次のように記している。

故大方殿十三忌相当間、将軍家御大願として一切経書写、其外の御仏事の営みの外無二他事一(44)

つまり、大方殿(上杉清子)の十三回忌の開催が尊氏帰京の目的の一つであった。森茂暁は文和二年にはじまる後光厳親政期に公武関係が安定し、幕府基盤が拡大したと指摘している。(45)文和年間は平時への起点であった。文和二年九月、後光厳天皇も京都に戻り、翌年十一月に北朝の大嘗会が行われ、同年に足利直義の三回忌も行われた。(46)観応の擾乱に伴う戦乱の余波はまだ断続的に起きており、財政状況も好転をみせなかったが、室町幕府は鎮魂仏事の開催と朝廷儀礼の復活を図り、戦争からの秩序回復を目指していた。その意味で、文和三年の一切経書写と水陸会は幕府鎮魂仏事の総括と言えるだろう。

ところが、仏事の最中に足利直冬などの軍勢が進攻・上洛し、結願翌日の十二月二十四日、足利尊氏は後光厳天皇を奉じて近江に逃れた。[47] 早島大祐が指摘したとおり、直冬の進軍情報は早くから流れていたが、尊氏は法会を優先した。[48] 一年にもわたって準備してきただけに、法会を諦めることができなかったのだ。

以上、本節では文和三年の水陸会の経過と目的を考察した。次節では導師となった東陵永璵と、入元僧の人的ネットワークについて検討したい。

(三) 文和三年水陸会の担い手

文和三年水陸会について、『源威集』は「水陸供、其例稀也、導師等（東陵）了和尚」と述べている。[49] 宋元版一切経に基づいた写経を、宋（元）人が宋（元）風の法会で供養したというのが文和三年水陸会の特徴である。この法会には入元僧平田慈均と入元僧此山妙在が参列したことが確認でき、平田慈均と東福寺派の乾峰士曇は偈を足利尊氏に献じた。[50] 法会の参加者のなかにも、元に渡った経験を持つ僧侶がいた。宮紀子は東陵永璵を、モンゴル時代の「知」の伝播を示す人物と位置づけた。[51] ただし、東陵永璵の役割を明らかにするには、彼を含む人的ネットワークを解明することが必要であろう。

江南地域における方国珍の蜂起と日元交通の動揺によって、一三五〇年代以降、龍山徳見を始めとする数多くの入元僧が帰国し、東陵永璵も渡来した。[52] そして龍山徳見は建仁寺・南禅寺・天龍寺を歴住し、東陵永璵は天龍寺・南禅寺・建長寺を歴住した。[53] 龍山徳見はかつて元朝で兜率寺の住持を務めた人物であり、東陵永璵は寧波の天寧寺に住したことがある。文和三年正月、別源円旨が東陵永璵に招かれて入京して「分座説法」した。別源円旨は入元して、東陵永璵と共に古林清茂の門下にあった人物である。さらに、同門の入元僧の石室善玖も上京した。[54] こうして一時的とはいえ、入元僧・渡来僧たちが京に集まる状況が出現した。元朝で住持の経験をもった龍山徳見・東陵永璵が、南禅寺・天龍寺に昇住した意義は決して軽くない。

足利尊氏より厚い信頼を受けた夢窓疎石は観応二年（一三五一）に入滅した。原田正俊は夢窓の寂後、春屋妙葩・龍湫周沢が夢窓派の中心となって活動したと指摘した。しかしその時期はもう少し遅れるだろう。春屋は延文二年（一三五七）に夢窓の七回忌を執行し、同三年に天龍寺大勧進職に補任されるが、彼らが活発に活動するのは、これ以降のことである。(55) 夢窓入滅からその間までは入元僧・渡来僧が活躍した。夢窓疎石の門下が「太半散去」し、弟子義堂周信・絶海中津が龍山徳見の門下に入ったし、夢窓疎石の塔銘は春屋妙葩が東陵永璵に依頼し、夢窓の語録序も龍湫周沢が東陵永璵に依頼した。(56) しかも夢窓の七回忌の陞座説法を行ったのは、夢窓派ではなく龍山徳見である。(57) 一〇〇年後の『碧山日録』においても、夢窓が入滅する前に弟子たちを東陵に託した、との伝承が残っていた。(58) 師匠をなくした夢窓疎石の弟子たちにとって、東陵永璵・龍山徳見のような入元僧・渡来僧は権威であった。夢窓疎石の入滅によって、渡来僧・入元僧たちの影響力が一時的に高まったのである。

図1　天寧寺塔（著者撮影）

　さらに、延文三年（一三五八）四月、足利尊氏の葬儀に際して、仏事を担った禅僧は龍山徳見（入元僧）、平田慈均（入元僧）、無徳至孝（聖一派）、鑑翁士照（聖一派）、東陵永璵（渡来僧）であり、葉貫磨哉は聖一派が多いことを指摘した。(59) 夢窓派の不在は明白である。玉村竹二・今枝愛真は足利直義の失脚によって、尊氏の禅宗帰依が「夢窓派一辺倒」に転換したと述べたが、(60) 実際には夢窓派の優位が必ずしも一貫していない。龍山徳見・東陵永璵の渡来と夢窓疎石の示寂によって、入元僧たちが活発に活動する状況がうまれた。そして彼らが文和三年水陸会を中心的となって担った。

　以上、二節にわたって、文和三年水陸会の過程・背景と担い手について検討してきた。文和三年の仏事は室町幕府の鎮魂仏事の総括であったが、その水陸会の担い手は夢窓派でも、顕密僧でもなく、入元僧たちであった。

（四）貞治四年の鎮魂水陸会

　前述のように、文和三年の水陸会が行われた最中に戦闘が再開された。となれば、再び鎮魂の法要が必要となる。こうして貞治四年（一三六五）の水陸会（大施餓鬼）が行われた。足利義詮が主催したこの仏事は、文和三年ほどの規模ではなかったが、重要な変化も見られる。

貞治二年、大内・山名氏が室町幕府に帰服した。安定期を迎えた幕府・北朝は、北条高時の三十三回忌ということで等持寺で水陸会（大施餓鬼）を開催した。また同年、北条高時に正四位下を贈位している。足利義詮の願文と諷誦文は『師守記』に記されている。仏事の願文は次のとおりである。

> 側聞、（中略）元弘三年之夏、義戦一起之日、失二十過之道一、入二万死之場一、倩思二敗興之機一、唯知二否臧之運一、吁嗟、自殺他殺之亡魂幾多許、前滅後滅之戦士不レ知レ数、（中略）露地大衆整二諷経之儀一、春屋和尚儼二拈香之礼一、諸山耆徳臨二梵閣一、十刹禅襟列二斎筵一、（中略）
> 貞治四年五月二十二日　弟子征夷大将軍従二位行前権大納言源朝臣敬白[61]

水陸会は北条高時の追善だけでなく、元弘以来の戦死者の菩提を弔うことを目的とした。春屋妙葩（天龍寺住持）は拈香をつとめ、等持寺の住持である黙庵周諭（もくあんしゅうゆ）が陞座説法を行った。二人とも夢窓派の僧侶である。春屋妙葩の語録においても、仏事を「相州太守天台鑑公禅定門及戦陣亡歿諸位覚霊三十三周遠忌」と記している[62]。「諸山」「十刹」の多くの禅僧が等持寺の水陸会に参加し、同日、大光明寺で結縁灌頂が催された。また六月二十二日に同様の仏事がもう一度開催された[63]。山家浩樹は、室町幕府による北条氏嫡流の死後仏事を、政権の後継者として行ったと捉えた[64]。と同時に、貞治四年の北条高時三十三回忌供養は、元弘以来戦死者の鎮魂仏事の延長線上に位置づけることができる。

ただし、貞治四年の水陸会の担い手は夢窓派になった。葉貫磨哉は、貞治四年五月の赤橋登子の死が義詮をして再び夢窓派へ引き寄せる契機となったと指摘した[65]。また原田正俊は、春屋妙葩が夢窓派の総帥としての地位を固める経緯を検討した。春屋は延文二年（一三五七）に等持寺住持となり、延文三年に後光厳天皇への授衣を果たし、同年九月に夢窓への国師号加贈を得た。こうして貞治二年（一三六三）夢窓十三回忌の導師となり、天龍寺住持にもなって、夢窓派の総帥としての地位が公認された、と原田正俊は指摘している[66]。また春屋妙葩は細川頼之の帰依を受け、執事斯波義将の帰依も受けた[67]。春屋妙葩をリーダーとする夢窓派の成長が顕著である。一方、一三五〇年代に活躍していた龍山徳見・東陵永璵を含む入元僧・渡来僧たちは相次いで逝去した[68]。水陸会の担い手交替が象徴的に示しているように、当該期五山禅林のなかで夢窓派が成長を果たした。

本章では、観応の擾乱後に行われた文和三年水陸会と、貞治四年水陸会について、その経緯と担い手となった禅僧ついて考察した。観応の擾乱後、室町幕府は平和の再建のために鎮魂仏事を実施しようとした。それに対し渡来僧・入元僧は、大陸風の新しい法会である水陸会を導入して幕府の期待に応えた。文和三年と貞治四年の水陸会は、内乱の戦死者を弔うという点で共通していたが、その担い手は入元僧から夢窓派に移行した。

次章では文和三年水陸会の国際的背景を考察したい。

三、鎮魂水陸会と入元僧

（一）至治三年の金山水陸会

宮紀子は、文和三年の水陸会がカアン、モンゴル諸王、貴族によってなされたそれを彷彿させるものであり、足利尊氏が大元ウルスの流行の享受者だったと述べた(69)。実証が伴っていないものの、宮紀子は日本の水陸会とモンゴル時代との関係性を提起した。となれば元代の水陸会は、どういう経緯で、どういう人物によって導入されたか、具体的分析が必要になろう。

元代最大規模の水陸会の一つである金山寺（中国江蘇省鎮江市）の水陸会を取り上げよう。金山寺は水陸会発祥の地といわれており、元代において金山寺で行われた水陸会は一度だけではないが、本稿では禅僧月江正印（げっこうしょういん）が陞座説法をつとめた金山寺水陸会に着目したい。

『月江正印禅師語録』には、「朝廷金山寺建水陸会普説」と「金山大会帰上堂」との二つの法語が収録されている(70)。まず法会の年代について、明代以降の史料は「至正間（一三四一～七〇）」としているが、『月江正印禅師語録』の序（一三四〇年作成）には「至治間（一三二一～二三）、奉㆑旨金山陞座」と記している(71)。また、「金山大会帰上堂」は月江正印が宣化寺にいる間の法語であり、月江正印が宣化寺に入寺した時は至治二年（一三二二）である(72)。

さらに、金山水陸会に出席した古林清茂の行実（一三四二年作成）によれば、金山の大会は古林清茂が「保寧」にいる間に開催されているが、古林清茂が保寧寺（中国江蘇省南京市、現在は廃寺）住持に任命されたのは至治二年（一三二二）のことである(73)。さらに、元叟行端（げんそうこうたん）の語録においても、「教禅律三宗」の「僧一千五百員」と一緒に、金山寺で水陸会を勤修したと記されている。元叟の塔銘はそれを「皇慶壬子（一三一二）」と記しているが、信憑性がより高い彼の語録では、水陸会の法語が彼の「径山万寿寺語録」に収録されている。元叟が径山寺の住持を務めたのはやはり至治年間であり(74)、金山寺水陸会が至

図2　金山寺（著者撮影）

治二年（一三二二）～三年の間に行われたことは間違いない。さらに『元史』は次のように記している。

（至治三年）夏四月壬戌朔、敕二天下諸司一命二僧誦経十万部一、（中略）勅二京師万安、慶寿、聖安、普慶四寺、楊子江金山寺、五台万聖祐国寺一、作二水陸仏事七昼夜一。[75]

『元史』のこの記事は、『月江正印禅師語録』『古林和尚行実』『元叟行端禅師語録』と内容的に一致している。したがって、月江正印・古林清茂・元叟行端が出席した金山水陸会は、『元史』の記載によれば、至治三年（一三二三）四月に大都（北京）の万安・慶寿・聖安・普慶寺と楊子江金山寺、そして五台山万聖祐国寺の計六ヶ寺で開催された大法会の一つということになる。『仏祖統紀』においても「至治元年（中略）、勅二京師万安、慶寿、聖安、普慶四寺、楊子江金山寺、五台山万聖祐国寺一、作二水陸勝会七昼夜一、三年、詔二僧儒一書二金字藏経一」と、『元史』と同様の記事があるが、開催年は至治元年と間違っている。[76]

以上を踏まえ、至治三年（一三二三）四月に元の英宗シディバラが主催したこの水陸会の内実とその背景を考察してゆきたい。

六ヶ寺で開催された水陸大会に出席した僧侶は数多くいた。金山寺一寺だけでも「万僧之海会」と呼ばれている。[77] それについて、『月江正印禅師語録』の「金山水陸帰上堂」は次のように記している。

此際金山大会、誠非二小縁一、山僧得下與二四十一人善知識、一千五百比丘僧一、同入中如来大光明蔵上、各説二不二法門一、共揚二第一義諦一。[78]

「万僧」は大げさな表現で、実際には一五〇〇人の僧侶が金山寺の水陸会に参列していた。六ヶ寺を合わせれば「万僧」を超えたかも知れない。

では、水陸会の会場になった六ヶ寺はどのような寺院であったのか、先行研究を踏まえて確認しておきたい。

まず万安寺は、大聖寿万安寺というクビライ勅建のチベット式寺院であり、クビライを祀る寺院として知られている。

図3　大聖寿万安寺（著者撮影）

普慶寺は大承華普慶寺というテムル勅建の寺院であり、仁宗アユルバルワダなどを祀る寺院である、と中村淳が述べている。慶寿寺は臨済宗海雲印簡（金末元初の禅僧）派の総本山であり、「領二臨済一宗二」の立場をとる大寺院である。聖安寺はかつて栴檀瑞像が安置された金代の皇家寺院であり、陳高華によれば、元代になっても大都屈指の寺院であるとのことだ。また竺沙雅章によれば、五台山万聖佑国寺は成宗テムルの勅建寺院であり、その開山は華厳宗のリーダーである「真覚国師」文才である。至治三年段階の住持は慧印であったが、彼も帝師より秘法を受けた有力僧である。(79)このように至治三年水陸会の会場に選ばれた寺はいずれも元における最重要の寺院であった。至治三年の水陸会は元代で最高レベル、最大規模の法会であったのだ。

次に、至治三年に水陸会が行われた政治的背景を探っておこう。元代の災害史を研究している王培華によれば、一三二一～一三三一年は華北領域の大洪水期であり、元時代で最も長い洪水期である。そして、一三二一～一三二二年に華北は大飢饉に襲われた。(80)杉山正明は、一三一〇年代にはじまった「地球規模」の異常気象と、洪水・地震による不作・飢饉・暴動は大元ウルス政府にとって最大の政治課題であったと論じ、シディバラ政権の不安定さを指摘した。(81)『元史』においても、水陸会の記事の前に、各地の飢饉の記載がみえる。(82)至治三年の水陸会は、洪水と飢饉などの自然災害を背景として実施されたのだ。

一方、陳垣は至治三年の水陸会が南宋恭帝（一二七一～一三二三）の処刑に関わる、と主張した。(83)陳垣がその根拠としたのは、主に『山庵雑録』という明代洪武八年（一三七五）の史料と『仏祖歴代通載』である。

『山庵雑録』：合尊大師者、宋幼主瀛国公也、（中略）至二英宗朝一、大師適興吟レ詩云、（中略）諜者以其詩意在レ諷二動江南人心一、聞二之於上一、上収斬レ之、白乳流溢、上悔、出二内帑黄金一為レ泥、詔二江南善書僧儒一集二燕京一、書二大藏尊経一、庸二助冥福一。(84)

『仏祖歴代通載』：是年（至治三年）四月賜二瀛国公合尊一死二于河西一、詔二僧儒一金二書蔵経一。(85)

南宋恭帝（一二七一〜一三二三）はモンゴル政権に降伏し、若くしてチベット仏教の僧侶になった。ところが後に英宗シディバラに疑われて、処刑されたのである。処刑後、英宗シディバラはひどく後悔し、僧侶と儒士を集め、一切経を書写させて恭帝の亡魂を供養しようとした。処刑後の「白乳流溢」とはチベット仏教に関わる伝承であり、チベット史料『紅史』にも恭帝は冤罪で処刑されたと記載されている。(86) 至治三年四月に恭帝が殺害されたあと、英宗シディバラは鎮魂のため一切経を書写させ、同月に十万部の誦経を催し、最後に六ヶ寺で水陸会を開催したと考えられる。

元代で最大規模の法会の一つである至治三年水陸会は、南宋恭帝の鎮魂、および大飢饉と洪水の死者（無縁の死者）の追善を目的としたのだ。そこで次節では、その水陸会と日本仏教との関係を考えたい。

（二）金山水陸会と入元僧・渡来僧

前に述べたように、至治三年の金山水陸会は「万僧の海会」と讃えられた大規模な仏事であり、月江正印が陞座をつとめ、元末の有力僧笑隠大訢（しょういんたいきん）がそれを聴聞している。(87) 日本に渡来した禅僧竺仙梵僊（じくせんぼんせん）が作成した『古林和尚行実』は、以下のように記している。

未幾朝廷建二大会于金山一、命二浙右三宗師徳一、互宣二法要一、僉謂、保寧雖レ非二浙右一、然此當時禅伯如其不レ在、何以仰二副宸衷一、於レ是省院大臣差官絡繹、遠拝二床下一、礼以敦請、洎二師挙唱一、猶レ皷二獅絃一、万衆驚伏。(88)

竺仙梵僊は古林清茂の弟子である。彼の記述によれば、元の朝廷は浙江を中心に禅教律三宗の僧侶を招聘した。古林清茂がいた保寧寺は浙江ではなかったが、特に厚い礼をもって招かれて説法を行ったという。古林清茂が保寧寺にいる間、そこには渡来僧の竺仙梵僊・東陵永璵がいたし、入元僧の別源円旨・不聞契聞・古先印元・平田慈均・寂室元光・中巌円月・平田慈均・月林道皎などがいた。また、古林が虎丘寺（中国江蘇省蘇州市）にいるときには、入元僧の龍山徳見が参じている。(89) 古林清茂に参学した渡来僧・入元僧は、日本中世禅宗に大きな影響を与えた門派「金剛幢下（こんごうとうか）」を構成した。(90) しかも佐藤秀孝によれば、東陵永璵は保寧寺の古林清茂のもとで侍者を務め、「金剛幢下」と関係が深く、日本に渡ったあとも「金剛幢下」の一員として活動していた。[91] 観応二年(一三五二)、東陵永璵は足利直義の招聘に応じて渡来した。

金山水陸会で陞座説法を行った月江正印(鎌倉時代に来日した清拙正澄の実兄)のところにも、多数の入元僧が参じていた。無我省吾・古先印元・此山妙在・愚中周及・中巌円月・平田慈均・友山士偲・石室善玖・無夢一清・無涯仁浩・一峰通玄・古鏡明千などがそうである。[92] 古林清茂・月江正印のもとにいた渡来僧・入元僧が金山水陸会を熟知していたのはもちろんであるが、さらに彼らが金山水陸会に動員された可能性もある。

ここで、水陸会に関わると考えられるもう一人の入元僧に着目したい。康永元年(一三四二)天龍寺船に乗って元に渡った愚中周及と東陵永璵の知り合いであるが、その愚中周及は、至正七年(一三四七)に金山寺において「老宿大官」が参列した水陸会を経験し、それを「一時勝会」と讃嘆している。[93] 日本僧が水陸会に動員されることは、決して珍しいことではない。

至治三年をはじめとする水陸会は、入元僧たちにとって馴染み深い仏事といえよう。愚中周及が日本に帰国したあと、東陵永璵が夢窓疎石の招請によって天龍寺に入ったが、愚中周及は東陵の通訳をつとめている。また、愚中周及は文和二年(一三五三)、龍山徳見に招聘されて南禅寺に入ったが、東陵永璵も前住として南禅寺にいたのである。水陸会の重要性を積極的にアピールしようとした入元僧のなかに、愚中周及がいたことは不思議でない。水陸会の重要性は、東陵永璵・愚中周及を含む渡来僧・入元僧たちに充分に認識されていた。

実は、金山水陸会の情報は、東陵永璵が渡来する以前の段階で、日本に伝来していた。康永元年(一三四二)十月、元僧了庵清欲(りょうあんせいよく)が書いた行状に基づいて、渡来僧竺仙梵僊が『古林和尚行実』と『古林和尚碑』を作成した。本節冒頭で掲示したように、『古林和尚行実』には「金山大会」に関する記述がある。また康永元年、「金剛幢下」の古先印元などが『古林和尚語録』を刊行したし、康永四年(一三四五)、竺仙梵僊らが花園院の支援をうけて『古林清茂禅師拾遺偈頌』を編纂している。それには、古林清茂に参じた月林道皎・雪村友梅も助力した。[94]

竺仙梵僊は足利尊氏・直義兄弟や、その母の上杉清子と親密な関係を持った渡来僧である。[95] このように、「金剛幢下」の入元僧・渡来僧たちによる古林清茂の遺跡顕彰を通じて、日本の五山禅林や世俗権力者たちは、すでにある程度、金山水陸会を知っていたはずである。至治三年の金山水陸会の情

図4　蒋山寺（霊谷寺、著者撮影）

報は、早い段階から日本の五山禅林に伝わっていた。

以上、至治三年の金山水陸会と入元僧・渡来僧たちとの関係を検討した。この水陸会に出席して説法を行った月江正印・古林清茂は、日本禅林に大きな影響を与えた人物である。金山水陸会の情報も、彼等のもとにいた入元僧を通じて日本に伝来した。文和三年の水陸会で陞座を行った東陵永璵は古林の門下であり、そこに参列した平田慈均・此山妙在らも古林清茂・月江正印の門下である。

本章をまとめておこう。至治三年の金山水陸会と文和三年等持院水陸会とは、性格がよく似ている。①仏事の目的の一つは、先代の帝王に対する鎮魂（南宋恭帝、後醍醐天皇）であった、②宗派を問わず数多くの僧侶を集め、一切経を書写させた、③一切経の書写と共に水陸会を行わせた、④戦争や飢饉で亡くなった無縁の死者も鎮魂対象に含まれている。そして、この二つの水陸会は、月江正印・古林清茂と彼等の弟子、特に「金剛幢下」の東陵永璵などによって結びつけられた。文和三年を始めとする日本の鎮魂水陸会は、間違いなく元代の水陸会の影響をうけている。

最後に、水陸会と戦争との関係について触れておきたい。確かに、至治三年の金山水陸会は戦争と直接的な関係がない。しかし、水陸会は一般に、戦死者（無縁の死者）を供養する機能をもっている。何孝栄は、宋代以降の水陸会が戦争の後の追善法会として機能した、と述べた。実際に『仏祖統紀』は、南宋と金との戦争の間、「為二戦没者一修二水陸供一」と記述している。また、明代の蒋山法会は、元との戦争の死者を追悼・鎮魂することを目的としたもので、浜野亮介は蒋山法会の鎮魂対象を、祭祀されない死者（無祀鬼神）と論じた。(96)中国における水陸会は戦死者鎮魂という分野で機能を発揮していた。文和三年の水陸会を始めとする南北朝期の水陸会は、こうした歴史的背景のなかで無縁の死者、特に戦死者を救済する鎮魂仏事として導入されたのである。

おわりに

本稿では、文和三年（一三五四）の水陸会を中心的素材として、室町幕府の鎮魂仏事に禅宗が参入していった歴史過程を検討した。南北朝期、顕密仏教の態勢が充分に整わないなか、禅宗は鎮魂の分野で幕府の仏事に参入し、徐々に中心的役割を果たすようになった。観応の擾乱後、渡来僧・入元僧の働きかけのなかで室町幕府は元朝をモデルとした水陸会を導入した。やがて水陸会は幕府の鎮魂施策の中心となった。暦応年間からはじまる一連の鎮魂仏事のなかでも、文和三年の水陸会は幕府の鎮魂仏事政策の総括と位置づけることができる。戦時態勢の強化と財政の困難に迫られた幕府は、敢えて鎮魂仏事の開催を通じて、戦争から秩序の再建を図った。

明徳の乱を契機に、鎮魂仏事としての禅宗水陸会が再び登場する。明徳三年（一三九二）の相国寺水陸会（大施餓鬼）では、一〇〇〇人の禅僧が参加した。一方、顕密仏教の千僧供養も行われ、北野千僧万部経会として定着してゆく(97)。禅宗の水陸会は幕府の恒例仏事になれなかったが、戦争や飢饉が発生したときに、鎮魂の水陸会が開催されるのは一般的なこととなった。上杉禅秀の乱のあと、応永二十四年（一四一七）に相国寺で千僧水陸会が開催されたし、足利義嗣が亡くなったあとの応永二十五年には林光院（義嗣菩提寺）で千僧水陸会が行われた(98)。応永三十年、明徳の乱で敵方として戦死した山名氏清の三十三回忌に際しても相国寺で千僧水陸会が催されている(99)。水陸会は恒例の武家年中行事にはならなかったが、戦乱や飢饉の際に臨時の水陸会を行うことが先例として定着していった。また、この後、水陸会は禅宗の最も重要な追善仏事となってゆくが、それについては別稿を期したい。

注

（1）久野修義「中世日本の寺院と戦争」（歴史学研究会編『戦争と平和の中近世史』、青木書店、二〇〇一年）。樋口州男「日本中世の内乱と鎮魂」（『歴史評論』六二八号、二〇〇二年）。

（2）辻善之助「臨済禅の隆盛」（同『日本仏教史　第四巻　中世編之三』岩波書店、一九六〇年）。今枝愛真「安国寺・利生塔の設立」（同『中世禅宗史の研究』東京大学出版会、一九七〇年、初出一九六二年）。森茂暁「後醍醐天皇――その怨霊と鎮魂、文学への影響」（『九州史学』一二六号、二〇〇〇年）。松尾剛次「安国寺・利生塔再考」（『山形大学紀要・人文科学』一四―三号、二〇〇〇年）。玉懸博之「夢窓疎石と初期室町政権」（『東北大学文学部研究年報』三五号、一九八五年）。菅基久子「護国と清浄――天龍寺創建と夢窓疎石」（源了円・玉懸博之編『国家と宗教』思文閣、一九九二年)。

(3) 原田正俊「中世後期の国家と仏教」(同『日本中世の禅宗と社会』吉川弘文館、一九九八年、初出一九九七年)。同「五山禅林の仏事法会と中世社会」(『禅学研究』七七号、一九九九年)。

(4) 原田正俊「中世仏教再編期としての一四世紀」(『日本史研究』五四〇号、二〇〇七年)。

(5) 「海蔵和尚紀年録」(『続群書類従』九輯下、四八五頁)。後醍醐天皇の中陰仏事として、南朝側も西大寺で千僧供養を開催した(『表諷讃雑集』〈『続真言宗全書』三一巻、三〇〇頁〉)。

(6) 「万荼羅供後醍醐院御百箇日記」(『大日本史料』暦応二年十一月二十六日条)。「源尊氏供養願文」(『国史大系』三四巻、二二〇頁)。

(7) 『宝覚真空禅師語録』乾巻(『五山文学新集』巻三、七〇七頁)。『師守記』(『史料纂集』)康永四年八月十六日条。足利尊氏と直義兄弟は建仁寺ではなく、天龍寺の後醍醐天皇七回忌仏事を聴聞している。

(8) 守邦親王がいつ亡くなったかを直接に伝える史料がない。幕府滅亡の三ヶ月後に死去したと伝わるが具体的な状況は不明である(久保木圭一「守邦親王」〈細川重男編『鎌倉将軍執権連署列伝』吉川弘文館、二〇一五年〉)。

(9) 「嵩山和尚語録」巻二(内閣文庫本、請求番号は特061-0008)。

(10) 『園太暦』貞和元年八月十六日条。

(11) 「供養相国寺塔願文並呪願文」(『国史大系』三〇巻『本朝文集』、四八六頁)。

(12) 諏訪義純「梁武帝仏教関係事蹟年譜考(二)」(『仏教史学研究』二六―二号、一九八三年)。『釈迦方志』巻下(『大正新脩大蔵経』五一冊、新文豊出版、九七四頁)。宋文帝は元嘉三年(四二六)に反対勢力を一掃したあと、僧慧琳を厚く信頼し、仏教を保護していた(楊耀坤「劉宋初期的皇権政治與佛教」〈『四川大学学報(哲学社会科学版)』一九九七年一号〉)。梁武帝の仏事は梁王朝の政治的危機・災異と密接にかかわったものである(Chen Jinhua, "Pañcavārṣika" Assemblies in Liang Wudi's Buddhist Palace Chapel, Harvard Journal of Asiatic Studies 66(1), 2006, pp.43-103)。

(13) 平岡定海「鎌倉期の大仏」(同『大仏勧進ものがたり』吉川弘文館、二〇一四年)。

(14) 『吾妻鏡』建久六年三月十二日条。『東大寺造立供養記』(『群書類従』二四輯下、三九八頁)。『東大寺続要録』(『続々群書類従』一一輯、二〇六頁)。

(15) 河内将芳「京都東山大仏千僧会について――中近世移行期における権力と宗教」(『日本史研究』四二五号、一九九八年)。

(16) 松尾剛次「国家的度縁制」(同『鎌倉新仏教の成立――入門儀礼と祖師神話』吉川弘文館、一九八八年)。菅真城「院政期における仏事運営方法――千僧御読経を素材として」(『史学研究』二一五号、一九九七年)。

(17) 森由紀恵「後白河院と法勝寺千僧御読経」(『古代学』四号、二〇一二年)。

(18) 顕密僧による千僧供養の場合は、『薬師経』『仁王経』など様々な経典を読むのが一般的であったが、禅僧の場合は楞厳呪を読誦するのが普通である。

(19) 「北条貞時十三年忌供養記」(『鎌倉市史　史料編二』円覚寺文書六九号、吉川弘文館)。「海蔵和尚紀年録」(『続群書類従』九輯下、四七九頁)。

(20) 原田正俊「中世五山僧の進退・成敗・蜂起」(薗田香融編

『日本仏教の史的展開』塙書房、一九九八年)。「臨川寺訴状」(上村観光編『五山文学全集』巻三、思文閣出版、二一六三頁)。「東福寺条々」(『中世法制史料集　第二巻　室町幕府法』一一七号、岩波書店)。

(21) 永徳二年(一三八二)日野宣子五七・七々・百箇日忌千僧供、永徳三年(一三八三)夢窓三十三回忌千僧会、永徳四年(一三八四)足利直義三十三回忌千僧供、至徳二年(一三八五)相国寺三聖像開眼千僧供。足利義満の葬儀については「鹿苑院殿薨葬記」を参照した(『群書類従』二九輯、三八六頁)。

(22) 下坂守「山門使節制度の成立と展開」(同『中世寺院社会の研究』思文閣、二〇〇一年、初出一九七五年)。同「山門公人の歴史的性格」(同書、二〇一〇年、初出一九九三年)。

(23) 安田次郎「古代・中世の寺院修造と社会――興福寺を中心に」(同編『新体系日本史　宗教社会史』山川出版社、二〇〇一二年)。安田次郎「実玄とその時代」(同『中世の興福寺と大和』山川出版社、二〇〇一年)。

(24) 大田壮一郎「室町殿と宗教」(同『室町幕府の政治と宗教』塙書房、二〇一四年、初出二〇一二年)。

(25) 『園太暦』康永四年七月六日条、九日条。

(26) 原田正俊前掲注3、第一論文。

(27) 侯沖「什麼是水陸法会――兼論梁武帝創『水陸儀』」(同『漢伝佛教、宗教儀式与経典文献之研究』博揚文化事業、二〇一六年)。

(28) 『蔭凉軒日録』(史籍刊行会)寛正二年三月二十二日条、四月二十一日条。『碧山日録』(『大日本古記録』岩波書店)寛正二年四月十日~二十二日条。『小補東遊後集』(『五山文学新集』巻一、一〇九頁)。「勝定院殿纂纂集諸仏事」(東京大学史料編纂所蔵写真帳、書目ＩＤは0027613)。『満済准后日記』(『続群書類従補遺』)応永二十一年十二月二十日条。

(29) 「大施餓鬼集類分解略」(岐阜市立中央図書館蔵版本、資料コードは110449940)。

(30) 原田正俊前掲注(3)第二論文。池田丈明「室町将軍と五山の施餓鬼――明徳三年四月十日の施餓鬼を中心に」(『年報中世史研究』三八号、二〇一三年)。西山美香「五山禅林の施餓鬼について」(『駒沢大学禅研究所年報』一七号、二〇〇六年)。

(31) 山田雄司「室町時代における戦死者慰霊」(『宗教研究』八六―四号、二〇一三年)。

(32) 前掲注(28)「勝定院殿纂纂集諸仏事」。『看聞日記』応永二十五年七月十九日条。

(33) 徳野崇行「中世後期における禅宗の供養儀礼とその多様化」(同『日本禅宗における追善供養の展開』国書刊行会、二〇一八年)。

(34) 早島大祐『室町幕府論』(講談社、二〇一〇年)。

(35) 辻善之助前掲注2論文。玉懸博之前掲注2論文。生駒哲郎「足利尊氏発願一切経考」(『東京大学史料編纂所研究紀要』一八号、二〇〇八年)。

(36) 久野修義前掲注1論文。菅基久子前掲注2論文。大塚紀弘「宋版一切経の輸入と受容」(同『日宋貿易と仏教文化』吉川弘文館、二〇一七年、初出二〇一〇年)。

(37) 「仏観禅師語録」(『大日本史料』文和三年十二月二十三日条)、「同」(東京大学史料編纂所蔵影写本、書目ＩＤは00000606)。原本は建仁寺両足院本である。

(38) 東洋文庫『源威集』(加地宏江校注『源威集』、平凡社、二三三頁)。

(39) 東洋文庫『源威集』、二三六頁。奉納先は園城寺である(『三井続灯紀』〈『大日本仏教全書』一一一冊、名著普及会、一九八頁)〉。

(40) 「大般若波羅蜜多経」(『大日本史料』文和三年十二月二十三日条)。「根本説一切有部毘奈耶雑事巻第四十奥書」(原田正俊編『天龍寺文書の研究』文書篇一三九号、思文閣出版、二〇一一年)。

(41) 「足利尊氏奉納一切経奥書」(『大日本史料』文和三年十二月二十三日条)。

(42) 生駒哲郎前掲注35論文。大塚紀弘「禅院・律院を体制仏教の中心とした幕府の宗教政策」(亀田俊和編『初期室町幕府研究の最前線』洋泉社、二〇一八年)。

(43) 佐々木勇「足利尊氏発願一切経の底本」(『かがみ』四六号、二〇一六年)。

(44) 東洋文庫『源威集』、二二七頁。

(45) 森茂暁「北朝と室町幕府」(同『南北朝期公武関係史の研究』文献出版、一九八四年)。

(46) 「文和三年十一大嘗会事」(『園太暦』文和三年十一月条)。東洋文庫『源威集』、二二七頁。『黄龍十世録』(『五山文学新集』巻三、二八五頁)。

(47) 『大日本史料』文和三年十二月二十四日条。

(48) 早島大祐前掲注34書。

(49) 東洋文庫『源威集』、二三三頁。

(50) 「平田和尚語録」(『大日本史料』文和三年十二月二十三日条)。『乾峰和尚語録』巻五(『五山文学新集』別巻一、五二六頁)。

(51) 宮紀子「終章」(同『モンゴル時代の出版文化』名古屋大学出版会、二〇〇六年)。

(52) 榎本渉「元末内乱期の日元交通」(同『東アジア海域と日中交流』吉川弘文館、二〇〇七年、初出二〇〇二年)。

(53) 『黄龍十世録』(『五山文学新集』巻三、二八七頁)。『琠東陵日本録』(『五山文学新集』別巻二、六七頁、七一頁)。

(54) 『琠東陵日本録』(『五山文学新集』別巻二、七九頁)。『東海一漚別集』(『五山文学新集』巻四、五五八頁)。

(55) 原田正俊「春屋妙葩と夢窓派の展開」(鹿王院文書研究会編『鹿王院文書の研究』思文閣出版、二〇〇〇年)。「普明国師行業実録」(『続群書類従』九輯下、六四六頁)。

(56) 『大通禅師語録』(『大正新脩大藏經』八一冊、九六頁)。『空華日用工夫略集』(太洋社、一九三九年)観応二年条。「翊聖国師年譜」(『続群書類従』九輯下、六六九頁)。『琠東陵日本録』(『五山文学新集』別巻二、八二頁)。『夢窓国師語録』巻下(『大正新脩大蔵経』八〇冊、四九六頁)。

(57) 『黄龍十世録』(『五山文学新集』巻三、二四四頁)。

(58) 『碧山日録』(大日本古記録)長禄三年九月二十一日条。

(59) 『太平記』巻三十三(『日本古典文学大系』三六巻、岩波書店)。葉貫磨哉「足利義詮の禅宗信仰」(同『中世禅林成立史の研究』吉川弘文館、一九九三年、初出一九六九年)。

(60) 玉村竹二「足利直義禅宗信仰の性格」(同『日本禅宗史論集』二之下、思文閣、一九八一年、初出一九五八年)。今枝愛真「足利直義の等持寺創設」(前掲注2書、初出一九六二年)。

(61) 『師守記』貞治四年五月二十二日条。

(62) 『智覚普明禅師語録』巻四(『大正新脩大蔵経』八〇冊、六七六頁)。等持寺の住持について、『常光国師語録』所収「黙庵和尚三十三年忌請」には「逾年丁(1365)二登真院殿(赤橋登子)憂一、台座(足利義詮)入二等持寺一、與二僧衆一看経坐禅、禅師(黙庵周諭)毎日講二楞厳円覚等経一」という記載に基づいて、黙庵周諭と比定する(『大正新脩大蔵経』八一冊、一八頁)。

(63) 『師守記』貞治四年六月二十二日条。

(64)　山家浩樹『足利尊氏と足利直義』（山川出版社、二〇一八年）。
(65)　葉貫磨哉前掲注59論文。
(66)　原田正俊前掲注55論文。同「南北朝・室町時代における夢窓派の伝法観と袈裟・頂相」（同編『日本古代中世の仏教と東アジア』関西大学出版部、二〇一四年）。
(67)　今枝愛真「斯波義将の禅林に対する態度」（前掲注2書、初出一九五六年）。
(68)　東陵永璵は一三六五年に亡くなり、龍山徳見・別源円旨・平田慈均はそれぞれ一三五八年・一三六四年・一三六四年に亡くなった。
(69)　宮紀子前掲注51論文。
(70)　『月江正印禅師語録』巻上、巻中（『卍續藏經』一二三冊、新文豊出版、一二三一頁、一二七五頁）。
(71)　『月江正印禅師語録』巻上、（『卍續藏經』一二三冊）一二一七頁。
(72)　『月江正印禅師語録』巻上、（『卍續藏經』一二三冊）一二二八頁、一二三二頁。
(73)　『古林和尚行実』（『卍續藏經』一二三冊、五七七頁）。
(74)　『元叟行端禅師語録』巻四（『卍續藏經』一二四冊、二六頁、六七頁）。
(75)　『元史』本紀第二十八（『元史』巻三、中華書局、六三〇頁）。
(76)　『仏祖統紀』巻四九（『卍續藏經』一三一冊、五七七頁）。
(77)　『月江正印禅師語録』巻中（『卍續藏經』一二三冊）、一二七五頁。
(78)　『月江正印禅師語録』巻上（『卍續藏經』一二三冊）、一二三一頁。
(79)　中村淳「元代大都の勅建寺院をめぐって」（『東洋史研究』五八―一号、一九九九年）。陳高華「元代大都的「旧刹」」（『隋唐遼宋金元史論叢』四号、二〇一四年）。竺沙雅章「元代華北の華厳宗――行育とその後継者たち」（『南都仏教』七四・七五号、一九九七年）。
(80)　王培華「元代北方水旱災害時空分布特点及国家減災措施」、「元代北方飢荒的時空分布特点及救荒措施」（同『元代北方災荒與救済』、北京師範大学出版社、二〇一〇年）。
(81)　杉山正明「大元ウルスの三大王国――カイシャンの奪権とその前後（上）」（『京都大学文学部研究紀要』三四号、一九九五年）。
(82)　『元史』本紀第二十八、六三〇頁。
(83)　陳垣『中國佛教史籍概論』（科学出版社、一九五五年）。
(84)　『山庵雑録』巻上（『卍續藏經』一四八冊、三三二頁）。
(85)　『仏祖歴代通載』巻三六（『卍續藏經』一三二冊、七八八頁）。
(86)　王堯「南宋少帝趙㬎遺事考弁」（同『王堯蔵学文集』巻五、中国蔵学出版社、二〇一二年）。
(87)　『月江正印禅師語録』巻上（『卍續藏經』一二三冊）、一二一七頁。
(88)　『古林和尚行実』（『卍續藏經』一二三冊、五七七頁）。
(89)　「竺仙和尚行道記」（『続群書類従』九輯下、四五五頁）。「別源和尚塔銘」（『同』九輯下、五八四頁）。「円応禅師行状」（『同』九輯下、五八八頁）。「中巌月和尚自歴譜」（『同』九輯下、六一三頁）。「古先和尚行状」（『同』九輯下、六〇八頁）。「平田和尚伝」（『続群書類従』九輯下、四五三頁）。「月林皎禅師行状」（『同』九輯下、五四五頁）。「不聞和尚行状」（『同』九輯下、五九五頁）。

（90）西尾賢隆「両浙の寺院をめぐった日本僧」（同『中世禅僧の墨蹟と日中交流』吉川弘文館、二〇一一年、初出二〇〇四年）。西尾賢隆「金剛幢下竺仙梵僊の渡来」（同『中世の日中交流と禅宗』吉川弘文館、一九九九年、初出一九九一年）。

（91）佐藤秀孝「元代曹洞禅僧列伝（中）」（『駒澤大學佛教學部研究紀要』五一号、一九九三年）。

（92）玉村竹二「日本禅宗の渡海参学関係を表示する宗派図」（同『日本禅宗史論集』二之下）。

（93）『大通禅師語録』（『大正新脩大藏經』八一冊、九六頁）。

（94）『古林和尚行実』（『卍續藏經』一二三冊、五七四頁）。『古林和尚碑』（『同』一二三冊、五七八頁）。『古林清茂禅師語録』巻五（『同』一二三冊、五二八頁）。『古林清茂禅師拾遺偈頌』巻上（『同』一二三冊、五二九頁）。

（95）「竺仙和尚行道記」（『続群書類従』九輯下、四五六頁）。

（96）何孝栄「第六章　制度」（『明代南京寺院史研究』故宮出版社、二〇一三年、初版二〇〇〇年）。『仏祖統紀』巻五三（『卍續藏經』一三一冊、六七七頁）。長谷部幽蹊「明清仏教の性格を考える」（『禅研究所紀要』一八・一九号、一九九一年）。浜野亮介「明朝による無祀鬼神祭祀政策――祭厲制度と蔣山法會」（『東方学報』九一号、二〇一六年）。

（97）『明徳記』下（『群書類従』二〇輯、三〇〇頁）。

（98）『満済准后日記』応永二十四年二月十日条、応永二十五年二月十三日条。

（99）前掲注28「勝定院殿纂纂集諸仏事」。

附記　本論文は、ＪＳＰＳ特別研究員奨励費18J10138の助成を受けたものです。

烈女・厲鬼・御霊
――東アジアにおける自殺者・横死者の慰霊と祭祀

井上智勝

いのうえ・ともかつ――埼玉大学教養学部教授。専門は日本近世史。主な著書に『近世の神社と朝廷権威』(吉川弘文館、二〇〇七年)、『近世の宗教と社会2　国家権力と宗教』(吉川弘文館、二〇〇八年、共編)、『吉田神道の四百年　神と葵の近世史』(講談社選書メチエ、講談社、二〇一三年)などがある。

東アジア諸国には、自殺者・横死者あるいは無祀鬼(無縁仏)が祟りをなすという観念と、それらの厲鬼を宥和させるための宗教的手法が共有されていた。本稿では、横死者に対する立祠、水陸会や厲祭の催行など、自殺者・横死者の厲鬼に対する大陸部諸国の宗教的対応を明代以降を中心に検討し、その日本への影響を提示する。

はじめに

近年、不動産の取引において「事故物件」という言葉を耳にするようになった。事故物件は心理的瑕疵物件ともいわれ、当該家屋や部屋あるいは土地で、主に自殺や他殺、事故死により人が亡くなった不動産物件のことである。敬遠されたり、破格値で取引されたり、あるいはそれを知らずに購入した場合は損害賠償を求めて裁判で争われる場合もある。賃貸住宅の場合なら、家主から「次の借り手が見つけにくいという理由で、遺族に家賃保証や改装費、時にはお祓い料が求められる。(中略)裁判でも支払い自体は命じられる」という。このような負担は「自然死では請求されない」にも拘わらず、である。[1] 国もその告知について指針作成を始めた。

事故物件は、物理的には単なる家屋・部屋・土地に過ぎない。しかし、事故物件に対する心理的嫌悪感を除去するために、改装費だけでなく「お祓い料が求められる」場合があるという。心理的嫌悪感は、死者の体液や死臭の付着という物理的な面に対してだけではなく、多分に精神的な面にも根拠を置くものなのである。「お祓い」とは当該物件に対する宗教的手法にほかならず、その前提には自殺者や横死者の霊が存在し続けて、居住者に怪異や禍をなすという意識が横たわる。科学が著しく発達し、合理主義的な思考方法を身に着けているはずの我々は、かかる意識から自由ではないのである。

ただ、不動産賃貸業に詳しいある人は「西欧ではそうしたことは気にしていませんが、日本では意識が異なります」[2]という。かかる言を踏まえれば、事故物件の背後にある自死や他殺・事故死に対する心理的忌避という心性は、日本の精神文化を研究する上で重要な糸口となるといえよう。

しかし、自死や横死者の霊を忌避することを、日本に固有の精神文化と見做すことは早計である。成程、先の言を信じれば西欧にはないのかもしれないが、香港では事故物件は「凶宅」あるいは「Haunted House」と呼ばれ、価格は大幅に下がる。[3]自殺者・横死者の霊を忌避する意識は、少なくとも東アジア規模で考えてみる必要がありそうである。

その際、想起されるのは池上良正の一連の「死者供養」研究である。[4]事故物件に対する「お祓い」もまた、一種の「死者供養」にほかならない。池上もまた日本における「死者供養」の祭儀は、地域毎に様態を異にしながらも、東アジアの国々に広く共有されているという視角から研究を重ねている。そして日本の宗教文化を「基層信仰」「固有信仰」として把握することの危険性を強く戒め、むしろ東アジアに広く共有される文化基盤の上での変異体として各国や地域の文化を捉えるべきである、と主張する。

このような池上の主張は、日本と隣国との関係性が必ずしも芳しくない現在において、特に意識されなければならない。殊更に個々の違いを説くよりも、東アジアに暮らす者たちが広く文化を共有していることを虚心に認識しあうことが、相互理解への近道となるからである。

かかる立場から本稿では、東アジアにおいて自殺者・横死者の霊がどのように認識され、宗教的に処置されてきたのかを示し、その日本への影響を見出す作業を試みてみたい。なお、本稿でいう東アジアとは、近世に漢字と儒教道徳を共有した文化圏、具体的には中華・越南・朝鮮と日本を指す。琉球もここに含まれるが、今回は考察の対象としなかった。対象時期は主として中華の明代以降近代に至るまでとし、適宜前後の時代に及ぶことにする。

一、烈女の群像

(一) 生み出される烈女

前近代、東アジアは男子社会で、女子に関する史料は多く遺されていないというのが一般的な認識である。だが大陸部諸国の自殺に関する限り、その認識は誤りかもしれない。

例えば、朝鮮時代に編纂された『三綱行実図』[5]、その続編である『続三綱行実図』[6]、続々編である『東国新続三綱行実図』[7]には多数の女子の自殺の例がみえている。それらの中から一例を示してみよう。朝鮮時代前期の慶尚道咸陽の金氏の例である。

金氏は、子をなさないうちに夫に死に別れた。やがて妻に娶りたいと望む者が現れたが、金氏は拒み、夫の墳墓に行ってその草宿に三夜を過ごした。のち、また妻に乞う者があったが金氏は応じず、「自縊」して果てた[8]。

地誌にも、多くの例が採録されている。朝鮮時代後期、十五歳で高官の妻となった慶尚道禮安の朴氏の例を示す。

早々に夫に先立たれてしまった朴氏は部屋に閉じこもり鎖で鍵を掛け、釵(かんざし)を以て「自刎」して自殺を図った。落命寸前で家の者が気付き、治療を加え一命を取り留めた。以後、監視をつけて再度自死を試みないようにしたが、その日以来、夜に号泣して死にたいと言って聞かない。一年が過ぎた頃、監視の者が油断した隙に窃かに夫の棺に至り、その側で「自縊」して息絶えた[9]。

両者のような、二夫に見えるを潔しとせず自害した女子の記録は枚挙に暇がない。或る者は飲食を絶ち、或る者は自縊・自刎して、また或る者は入水・投崖して貞節の道に殉じた、と記録されている。

金氏が再嫁を拒み、朴氏が夫に殉じたのは、夫への深い情愛のゆえであったかもしれない。だが、彼らの行状が後世に残されたのは、その深い情愛に記録者が心を打たれたからではない。金氏は「康靖大王（成宗、井上註）三年命郡祭其墓、旌門」、朴氏は「粛廟朝　命旌閭」と、両者はともに王朝から「旌門（旌閭）」を受けているのである。「旌門」とは、その人がいた村や家の入り口などに門を建てて、行状を顕彰することである。儒教道徳に照らして女子は、婚前は処女を守り、嫁後は二夫に見えずに貞節を守ることが理想とされた。それらの道徳を守り貫いた女子は「烈女」と呼ばれ、人々の模範として王朝によって顕彰されたのである。

もちろんそれは女子に限ったことではない。男子の場合は君主・国家あるいは職務への忠義が求められ、その実践者は忠臣として顕彰された。また、親に孝養を尽くした者は孝子として王朝から表彰を受けた。『三綱行実図』とその続編は、朝鮮王朝が儒教道徳の実践を奨励するために「孝子・忠臣・烈女之卓然」した人物の行為を録して刊行した書物であった。それは、そこに載る模範者と「同然之善心」を以て、各々の立場においてなすべき「職分」を尽す意識を喚起し、「化民成俗」することを目的としていた。絵入りで詩を載せる所に本書の特徴があるが、それは「賢愚貴賤」を問わず「孩童・婦女」も皆楽しんで学べるよう工夫を加え、広く民間に流布させる意図からであった。[10]

そのような王朝の目論見は成功し、世宗十六年（一四三四）に刊行されて以降、『三綱行実図』は広く世間に流布した。成宗十二年（一四八一）には諺文版が出され、中宗九年（一五一四）には続編である『続三綱行実図』が、光海君九年（一六一七）には続々編に当たる『東国新続三綱行実図』が刊行され、いずれも多次の版を重ねた。

『東国新続三綱行実図』は、正編・続編に比して特に突出した数の烈女を載せる。それらは、大半が二次に亙る豊臣日本軍の半島侵攻に伴う将兵の暴虐に原因するものであった。戦時には平時に比してさらに多くの烈女が、否応なしに生み出されていったのである。一例を示す。

江原道金化県の人、鄭氏は父と共に乱を避けていたが、運悪く日本兵に遭遇してしまった。日本兵は鄭氏に暴行しようとしたが、鄭氏は大声を出して従わなかった。怒った日本兵は鄭氏の両手を切断し、左耳を削ぎ落とした。さらに日本兵が父を殺そうとしたため、鄭氏は両手を失いながらも父に覆い被さりこれを守った。人は皆その節孝に感服した。[11]

日本兵が鄭氏の左耳を削ぎ落としている点は、日本の京都に築かれた耳塚を想起させるが、両手を奪われた鄭氏が命まで失ったかは明記されない。だが両度の倭乱において、日本兵の蛮行を恐れた無数の朝鮮の女子は自ら命を絶ち、さもなくば無慈悲で残虐な方法で命を奪われるなどした。その中には、儒教道徳を体現したことが伝えられる者もあった。

聡明で文字を解し、『小学』や『三綱行実』の烈女伝を愛読してその大義に通じ、日本兵が迫ると凌辱を恐れて投水自殺を図った漢城の洪氏、[12]日本兵に捕えられ「従一不二、女子之道」として従わなかったため、ばらばらに戮殺された忠州の恩禮[13]などである。恩禮の例からは、烈女は決して自殺者のみではなかったことが諒解される。漢城の洪氏は入水後偶々岩に引っ掛かって一命を取り留め、その後も存命した。貞節を汚さんとする者に抗いその凶刃に斃された者や、貞節を守って天寿を全うした者もまた自殺者同様烈女なのである。

王朝は、彼らを旌表した。『東国新続三綱行実図』に載る烈女たちは、殆どが王朝から「旌門」を受け、挿絵にはそれを示す烈女門が描かれている。それは、自死・横死した烈女たちへの国家による顕彰であるとともに、一種の慰霊でもあった。

（二）祀られる烈女

もとより烈女は朝鮮に限って輩出されたわけではない。その宗主国であった中華王朝や、儒教道徳を共有した越南でも烈女が生み出され、王朝から顕彰を受けていた。

越南で王朝が烈女を顕彰するのは、阮朝皇帝が「朕聞自昔忠臣烈女、見危致命、舎生取義、非以邀名於後世、而朝廷必旌褒之、誠所以鼓励風教而激勧将来也」[14]と述べているごとく風教を鼓舞し、将来を生きる人に道徳の実践を勧める意図からであった。

烈女は地誌に記載される場合が多いが、時に公的な歴史書にも姿を見せる。『大越史記全書続編』に、越南後黎朝の永盛十三年（一七一七）十月、夫の死後「自縊」してそれに殉じた丁儒完の妾潘氏が、節婦の亀鑑として王朝から「至愼夫人」の贈号と門に金榜の掲示を受け表彰されている例がみえる。[15]この例ではそれに加え、「立祠享祀」されている点が注目される。乂安に設けられたこの祠は、十九世紀初めには「烈女祠」として知られ、香火が絶えなかったという。[16]

「立祠享祀」を受けた烈女は、時に神祇に列した。越南河南省にある武氏設節婦祠の由緒を記した『武氏烈女神籙』[17]には、次の内容が記される。後黎朝聖宗の時、夫に留守中の不貞を疑われた武氏設は、身の潔白を示すために詩を遺し、河に身を投じて果てた。後、疑いは晴れ、設が「冤」を含んで死んだことを悟った夫は、寺僧に乞うて河の岸辺に「招魂解冤壇場」を設けてその慰霊を図った。すると設が顕霊し、壇場の下に生前身に着けていた双玉環を残して去った。のち、設は河での遭難者を蘇生させ、夫に「立壇解冤之恵」に深く感謝していることを伝えてほしい、と依頼した。夫はそれを知り、大いに心を動かされた。時の朝廷は設を「水宮公主」として祀り、以降歴朝は「謹節貞烈淑妙武娘公主上等神」として敕封を加えた。設は、単なる死霊を越えて「上等神」に列したのである。

本例のように、烈女の死霊が神に転ずることは越南では決して珍しくない。『武氏烈女神籙』の「附籙」に載る「鴻憲真猛夫人神迹」は、媚醯夫人の名で知られる越南で最も有名な烈女の一人であった。後黎朝の祀典書『南越神祇会籙』[18]では、国家祭祀の対象として最上位の「上列」の「水神」として位置づけられていた。「鴻憲真猛夫人神迹」が伝える由緒をみよう。

占城国王妃であった夫人は、越南の李太宗の遠征に敗れて囚われ、李朝の都がある昇龍に移送された。その途次、太宗は夜伽のために夫人を召した。夫人はこれを辞し、河で沐浴することを乞うて、許されると密かに紅氈を纏い、身を河に

図1 「烈女金蟾祠堂扁額」 朝鮮国慶尚道東莱府使宋象賢の妾金蟾は壬辰倭乱時日本軍に捕らえられたが節を守って殺害された。後日、宋象賢がその祠堂を建てて追慕したという。釜山広域市立博物館蔵。『國立晋州博物館 壬辰倭亂』(同館、1997年) 所載。

投じて果てた。その後、河辺には哀哭の声が止まず、顕霊があったため、国人は立祠してこれを奉じた。後、太宗の船がこの辺りを通った時、祠廟が目に留まり侍臣に訪ねると媚醯夫人の祠であるという。夫人の「貞霊」の顕霊があったため、太宗は祭儀を催し「叶正佑善夫人上等神」の神号を授けた。以降の歴朝もこれを祀った。

貞烈夫人とも呼ばれる媚醯夫人の話は、『粤甸幽霊集録』[19]・『嶺南摭怪列伝』[20]などの越南の代表的な説話集にも載り、『南越神祇会籙』や阮朝の忠臣・烈女伝『大南行義列女伝』[21]の「附録」にもその伝があり、異口同音の由緒を伝えている。

越南において媚醯夫人と双璧を成す著名な烈女神に趙宋夫人と二公主がある。彼らもまた『粤甸幽霊集録』や『嶺南摭怪列伝』において大同小異の由緒を伝え、『南越神祇会籙』では媚醯夫人同様「上列」の「水神」に列せられる。『南越神祇会籙』にみえる由緒は、次のようなものである。

南宋末期、皇帝と夫人および二人の娘は、南下する元軍に追われ海路南へ逃避した。しかし追迫され、死を決意して身を海に投じたが救助され、越南の海岸に漂着した。海岸にある寺で過ごす内に、寺僧に関係を迫られたため、再度海に身を投げて果てた。乂安の乾海門に流れ着いた遺骸が「霊異」をなすので、郷人は祠を建てて祀った。歴朝皇帝もこれを神に封じ、国家祭祀の列に加えた。

両烈女は、『南越神祇会籙』で「水神」に分類され、人々に恵みを垂れる善神として信仰されていた。このような烈女もまた、少なくはない。中華清代の例を示す。

清の康熙十二年(一六七三)以前、福建省厦門の某氏の娘が寇の虜となり、頭を石に何度も打ち付けて井戸に身を投じて死んだ。その後、寒い月の夜には決まって一人の女子が井戸端を往き来しているのが目撃された。康熙十二年、郷人の夢にこの女子が現れ、井戸に落ちている自分の屍を拾い上げて埋葬してくれれば、厚く報謝することを約した。果たして、井戸を捜索すると白骨が現れた。その葬儀を行うと、遺骸は化して水となった。郷人は不思議に思い、その墓に祠を建てた。井戸は義娘井と呼ばれ、病者がその水を飲むとたちまち平癒し、干魃や災禍の時に祈れば必ず霊応があり、海内に著名である。[22] 死して恵をもたらす善神と化す烈女があったのである。

(三) 祟る烈女

祀られ善神として信仰される烈女がある一方、祟りをなし厄災をもたらす烈女もあった。清代の厦門には次の話が伝わっていた。港に勤務する夫に先立たれた王氏は、夫の上司から関係を迫られるが、これを拒んで自害した。直後、上司は悪疾に罹り、雷に打たれて死んだ、[23] と。

また厦門の対岸同安県には次の話が伝わっていた。明末清初の頃、許初娘は十八歳で嫁いだ夫が順治十二年（一六五五）徴兵され遠出したので、父文衡のもとへ帰寧した。実家の前には鄭という家があった。当主の名は泰、妻は呂氏、その間に纘緒という男子があった。纘緒は初娘に思いを寄せるが、初娘はこれを拒む。諦めきれない纘緒はある夜、塀を越えて初娘の寝室に忍び込んだ。初娘は驚き、賊だ、捕まえて、と叫んで逃げた。隣人が次々と起きて探索を始めたので、纘緒は逃げ、自分が疑われないように下僕をして自家の垣根や箱を壊させ、盗人が金を盗み、その盗人は文衡が手引きしたと言いふらした。文衡は厳しい取り調べに屈しなかったが、その六歳の幼児は拷問に絶えきれず、父文衡が盗人を手引きした、と自白した。文衡は冤罪のまま処刑された。それでも纘緒は初娘に恋焦がれ、自分に従うなら父の賠償金を肩代わりしてやるという。だが、初娘は纘緒に従うなら、むしろ死を選ぶ、と拒む。纘緒は怒って、母の呂氏をして初娘を捕らえるが、初娘は纘緒こそが盗人であると罵った。怒った呂氏が主人の泰にこれを告げると、泰は激しく初娘を殴打した。地に倒れた初娘の顔は血で覆われていた。しかし初娘はなお大声で「爾挙家横虐、若此我死当為厲鬼滅爾門」と叫んだ。泰はますます激昂して初娘を蹴り殺し、下僕に命じて溝に死体を捨てさせた。二十三歳であった。その後、妻の呂氏は悪疾に罹り、鬼を見て死んだ。泰や纘緒、事件に関わった下僕等は健在であるが、人々は「初娘之恨、猶未償也」と「厲鬼」となった初娘の復讐は未だ終わっていない、と言い合った。[24]

この事例では、初娘が死して「厲鬼」と化して祟りを為すことを宣言している点が注目される。厲鬼とは、しばしば人に祟りや妖怪を為す悪鬼に転じた人霊のことである。烈女には、儒教的徳目の実践者としての表の顔と、恨みを含んで果てた厲鬼としての裏の顔があった。

越南では、祟りをなし、祀られた烈女の例がある。嘉隆帝が阮朝を樹立した十九世紀の初め頃、清化に呉正女という美しい娘がいた。正女の家は貧しく、鎮城の市で糸絹を鬻いで家族を養う日々であった。嘉隆六年（一八〇七）正女の美しさに魅了された鎮城の象兵頭管が悪心を起こし、客を装って正女に無理に関係を迫った。正女はこれを強く拒み、舌を嚙んで果てた。時に二十一歳であった。頭管は、事件の隠蔽を図り、すぐに正女の遺骸を象厰の下に埋めた。だが、それから三年、正女の「精魂」は散ることなく「祟」を為した。城内には異雲が漂い、怪しい香気に人々は多く病んだ。殊に象兵は酷く、頭管とその子女は死に至った。

呉正女の話は、しかし、ここで終わらない。正女の厲鬼の慰撫が省城の役人によって試みられ、祀られるに至るのである。則ち清化省城の役人は、正女の「祟」を解くために「解冤壇」を設けた。すると上帝から「弘月金蓮公主」と名を授けられた呉正女が現れた。その後、役人は塑像を象厰の正中に置き、象兵がこれを毎年祀るようになった。[25] 祟る烈女は、祟りとその解冤を経て、祭祀の対象となることがあったのである。

このような例を踏まえると、既述の祀られ善神となった烈女もまた、最初から善神であったのか検証される必要が生じてこよう。河辺に哭声を響かせた媚醽夫人の逸話に日本の御霊信仰との親近性を見る立場[26]があることや、単なる死霊が神になるためには「生前の義行」に加え、「顕霊」という契機を要するという見解[27]を念頭に置けば、祀られ善神となった烈女の中には祟りという形で顕霊した者が少なからずあったことを洞察しなければならない。

漂着した趙宋夫人らの「霊異」が祟りを伴っていたことを推察させる事例がある。越南阮朝の明命十三年（一八三二）戦闘に派遣された呉雄拒が陣亡し、その屍が海陽省安老県大祿総東作村に流れ着いた。すると「霊応」が起こった。「霊応」とは祟りであり、「民往田多遇狂疾」すなわち田圃での農作業中に発狂する者が多数に上ったことを指す。呉雄拒の祟りは、所の民が立祠をすると癒えた。[28] 遺骸の漂着は祟りの起点であり、祟りは「霊応」と捉えられ、立祠は祟り鎮静化の手段と認識されていたことが看取される。

朝鮮においても、厲鬼と烈女の親近性は強く認識され、烈女が顕彰されたり祀られたりしない場合、郡守などの地方官に祟ることがあったという。[29] 地方官が祟られるのは、烈女を見出し顕彰すべき職務の怠慢と見做されたゆえであろう。朝鮮後期を代表する儒者の一人である丁若鏞、号は茶山が表した地方官吏の勤め方の心得を記した『牧民心書』[30]にも、それを想起させる記載がある。

かつて京畿道利川府で、府使三人が官庁において相次いで死すことがあった。利川府の人々は座を設け筵を敷き、祟りをなす「神」を府堂に祀り、赴任する官吏は官舎を避け民家に寄寓することが常態化していた。これらの祟りは「夫人之所能為」と認識されていた。

もとより、当代一流の儒者である茶山が、かかる祟りを承認し恐れているわけではない。茶山は、李緯國という官吏が利川府に赴任して、これらの「邪説」を否定してゆく文脈でかかる事例を紹介しているだけである。茶山は「夫人」の祟りなどという「邪説」に惑わされることのないように警鐘を鳴らすが、利川府で祟る「夫人」の「神」が府堂に祀られたように、民百姓はむしろ「邪説」の中にあった。彼らが有する横死者の厲鬼への怖れが、烈女を祀り籠めたのである。

二、厲祭と歴代帝王

(一)厲鬼と厲祭

自死・横死した烈女が容易に厲鬼に転じ得たのは、それが厲鬼としての資格を満たしているからにほかならない。事情は、忠烈の士として王朝から顕彰を受ける男子についても同様である。

東アジアの大陸部諸国では、かかる厲鬼を宥め鎮めるために厲祭が挙行されていた。朝鮮の厲祭では祭壇の左に、「遭兵刃死者」「遇水火盗賊死者」「被人取財物逼死者」「被人強奪妻妾死者」「遭刑禍負屈死者」「因天災疾疫死者」の六位、右に「為猛獣毒虫所害死者」「凍餒死者」「戦闘死者」「因危急自縊者」「被牆屋圧死者」「産難死者」「震死者」「墜死者」「没而無後者」の九位、都合十五の位牌を配置した。(31)「遭兵刃死者」「盗賊死者」「自縊者」などは、これまでみてきた烈女たちそのものである。ほかの厲鬼の属性をみても、刑死者、天災や戦争・疾病で命を奪われた者など、そのほとんどは横死者である。財物や妻妾を強奪されて、深い怨嗟の中に死した者もある。

朝鮮の厲祭は中華に範を取ったから、厲祭に横死者を祀ることは中華でも同様であった。明が、厲祭に際して読誦した祭文は次のようなものであった。

尚念冥冥之中無祀鬼神、昔為生民、未知何故而没、其間有遭兵刃而横傷者、有死於水火盗賊者、有被人取財而逼死者、有被人強奪妻妾而死者、有遭刑禍而負屈死者、有天災流行而疫死者、有為猛獣毒虫所害者、有為饑餓凍死者、有因戦闘而殞身者、有因危急而自縊者、有因墻屋傾頽而圧死者、有死後無子孫者、(中略)此等孤魂、死無所依、精魄未散、結為陰霊、或倚草附木、或作爲妖怪(32)

朝鮮同様の横死の理由が多々列挙され、中略以下の部分では厲鬼が祟りをなす理由が記されている。すなわち厲鬼と化した「孤魂」は死して依る辺なく、その「精魄」は散ることができないため、「陰霊」となって草木に付着し、この世に妖怪をなす、というものである。先にみた越南清化の呉正女の場合は「精魂」が散ることなく、この世に「祟」をなしていた。

横死した厲鬼がこの世に災いをなすという考えは、中華の春秋時代には存在した。『春秋左氏伝』(33)に次の話がある。魯の襄公三十年（前五四三）、鄭国の高官であった良霄、字は伯有が反対派によって殺害された。酒に溺れ、驕奢が過ぎる行状を憎んでのことであった。降って魯の昭公七年（前五三五）の頃、鄭の人々は伯有の亡霊が禍をなすとして、大いに恐怖していた。前年の二月、伯有の霊が自分と敵対した駟帯と公孫段を殺すことを予言し、武装して出て行く夢を見た者があった。その予言どおりの日に駟帯、続いて公孫段が死んだことで、鄭の人々の恐怖は弥増した。しかし公孫段の死の翌月、伯有の祟りは止んだ。鄭の大夫公孫僑、字は子産が、「鬼有所帰、乃不為厲」との考えから、伯有の祭祀を行う跡継ぎを立ててその亡魂が帰るべき場所を作ってやったためである。「無所依」の厲鬼が「有所帰」となれば祟りをなさないという理解である。

災異をもたらす横死者の厲鬼は、伯有などの貴顕のそれに限らなかった。子産は、晋の人から伯有は未だ祟りをなす力を具えているかを問われた時、鄭の執柄家の出で「強死」した伯有が祟りをなす力を持つのは当然、と答えている。「匹夫匹婦」とされる庶人でも「強死」すなわち無理な死に方をすれば、その魂魄は人に憑依して「淫厲」をなすのであるから、身分が高く、影響力が大きかった伯有は当然祟りをなす力を有する、という理屈であった。

また、魯の昭公七年、晋の主晋侯は病床に伏せっていた。折しも晋を訪れていた子産が厲鬼に詳しいとみたのか、晋侯の臣は子産に、主君が最近黄熊が寝室の門に入る夢を見たが、それはどのような厲鬼なのか、と問うた。子産は、英明な主君のもと良臣が執政しているのであるから、厲鬼などは出ようはずはない、と答えた。ただ、思い当たる節として、次のことを述べた。昔、堯が誅した鯀の霊魂が転じた黄熊を、夏から周に至る歴代王朝は祀ってきた。今、晋侯は諸国の盟主となって歴代王朝を嗣ぐ立場にあるのに、この鯀を祀っていないから怪異があったのではないか、と。果たして晋で鯀の祭祀を行うと、晋侯の病は快方に向かった。

以上の『春秋左氏伝』の記載は、横死者は祟りをなすことがあるが、これを正しく祀れば祟りは止む、しかし祭祀が滞ると厄災をなすという意識が、古代の中華に存在したことを示している。

ただ、古代中華において、厲鬼は横死者が転じる冤魂だけを指したわけではない。先に示した朝鮮の厲祭の位牌の最後に「没而無後者」があったように、あるいは明の祭文の冒頭に「尚念冥冥之中無祀鬼神」とあったように、たとえ天寿を全うしても、死後その祭祀を担う者がいない「無祀鬼神」は横死者同様「孤魂」として厲鬼と化した。

『禮記』祭法篇には、王が祀るべき七祀のうちに「泰厲」が、諸侯が祀るべき五祀のうちに「公厲」が、大夫が祀るべき三祀のうちに「族厲」がみえている。[34] その内容は、七世紀中頃成立の注釈書『禮記正義』[35]において、「泰厲」は「謂古帝王無後者也、此鬼無所依帰、好為民作禍、故祀之也」、「公厲」は「謂古諸侯無後者」、「族厲」は「謂古大夫無後者鬼也」と解釈されている。「公厲」「族厲」には「無所依帰、好為民作禍、故祀之也」という記載はないが、「泰厲」同様の悪事をなすため祭祀の対象とされるものと理解してよいであろう。

このように厲鬼とその祟りが祭祀によって鎮静するという理解は、中華の春秋時代には存在していた。だが、中華において厲鬼に対する祭祀が祀典に記され、国家祭祀として定立するのは意外に遅く、明代に至ってからであった。

洪武三年（一三七〇）十二月、明は厲鬼の祭祀を行うことを決定した。都に泰厲壇、王国に公厲壇、府州に郡厲壇、縣に邑厲壇を設け、それ以下の各郷里にも郷厲壇を設け、全国を限無く覆う厲祭の体系を整えた。春の清明日、秋の七月望日、冬の十月朔日に、前掲の祭文の内容を官吏が読み上げて厲鬼を慰撫することとなった。[36]

明が開始した厲祭は、朝鮮や越南にも採用された。朝鮮では、太宗元年（一四〇一）権近からの上書が厲祭導入の契機となった。上書は、朝鮮には悉く明制に倣って祭制が導入されているのに、ひとり厲祭だけが採用されていないという内容であった。[37] 太宗四年六月には、禮曹によって祭儀の詳細が定められた。それは、首都漢城をはじめ地方各城市の北郊に壇を設け、毎年春の清明日、秋の七月望日、冬の十月朔日に無祀鬼神を祀る、というものであった。[38] 定例の年次祭祀のほか、悪疫や戦争に伴う臨時の厲祭が執行されることもあった。[39]『厲祭謄録』[40]には仁祖十五年（一六三七）から英祖三年（一七二七）までの臨時厲祭の記録が掲載されている。

越南でも、後黎朝は太和七年（一四四九）無祀鬼壇を設け、光順五年（一四六四）には厲祭の祀典を定めた。[41] 阮朝は嘉隆二年（一八〇三）、京師と諸地方各城舗の北郊に厲祭壇を設け、三月・十二月に祭祀を行う制を定めた。[42] しかし阮朝の全国を網羅した地誌『大南一統志』[43]で、厲祭壇の存在が記されるのは全三十二の省道のうち河静省と富安省のみで、京師にすら記載がない。中華や朝鮮に較べ、越南は厲祭執行の意欲がやや弱いと評することができよう。ただ、これが越南が厲鬼に対する畏怖を有さなかったことを意味しないことは、前述の呉正女や呉雄拒の例に明白である。

(二) 厲鬼としての歴代帝王

厲祭同様、明代に開始された国家祭祀に歴代帝王祭祀がある。明は、国初に設けた伏羲・神農・黄帝を祀る「三皇廟」を拡大し、洪武六年(一三七三)三皇から元の世祖に至る中華歴代の帝王十六位を合わせ祀る「歴代帝王廟」を設けた。彼らは皆「開基創業有功徳於民之主」で、明の皇帝は天命を奉じるとともに、民を育み世に道徳と秩序を与えてきた歴代の帝王の跡を受けて「生民多福」の社会を実現出来ている。その恩に報じる意図から歴代帝王を祀るとしている[44]。つまり「有功烈於民」という『禮記』にみえる人を祀る規準[45]に則しているため、これを祀るというのである。論理としては、顕彰としての立祠に近いものといえる。

だが、先に見た「泰厲」や、晋侯に祀られず禍をなした鯀の例を想起すれば、そこには無祀鬼としての歴代帝王の霊魂への畏怖も想定されなければならない。歴代帝王の祭祀は、厲祭同様、越南・朝鮮に伝播した。うち、朝鮮の「歴代始祖」祭祀の確立過程からは、前王朝の厲鬼への畏怖を明確に看取し得る。

朝鮮の「歴代始祖」とは、檀君・箕子・三国始祖と高麗の太祖・顕宗・文宗・元宗を指す[46]。ただ、歴代始祖がこの九位に固定したのは世宗十一年(一四二九)で、それまでに数次に亙る曲折があった[47]。

朝鮮王朝は、高麗王王氏の祭祀に開国当初から大いに配慮している。開国直後の太祖元年(一三九二)七月、李成桂に位を譲った高麗最後の王恭譲王の弟王瑀を帰義君に封じ畿内の麻田郡を給い、王氏の祭祀を行うことを許し、開城から麻田郡に王氏宗廟を移した。八月、禮曹典書趙璞は、高麗の恵王・顕王・忠敬王・忠烈王らは「倶有功於民」であるため、平壌府に命じて祭祀を行わせるとともに、高麗太祖廟に附祭することを上申した。趙璞は翌日にも、高麗の成王・文王・恭愍王もまた「有功東方」ゆえに、麻田郡の太祖廟に附祭することを上申し、許されている。

だが、太祖三年李成桂は、恭譲王をはじめ、その子や高麗王室の人々を処刑して王氏の根絶やしを図った[48]。これ以降、朝鮮王朝は多くの冤魂と化した王氏の厲鬼に怯えなければならなくなった。果たして翌年二月、李成桂は高麗王室のため

に水陸斎の開催と、以降春秋毎の催行を三つの寺院に命じている。(49)

太祖六年には王瑀が、翌年にはその二人の子も没し、(50)王氏による高麗王廟の祭祀は途絶え、同氏は無祀鬼となった。明けて定宗元年(一三九八)王朝は麻田県に対し、「皆有功徳」ことを理由に、高麗太祖および六人の王を祀る廟の建立を命じている。(51)これは、「歴代始祖」祭祀の原型の一を成すものであるが、単なる「新王朝の権威を誇示するための政策」(52)ではなく、無祀鬼となった高麗王王氏の厲鬼への対策とも解されねばならない。

斯様に朝鮮の「歴代始祖」祭祀は、「有功徳於民」という儒典の記載に則った外皮を纏いながら、その内実には厲鬼への畏怖を孕みつつ形成されてゆくのである。

(三)厲祭の先行形態——水陸会・黄籙斎

高麗王室の根絶やしを企図した朝鮮王朝は、その厲鬼の鎮撫のために水陸斎を開催していた。水陸斎は、水陸会ともいい、水陸に飲食物を投じて諸霊に施し、これを救済する法会である。その濫觴は中華の天藍四年(五〇五)、梁の武帝が金山寺で催行したところに求められている。同様の目的から同様の祭儀を行う施餓鬼会とは、しばしば混同される。

中華において厲祭が開始される前には、厲鬼はかかる仏教行事、あるいは道教の黄籙斎によって慰撫されていた。(53)無祀鬼の慰撫という点でいえば、宋代に設置された漏澤園も重要である。漏澤園は、埋葬ができない者や放置された遺骸を埋葬するための場所で、無祀の枯骨を集めて埋葬した義塚と同一視される。これを主管したのは僧侶、あるいは道士であった。(54)明代に開始された厲祭は、これらの先行形態、就中道教儀礼を継承しつつ、それを可能な限り儒教祭祀の文脈に整合するように理由づけしたものであった。(55)

朝鮮半島における水陸斎は、高麗時代からみられたが、むしろ朝鮮時代初期に盛んに行われた。明制に倣い、儒教に依拠した国家祭祀の構築を目指して仏教による数多の護国法会を廃した朝鮮であったが、唯一水陸斎だけは中宗代に廃止されるまで六典に法制化されていた。(56)

朝鮮世宗代において、水陸斎と厲祭はほとんど同列視されていた。例えば、世宗二十四年(一四四二)八月、黄海道において悪疫が流行した。これは鳳山・棘城に散乱する髑髏の祟りと認識された。棘城は高麗時代、多くの兵士が死に、その死骸が野晒しで白骨化していた場所として後世にも知られた場所であった。黄海道観察使は、かかる事態への対応のため、僧侶に骨を拾って焼かせて冤鬼の迷いを解き、「水陸斎乃癘祭之例」に依拠して祭儀を行うことを上啓している。(57)

図2 「平和縣城之圖」 清国福建省平和縣城と周辺施設が描かれる。左上に邑厲壇が、四隅には東西南北に設けられた義塚がみえる。光緒15年（1889）重刊『平和縣志』（『中國方志叢書』91、成文出版社、1967年）所載。

「癘祭」は「厲祭」の誤記であろうが、両者の同質性が看取できる記載である。[58] 太祖の代に厲祭が制度化された後も、水陸斎はそれと同様の機能を担って執行されていたのである。僧侶による収骨・焼骨は義塚を連想させよう。

丁茶山は、無祀鬼の意の厲鬼を本来のそれと見、横死者の意の厲鬼を二義的な厲鬼の捉え方とみて、かかる「非古之厲」たる横死者を厲鬼と見做すようになったのは、仏家の水陸斎の影響と理解している。[59] 茶山の認識の当否はさて措いても、横死者の祭祀と水陸斎とが不可分であったことを言い当てた見解というべきであろう。

だが、世宗の跡を受けた文宗の代になると、事態は変わってくる。棘城の髑髏は、文宗二年（一四五二）にも黄海道に悪疫をなし、厲気は京畿にまで迫った。この時文宗は、自ら祭文を製して禮部をして祭儀を行わしめている。[60] この時の祭儀は、僧侶によって担われる水陸斎ではなく禮部が行う厲祭であった。

文宗代は、儒臣の反対によって水陸斎が衰退に向かってゆく転機であった。文宗を嗣いだ端宗から政権を簒奪した世祖は仏教を重用したため再び水陸斎が執行されたが、続く成宗代には『国朝五禮義』が成立し、儒教祭祀の体系が確立する。この時期に王朝が主宰する水陸斎は姿を消し、以降専ら厲祭が執行されるようになってゆくのである。[61]

以上のように、中華や朝鮮では水陸斎・黄籙斎から厲祭への移行がみられた。ただ、中華のそれが道教儀礼を継承したものであったように、あるいは朝鮮世宗代に「水陸斎乃癘祭」とみられていたように、両者は通底する互換的なものであった。十四・十五世紀に大陸諸国では、横死者や無祀鬼の祭祀は仏教的・道教的な形態から儒教的な装いに改められたが、それは飽くまで装いに過ぎなかった。最も民衆に近い郷厲壇は早くに衰退し、その役割は従来からの義塚に担われた。[62]越南で国家祭祀としての厲祭が不振であったことも、その機能を立祠などの別の宗教的手法が代替しているゆえであると考えることができる。[63]だが、厲祭という儒教祭祀の形をとった新たな粧いによって、無祀鬼や横死者の慰撫が図られたことは、形式上の大きな転換ではあった。

三、日本の厲鬼祭祀

(一) 御霊と立祠

日本においても、古代から横死者の厲鬼は災禍の原因と見做されていた。これについては、本書所載の西本論文で議論されている、貞観五年(八六三)に「冤魂成厲」者の鎮撫を目的に神泉苑で開催された御霊会について伝える記事[64]をここでも参照したい。それによれば、悪疫をなす「冤魂」六座の霊前に几筵を設け、花果を盛り、仏僧による読経、楽人らによる舞楽奉納などを催行し、これらの厲鬼の慰撫を図っている。神泉苑のほかにも各地で御霊会が催され、仏経の読誦や歌舞等の奉納がなされていることも記事にある。六座とは、崇道天皇・伊予親王・藤原夫人及観察使・橘逸勢・文室宮田麻呂であり、彼らは「御霊」と称された。斉しく事件に関与したため、誅罰されて落命した者である。堯に誅された鯀が想起されよう。横死者の厲鬼は日本では御霊と呼ばれたのである。[65]

御霊の祟りに対して、立祠による鎮静化が図られる場合があった。だが、かかる方法は日本に在来したものではなかったと考えねばならない。御霊に対する立祠の典型例と理解されている北野社は、厲鬼と化した菅原道真を仏教思想に基づいて神格化し、祀った神社であった。[66]さらに、次の例がある。

藤原頼長は、保元元年(一一五六)保元の乱で敗死した左大臣である。安元三年(一一七七)に至ってその霊が祟りをなすため、朝廷はその鎮静方法を議論した。注目されるのは、供養について「漢家之法、或立社稷有行祭祠之例、若有其告、可随彼例歟」[67]と中華の方法が参照されており、その準用が視野に入れられていることである。「社稷」とは国土と穀物、さらにはそれを守護する神の意であるが、ここでは「社稷」を立てて「祭祠」を行うとあるので神社の意で用いられていると解される。立祠によって厲鬼を鎮撫することを「漢家之法」とする認識が当時の日本の朝廷内に存在していた点は看過されるべきではない。

頼長は、寿永三年(一一八四)に至って立祠を受け、神祇官人の社司のほか僧官が付された。だが、神祇官は、この立祠の策定に参与するを得なかった。(68)「神道」は未だ立祠を主導できず、仏教の影響はなお強かった。

鎌倉末期には、立祠による厲鬼の慰撫が一定の普及をみるようになった。『諸神本懐集』にみえる、

人類ニテモアレ、モシハ畜類ニテモアレ、タヽリヲナシ、ナヤマスコトアレバ、コレヲナダメンガタメニ神トアガメタルタグヒアリ(69)

との記載はその証左となろう。

ただ、その直後に例示されるのは唐の詩人白居易の詩集『白氏文集』に載る「黒潭龍」の詩の内容である。則ち、「唐の江南」にある黒潭に、人が龍神を祀る社を建てて崇拝している。国内に病があればその祟りといい、郡内に悪事があればその咎といって毎年祭祀を行っている、というものである。厲鬼ではなく龍神であるが、立祠と祭祀によって祟りを解くことの例示として、日本ではなく中華の例が提示されている。このことは、立祠による祟りの鎮撫という方法が、やはり「漢家」のものと認識されていた様相を物語る。また、本書の著者は仏僧であるから、かかる立祠も仏教思想・手法の関与のもとに行われたものであったろう。

かかる状況は室町中期以降、変化をみせる。その契機は、吉田兼倶によって体系化された吉田神道による人を神に祀る論理の登場である。兼倶は、神とは則ち人の心であるという神人合一説を打ち立て、それを人の死霊を神となす理論的根拠とした。これに基づき、以降多くの人霊が仏教と無関係に神として祀られてゆくこととなる。もとよりそれは横死者に限定されるものではないが、名も無い横死者が少なからず神として祀られるに至ったことも事実である。(70)ここに立祠による解冤は「神道」の外皮を色濃く纏うことになった。

勿論、立祠によって厲鬼を宥めることは、吉田家のみがなし得た技ではない。僧侶や山伏にもその能力は期待されていた。だが、仏教思想・手法に依らずに立祠を行い得る方法が樹立され、受容されていったところにその画期性がある。

(二) 厲祭と日本

日本は、厲祭を導入することはなかった。横死者・無祀鬼を慰撫して災禍を除く厲祭の機能は、施餓鬼によって担われた。施餓鬼は文字どおり餓鬼亡者に飲食を施す仏教法会で、その性格は水陸会と近似し、両者はしばしば同一視される。日本における施餓鬼の変容には、中華の仏教の展開が少なからず影響していた。(71)

まず、餓鬼亡者の救済を図るはずの施餓鬼は、鎌倉時代には祖先を祀る盂蘭盆会と習合してゆく。かかる事態は既に中華宋代に進行しており、日本の禅僧たちが宋の規式を取り入

れたことによってもたらされた。祖先祭祀と習合した施餓鬼は、やがて無祀鬼、仏教風にいえば無縁仏の救済をも担うようになる。

室町時代に至ると、さらに施餓鬼は変容する。室町殿がしばしば五山の禅宗寺院に命じて施餓鬼会を開催し、戦乱・飢饉の犠牲者の供養を図ったように[72]、施餓鬼は横死者をも宥めることを目的とするようになった。斯様に施餓鬼が変容したのは、中華の水陸会の思想と儀礼を、当時横死者の鎮魂の役割を担っていた禅僧が導入したことによる。日本に厲祭は受容されなかったが、中華でそれに先行していた水陸会が、施餓鬼を横死者や無祀鬼の慰霊を担う法会へと転換させていったわけである。

以後、施餓鬼は日本において横死者や無祀鬼の慰霊を担う法会として定着し、現在までも継承されている。東日本大震災をはじめとする近年の大災害では、仏教系の宗教団体による施餓鬼が厳修されており、盆行事に伴い無祀鬼を饗応するための設えをする習俗は各地に残る。

また、厲祭の対象となる種々の厲鬼の内容は、完全ではないにせよ、日本にも共有された。

例えば、新井白石は「鬼神論」において次のように厲鬼の内容を捉えている。

> 或は勇壮の人戦陣に臨て戦ひ死し、或は暴悪の人刑戮に遭て誅し殺され、或は自ら刎、或は自縊れ、或は怨恨を抱ひてまげて殺され、或は暴疾にあふて忽に死せる、或は婦女の深く恨みねたみを含る、或は僧道の務めて精神を養へる、彼富貴権勢の人々強死せる事伯有が如き、皆こと〲く死して後、其気散ずる事を得ずして、沈魂滞魄なを天地の間に有て、或は妖をなし、怪をなし、或は厲をなし、疫をなす[73]

江戸時代を代表する儒学者の一人である白石は、しかるべき典拠によってかかる厲鬼の情報を得たはずであるが、それでも婦女の悋気や僧侶に関する記述など、明の祭文とはやや齟齬がある。だが、概ね中華の厲鬼の内容は、正しく認識されているといえよう。儒教思想が広く普及してゆく近世日本において、厲鬼の像もまた具体的に把握されるようになっていったのである。

明の祭文にみえる厲鬼の内容は、江戸時代には白石のような頂点知識人だけではなく村落知識人にもそれが中華の厲祭の対象と認識されたか否かは別にして、共有されていた。常陸国信太郡久野村の神社の神職を務めた大野家には、元禄十年（一六九七）に刊行された『聚類参考梅花心易掌中指南』という書物が所持されていた。同家はこの書物の中でも特に

「疾病」「墳墓」の項を頻繁に参照していたとみえ、これらの項目に目印を付していた。[74] このことは、当時の宗教者に疾病の原因の判断や墳墓を設置すべき場所について判断能力が求められていたことを示している。

『聚類参考梅花心易掌中指南』は馬場信武の著作で、中華で成立した易占書『家伝邵康節先生心易梅花数』、略して『梅花心易』の訓読解説書である。『梅花心易』は宋の邵雍、諡は康節の作とされるが、真偽のほどは定かではない。むしろ序文に、邵雍没後に秘書となり明の景泰五年（一四五四）に世に現れたと記されていることろから、明代に邵雍に仮託して作られたものと推察される。近世後期の有職家伊勢貞丈は、「梅花心易は邵康節の作にはあらず、後人覆射をする輩の偽作なり」[75]と断じている。しかしその影響力は極めて強く、朝鮮・越南・日本に伝わり、現在でも東アジアの諸国・諸地域で多くの書籍が刊行され続けている。日本では寛永二年（一六二五）に上梓されて[76]以降数次版に亙って刊行され、注釈解説書もいくつか著された。

『梅花心易』の「疾病」の項[77]には、病気の原因として「刃亡之鬼」「自縊残(ソコナヒ)生」「枷鎖致命」「没溺而亡」「血病而没」「因熱病而（没、井上註）」「陣亡之鬼」「疾病而終命」「刎頸而残生」そして「無主之殢祟」などが挙げられる。疾病の原因が、戦死者・刑死者・病死者・溺死者・自殺者、そして無祀鬼に求められているのである。それらはまさに、明の祭文や朝鮮の位牌に見られた厲鬼の姿にほかならない。

『梅花心易』がいつ、誰によって日本に招来されたかは定かではない。だが、天正十五年（一五八七）の識語を有する写本の存在は、これが戦国期に伝来していたことを物語る。写本の識語は「天正十五年丁亥仲春日於大竹山二尊寺書之、源津」[78]というものであり、これが寺院で参照、書写されていたことを示す。大竹山二尊寺は筑後国山門郡に所在する禅宗寺院で、当時は曹洞宗であったが、江戸時代に至って臨済宗に改めたと伝える。[79] したがって、源津もまた禅僧と判断される。かかる僅かな根拠から包括的な議論を行うことは避けねばならないが、少なくとも戦国末期には『梅花心易』が禅僧間で流通していたことと、明の厲祭文と近似した厲鬼の内容が日本に伝播していたことは疑いない。このような書籍を通じて、日本においても悪疫をなす厲鬼の具体像が大陸と共有されたのである。

結

日本を含めた東アジア諸国では、自殺者・横死者は無祀鬼とともに、悪疫や厄災をもたらす厲鬼と化すと信じられ、恐れられてきた。現在でも自殺者や横死者の霊が忌避される心性の基底には、彼らが厄災をもたらす厲鬼と認識されてきた歴史があったのである。

かかる厲鬼の観念と鎮撫の方法は儒教の経書にみられたが、それが儒教祭祀の形をとるのは明に至ってからであった。厲祭と同時期に開始された歴代帝王祭祀も、厲鬼祭祀としての一面を有したとみなければならない。それ以前には、仏教や道教が厲鬼の慰撫を担っていた。仏教の立場から行われた水陸会は日本にも影響を与え、日本では施餓鬼として定着してゆく。厲祭は日本には伝わらなかったが、そこで祀られる厲鬼の内容は易占書などを通じて流入した。その担い手は禅僧であった。

烈女をはじめ、祟りをなす厲鬼の中には立祠を受けて神になる者もあった。それらは日本の所謂御霊信仰、柳田國男の篇目を借りれば「人を神に祀る風習」を彷彿させるものである。しかし、それを柳田が説くごとく日本に「元から在つたと見るべき」[80]ものと見做すには慎重である必要がある。それはむしろ古代には仏教に担われ、また「漢家之法」と認識された解冤法であった。

烈女にみられたように、道徳的に優れた行いをした人のために立祠をし、時にこれを神に祀ることも、本来日本ではみられなかった現象である。かかる顕彰のための立祠が認められるようになるのは、日本において儒教道徳が広汎に浸透する幕末期を待たねばならない。それは、明らかに儒教思想の影響下にある。[81]靖国祭祀ですら、その理論的根拠は儒典に認められる[82]のである。「人を神に祀る風習」は、東アジア規模で考えねばならない課題である。

注

(1)(2) 杉山春「自死は、向き合える」一(『世界』八八七号、岩波書店、二〇一六年)。

(3) 岡崎一浩「不動産評価の難しさ、香港での事故物件」(『Evaluation』六四、プログレス、二〇一七年)。

(4) ここでは次の二編を挙げておく。「救済システムとしての「死者供養」の形成と展開」(『駒澤大学文化』二九号、二〇一一年)。「無縁供養の動態性」(『宗教研究』八六―二、二〇一二年)。

(5) 『三綱行實圖 高麗大本・想白文庫本・成均館大本・奎章閣本』(弘文閣、一九九〇年)。

(6) 『續三綱行實圖』国立国会図書館蔵。

(7) 『東國新續三綱行實圖』(弘文閣、一九九二年)。

(8) 前掲注6の内「續三綱行實烈女圖」十五丁。

(9) 「禮安縣邑誌」(韓國學文獻研究所編『邑誌』慶尚道一、亞細亞文化社、一九八二年)六一一頁。

(10) 前掲注5「三綱行實圖」(奎章閣本)序、六七七―六八一頁。

(11) 前掲注7「東國新續三綱行實」烈女圖巻之六「鄭氏節孝」

一二七六一―一二七六二頁。

(12) 前掲注7「東國新續三綱行實」烈女圖巻之四「洪氏投江」一二四五一―一二四五二頁。

(13) 前掲注7「東國新續三綱行實」烈女圖巻之六「恩禮乱斫」一二八〇一―一二八〇二頁。

(14)『南天忠義實錄』所載「黎末節義祠」(孫遜・鄭克孟・陳益源主編『越南漢文小説集成』十八、上海古籍出版社、二〇一〇年)一一二六頁。

(15)「大越史記全書」續編巻之二、永盛十三年十月(陳荊和編校『校合本　大越史記全書』下、東京大学東洋文化研究所附属東洋学文献センター刊行委員会、一九八六年)一〇四三頁。

(16)『皇越一統輿地志』(順化出版社、二〇〇五年)七三六―七三七頁。

(17) 維新八年(一九一四)刻成。前掲注17『越南漢文小説集成』三。

(18) 漢喃研究院蔵、請求記号A七六一。

(19) 前掲注14『越南漢文小説集成』二。

(20) 前掲注14『越南漢文小説集成』一

(21) 維新三年(一九九〇)刊、前掲注14『越南漢文小説集成』十三。

(22) 道光十九年『廈門志』巻十四(中國方志叢書八〇『福建省廈門志』成文出版社、一九六七年)二九七頁。立祠は井戸の上になされたともされる。

(23) 前掲注22、三一八頁。

(24) 民国十八年『同安縣志』巻之三十八(中國方志叢書八三『福建省同安縣志』二、成文出版社、一九六七年)一二二八―一二三〇頁。

(25)『大南一統志』第二輯(印度支那研究会、一九四一年)一七六七―一七六九頁。

(26) 佐野愛子「占城王妃の叙述をめぐって」(倉本一宏編『説話研究を拓く』思文閣出版、二〇一九年)。

(27) 濱島敦俊『総管信仰』(研文出版、二〇〇一年)八九―九二頁。莊德仁『顕霊　清代靈異文化之研究』(國立臺灣師範大學歴史研究所、二〇〇四年)は顕霊の諸相を紹介している。

(28) 吳德壽編『同慶地輿誌』(世界出版社、二〇〇三年)二二三頁。

(29) 崔吉善著・真鍋祐子訳『恨の人類学』(平河出版社、一九九四年)二一五―二三二頁。

(30) 光武五年序・六年跋『牧民心書』四　巻之四十八(廣文社)一七七頁。

(31)「國朝五禮儀序例」巻之一(『國朝五禮儀』景文社、一九七九年)三六七頁。

(32)「大明會典」巻之八十七(『正徳大明会典』二、汲古書院、一九八九年)二七七―二八三頁。

(33) 新釈漢文大系三二『春秋左氏伝』三(明治書院、一九七七年)一一六一―一一六五、一三三一―一三三六頁。

(34) 新釈漢文大系二八『礼記』中(明治書院、一九七七年)六九六―六九七頁。

(35)『禮記正義(十三經注疏)』(北京大學出版社、二〇〇〇年)一五二二頁。

(36)「明太祖実録」巻五十九　洪武三年十二月戊辰日(『明太祖實錄』中央研究院歴史語言研究所、一九六二年)一一五五―一一五六頁。

(37)『太宗実録』元年正月甲戌日(韓国国史編纂委員会蔵本)。

(38)『太宗実録』四年六月戊寅日。

(39) 李煜(이욱)『조선시대 재난과 국가의례』(朝鮮時代災難

と国家儀礼』(창비、二〇〇九年)三五二―三六八頁。
(40)ソウル大學校奎章閣韓國學研究院蔵。
(41)『歴朝憲章類誌』巻之二十五(東洋文庫蔵、請求記号X―二―三八)。
(42)『欽定大南會典事例』巻九十一(東洋文庫蔵、請求記号X―二―四五)三三丁表。
(43)北圻は東洋文庫蔵本(請求記号X―二―二八)、中圻は印度支那研究会版(一九四一年)、南圻は『六省南越』上・中・下(越南共和國務卿府特責文化文化衙出版、一九七三年)。
(44)『大明會典』巻之八十四 前掲注32、二四八―二五一頁。
(45)前掲注34、六九七―六九九頁。
(46)前掲注31、三五二頁。
(47)金海榮『朝鮮初期祭祀典禮研究』(集文堂、二〇〇三年)一二八―一三八頁。
(48)李成茂著、金容権訳『朝鮮王朝史』上(日本評論社、二〇一五年)九四―九八頁。
(49)『太祖実録』四年二月戊子日(韓国国史編纂委員会蔵本)。
(50)桑野栄治「李朝初期における高麗王氏祭祀」(『年報朝鮮学』二、一九九二年)。
(51)『定宗実録』元年四月丁卯日(韓国国史編纂委員会蔵本)。
(52)前掲注50。
(53)松本浩一『宋代の道教と民間信仰』(汲古書院、二〇〇六年、二〇五―二一二頁)。
(54)三宅良幹「宋代の漏沢園」(『駒澤大学仏教学部論集』三八、二〇〇七年)。
(55)濱野亮介「明代洪武初期における無祀鬼神祭祀政策の意図」(『大谷学報』九五―一、二〇一五年)、同「明朝による無祀鬼神祭祀政策」(『東方学報』九一、二〇一六年)。
(56)李英華「朝鮮初期佛教儀禮의性格」(『清溪史學』一〇、一九九三年)。
(57)『世宗実録』二十四年八月辛卯日(韓国国史編纂委員会蔵本)。
(58)『世宗実録』二年八月戊午日に「水陸斎近於厲祭追薦合設水陸」とある。
(59)前掲注30。
(60)「黄州牧邑誌」(韓國學文獻研究所編『邑誌』黄海道篇、亞細亞文化社、一九八五年)二六九頁。祭文は「鶴洲全集」巻九(『朝鮮時代儀禮資料集成』V、韓國精神文化研究院、一九九七年)五七頁。
(61)前掲注39、三三九―三四二頁。
(62)金井徳幸「宋代の厲鬼と城隍神」(『立正大学東洋史論集』一三、二〇〇一年)。
(63)井上智勝「近世ベトナムにおける人鬼の神格化」(『埼玉大学紀要 教養学部』五五―一、二〇一九年)。
(64)『新訂増補国史大系』四(吉川弘文館、一九六六年)一一二―一一三頁。
(65)近年、両者の近似性に着目した研究も提示され始めている。董伊莎「古代日中における「非業死者」の祭祀について」(『東アジア文化交渉研究』一〇、二〇一七年)など。
(66)今堀太逸『権者の化現』第一部(思文閣出版、二〇〇六年)。
(67)「愚昧記」治承元(安元三)年五月十七日(『愚昧記』中〈大日本古記録〉岩波書店、二〇一三年)二二六―二二七頁。
(68)「吉記」元暦元(寿永三)年四月十五日(『新訂吉記』本文編三、和泉書院、二〇〇六年)一五三頁。頼長の立祠過程については、山田雄司『崇徳院怨霊の研究』(思文閣出版、二〇〇一年）に詳しい。
(69) 元亨四年（一三二四）成立。日本思想大系一九『中世神道論』（岩波書店、一九九七年）一九〇頁。
(70) 井上智勝「怨霊祭祀譚の均質性と易占書」（『日本民俗学』二八九、二〇一七年）。
(71) 原田正俊「五山禅林の仏事法会と中世社会」（『禅学研究』七七、一九九九年）。
(72) 西山美香「五山禅林の施餓鬼会について――水陸会からの影響」（『駒澤大学禅研究所年報』一七、二〇〇六年）に一覧がある。
(73) 日本思想大系三五『新井白石』（岩波書店、一九七五年）一五八―一五九頁。引用文中、割註は省略した。白石の厲鬼観について論じたものに、大川真『近世王権論と「正名」の転回史』第一章（御茶の水書房、二〇一二年）がある。
(74) 『牛久市史』近世（牛久市、二〇〇二年）五二六―五二七頁。
(75) 「安斎随筆」巻之二（『改訂増補故實叢書』八、明治図書出版、一九九三年）五一頁。
(76) 益子勝「江戸時代に於ける明代占卜書の受容について」（『二松』一六、二〇〇二年）。
(77) 寛文十年板　藪田曜山『譯註梅花心易』（三密堂書店、一九七二年）一七六―一七七頁。
(78) 埼玉大学附属図書館蔵。
(79) 日本歴史地名大系四一『福岡県の地名』（平凡社、二〇〇四年）一一〇一頁。
(80) 『定本柳田國男集』一〇（筑摩書房、一九六九年）四七四頁。
(81) 井上智勝「近世日本宗教史における儒教の位置」（『日本佛教綜合研究』一三　二〇一五年）。
(82) 小島毅『増補靖国史観』（筑摩書房、二〇一四年（初出二〇〇七年））。

照月寿光信女と近世七条仏師

長谷洋一

はせ・よういち——関西大学文学部教授。専門は近世仏教彫刻史。著書・論文に『カラー版日本仏像史』（共著、美術出版社、二〇〇一年）、「江戸時代後期における京都仏師の東北地方進出と在地仏師の動向」（『關西大學文學論集』六六巻二号、二〇一六年）などがある。

京都・長楽寺には金光寺旧蔵の七条仏師に関する大仏師系図、大仏師位牌、過去帳、時宗祖師像が所蔵され、七条仏所と時宗との関係が指摘されている。両者の関係は果たして近世まで継続したのであろうか。二十二代康猶の娘、照月寿光信女の供養、追善事例を確認しながら、七条中仏所の棟梁の交代を通して近世七条中仏所が属した宗派について考察する。

はじめに

肉親をはじめ近親者の供養や追善のために仏像を製作、修復する事例は古くから枚挙にいとまない。しかし仏像を製作・修復する仏師が自らの親族のために仏像を製作・修復した事例はあまり知られていない。管見の限り、中世ではわずかに石川・羽咋市永光寺釈迦三尊像のうち左脇侍の聖観音菩薩坐像をあげるに過ぎない。聖観音菩薩坐像に像内銘などはないものの、永光寺開山である瑩山紹瑾禅師『洞谷記』(1)には、

左脇士。観世音菩薩。洛陽高辻大宮。駿河法眼定審為二先考定守法眼十三年追弔一木作。

とみえ、聖観音菩薩像は、洛陽高辻大宮仏所の駿河法眼定審が願主となって父である法眼定守の十三回忌追善のために造立されたものであると記している。

定審は中世院派仏師のひとりとされ、徳治三年（一三〇八）の神奈川・称名寺釈迦如来立像に父定守と共にその名をみせるほか、正和五年（一三一六）京都・法金剛院十一面観音菩

薩坐像、嘉暦二年（一三二七）高知・金剛頂寺板彫真言八祖像、元徳三年（一三三一）岐阜・勧学院釈迦如来立像に「定審」の名を見いだせる。[2]

近世に入っても仏師自身による近親者の供養や追善のための造像、修復事例は少ないが、近世七条仏師のひとりである二十二代康猶の娘、照月寿光信女の事例をあげることができる。ここでは、照月寿光信女の供養、追善事例を通して、近世七条仏師との動向について考えてみたい。

一、照月寿光信女と康猶

（一）照月寿光信女

照月寿光信女の名は、毛利久氏が京都・七条道場金光寺と七条仏師との関係を明らかにしたなかで紹介された「黄台山金光寺過去帳」（以下「過去帳」）にみえる。[3]「過去帳」は江戸時代、十九世紀の調製とされ、過去帳中段の仏師の項目中、「七日」の項に「寛永六己巳七月／照月寿光信女／仏師廿二代康猶之娘也」、その下に「遊行二祖上人御木像／修造主者大仏師法眼／康猶娘為寿光寄附之」と記されている。七条中仏所（以下、七条左京家）二十二代康猶の娘である照月寿光信女が寛永六年（一六二九）七月七日に死去したこと、父の康猶が照月寿光信女のために遊行二祖上人木像の修造主になったことが記されている。

七条道場金光寺（時宗）は明治四十年頃に廃絶し、什宝とともに京都市東山区の長楽寺に併合された。金光寺旧蔵の時宗祖師像も長楽寺に移安され、そのうちの四躯（尊明、太空、尊恵、暉幽の各上人像）には、寛永六年五月吉日付の康猶による修復銘札が像内に打ち付けられている。[4]ただし尊明上人像・暉幽上人像の修復銘札には「七條廿一世住持大仏師法眼康猶／再興之」、太空上人像・尊恵上人像の銘札には「七條廿一世住持同大仏師法眼康猶廿三代／再興」と記されている。「過去帳」などでは康猶が「廿二代」と記されており、代数の点で修理銘札の記述とは合わない。慶長十九年（一六一四）に康猶が製作した大分・宇佐市禅源寺釈迦如来坐像胎内銘にも「城州之住／七条大仏師十九世／左京法橋藤原康猶作／慶長十九寅二月十五日」と記されており、[5]禅源寺釈迦如来像では康猶は「十九世」と称しており、康猶自身の不明とも思われるが判然としない。

「過去帳」にみえる「遊行二祖上人御木像」は、長楽寺蔵真教上人倚像とみられ、真教上人像には康猶の修復銘札がないものの、木製五輪塔をはじめとする納入品が奉籠されていた。そのなかで火葬された人歯断片六個を納めた包紙の表には、「あまの川いく秋かけてわたりけん 七夕つねのかささきのハし」「たなハたやかねて別を於もひつゝなミたそふらん天の川なミ」の和歌二首が書かれていた。(6) 時宗祖師像の修理報告を行った松島健氏は、人歯そのものは真教上人像造像時(十四世紀)のものとされたが、包紙に記された和歌が七夕に関するものであり、他の祖師像四躯に寛永六年五月吉日付の修理銘札が残ることからも、火葬された人歯は照月寿光信女の遺歯であると考えられ、康猶が照月寿光信女のために遊行二祖上人御木像の修造主になったとする「過去帳」の記載を裏付けている。推測すれば、康猶は時宗祖師像の修復中に娘の死に接し、供養のために康猶が真教上人像の修造主となり像内に娘の遺歯を納めたものと考えられる。

表　七条仏師の仏師系譜私案
（丸数字は『大仏師系図』にみる代数）

- 康正㉑
  - 康猶㉒
    - 照月寿光信女（死骨七條金光院墓代ノ内ニ在之）
    - 康看
    - 康知㉔ ― 康乗㉕
    - 春歴
    - 宗雲童子
    - 康春
  - 帥康以
  - 康英
- 康音㉓
- 久七康以（康正弟子） ― 康寿（左兵衛　康音婿）
- 康祐㉖
  - 康慶
  - 康傳㉗
  - 康傳㉘ ― 康音㉙
  - 康永
  - 康輪（友学）

このほか照月寿光信女の供養、追善に関する事例として、京都・六波羅蜜寺蔵奪衣婆像の製作、閻魔王像の修復をあげることができる。

六波羅蜜寺奪衣婆像の像底には、「山城国／六波羅蜜寺／優婆／寛永六己巳年／照月寿光信女／七月七日／寿光信女為頓／証菩提也／法眼康猶／新添之」の朱漆銘があり、照月寿光信女の没年月日が記され、康猶が照月寿光信女の頓証菩提のために奪衣婆像を製作したことが判明する。(7)

また閻魔王像は胎内に修復銘札が納められ、表には「寛永八年辛未年／為才三年忌／帰依三寶　照月壽光信女／大仏師左京法橋　姪／七月七日」、裏に「右為志　燄魔王之像奉修補仕畢　敬白」と記されている。(8) 修復銘札からは、大仏師左京法橋が「姪」にあたる照月寿光信女の三回忌供養のために閻魔王像を修復したことが知られる。

照月寿光信女が左京法橋の姪にあたることから左京法橋と康猶は兄弟とみられる。美術研究本「本朝大仏師正統系図幷末流」(9)（以下、『大仏師系図』）によると、康猶の兄弟として、猶子の「康英」、同じく猶子で康猶の妹の子息である「帥康以」があげられるが、康英は他の資料からも「右京」「右京法橋」と称していたことが知られ、左京法橋は帥康以に該当すると思われる。

(二) 康猶の子女

康猶の子女として「過去帳」には、照月寿光信女のほかに元和元年(一六一五)七月二十八日に没した宗雲童子の名が記される。また『大仏師系図』には、嫡子とされた二十三代康音、二男とする康看を掲げるほか、「康猶末子也、成康看之猶子」と記された康春の名がみえている。[10] 加えて『隔蓂記』承応二年(一六五三)十一月九日条には「大仏師康看・左京兄弟両人」の記述が認められる。ここにみえる左京は、『隔蓂記』には相国寺塔本尊像や花園法皇像を製作したことが掲げられ、これらの事績は、『大仏師系図』ではいずれも康知の事績として列記されている。したがってこの左京は二十四代康知とみられ、康知も康猶の子息であった。このほか『隔蓂記』寛文二年(一六六二)二月八日条に「春歴云浄土僧初成知人、大仏師康看弟也」とあって、康看の弟に浄土宗僧となった春歴の名がみえている。これらの記載が全て真実を伝えるものであるとすれば、康猶には少なくとも七名の子女がいたことになる。(仏師系譜参照)

康猶は、慶長八年(一六〇三)に京都・教王護国寺(東寺)金堂十二神将像のうち丑・辰・酉・亥神将像を製作したが、亥神将像の胎内銘に「康猶(花押)/十八歳也」と記している[11]ので、康猶は天正十三年(一五八五)生まれ(満年齢、以下同)となる。また「過去帳」や『大仏師系図』では、康猶が寛永九年(一六三二)六月十一日に没したと記されることから没年齢は四十七歳である。

また嫡子とされる二十三代康音は、『大仏師系図』では天和二年(一六八二)三月二日に八十四歳で没したと記すことから生年は慶長三年(一五九八)となる。慶長三年当時、父とされる康猶はわずか十三歳で、同年には康猶が京都・妙法院蔵釈迦三尊像(禁裏八講本尊)の製作に「御梅」の幼名で参加したとされ、[12] 康音が康猶の実子であるとは考え難い。康知は寛文元年十一月二十二日に四十五歳で没したと記すことから生年は元和二年(一六一六・康猶三十一歳)で、宗雲童子が没した翌年に誕生している。

照月寿光信女が示寂した寛永六年は、康猶四十四歳、康音三十一歳、康知十三歳にあたる。生きておれば七条左京家の後継者となったであろう宗雲童子の早逝は、父康猶にとって深く悲しむべき事態であったが、現存作例からは宗雲童子の供養、追善事例を見いだせない。照月寿光信女が何歳で亡くなったのかは不明であるが、長楽寺真教上人像に納入された遺歯と七夕の和歌を添えた包紙や康猶による六波羅蜜寺奪衣婆像の製作、叔父の左京法橋よる閻魔王像の修復は、肉親はもとより近親者にとっても照月寿光信女の示寂とその供養、追善は別格の扱いであったように思われる。

二、康音の事績

(一)『大仏師系図』にみる康音

このように照月寿光信女の示寂は、七条左京家にとって大きな出来事であった。『大仏師系図』での康猶と康音との父子関係も両者の生年から関係が成立しない。そこで康音の経歴と事績について改めて確認してみたい。

先に記したように康音は慶長三年に出生した。根立研介氏によれば、[13]康音は寛永六年(一六二九)二月二十二日、三十一歳頃に東寺大仏師職に補任しており(『阿刀文書』)、その折の僧綱位は法橋であった。また『大仏師系図』には、康音が「後水尾院御宇後光明院御宇隠居仕」と記されている。後水尾天皇の在位は寛永六年まで、後光明院天皇の在位は寛永二十年(一六四三)までであり、康音は寛永六年から寛永二十年までの間に「隠居」したとされている。さらに康寿の項にも「左兵衛 康音聟」とみえており、左兵衛康寿が康音の娘聟にあたるとも記されている。

『大仏師系図』に記された康音の事績は江戸城東照宮の造像に始まり十三項目に及ぶが、年紀が付された事績は寛永十二年三月の日光山造像以降の九項目である。このうち無年紀の「後光厳様後円融様御両代御影泉涌寺雲龍院へ調進」の記事は、『雲龍院旧記』によれば、[14]寛永十六年(一六三九)に康知が後光厳・後円融天皇像両像の躰部を補作した旨を記していることから、康知の事績に含まれる。『大仏師系図』に記された康音最後の事績は寛永二十年の高野山大塔四仏像の製作であり、「後水尾院御宇後光明院御宇隠居仕」の記述と符合する。

(二)天海僧正坐像

現状での康音の確実な遺品としては、寛永十七年(一六四〇)製作の栃木・日光輪王寺護摩堂蔵天海僧正坐像(「洛陽七条大仏師法眼康音作」)が唯一の作品である。『御用覚書』によれば、[15]康猶が天海から「後世之御相伝」の書面を受け、康音を「累代大仏師」としたことで七条左京家が幕府御用を専有することができた関係を重視すれば、天海僧正像の製作も七条左京家に委ねられたことも容易に理解できる。

しかし、天海示寂(寛永二十年十月二日)前後の天海僧正像の造像をみると、その造像が必ずしも七条左京家に委ねられたわけではなかった。寛永二十年八月に製作された埼玉・喜多院天海僧正像は式部卿による製作であり、[16]翌年に製作された東京・養玉院天海僧正像は「南都住後七条流□大仏師」を名乗る大夫慶雄による製作である。大夫慶雄は慶安二年(一六四九）にも日光・輪王寺蔵の寛永十七年像とは別の天海僧正像を製作しており、[17]群馬・長楽寺天海僧正像（伝円義僧正像）では「東叡山之大仏師」の肩書を記している。[18]また和歌山・雲蓋院天海僧正像は正保四年（一六四七）の年記と「作者大仏師康者」の作者銘があるとされ、康者は「康看」の誤写とみられる。[19]天海僧正像の製作をみても七条左京家以外の仏師が担当しており、大夫慶雄に至っては「東叡山之大仏師」の肩書をもって製作している。

『大仏師系図』の記載は、康音が先代の康猶から幕府御用が受け継がれたかのように記されるが、筆者はやや疑問の余地があるように思われる。いくつか事例を示したい。

（三）比叡山根本中堂本尊の修復

『大仏師系図』康音の項目には、寛永十七年に比叡山根本中堂本尊の修復を行ったことが記される。根本中堂本尊の修復事業に関しては、寛永十七年の「根本中堂再建由緒草稿」、同年十一月晦日「根本中堂本尊開帳事書控」など比叡山側の史料が残る。[20]寛永十七年の修復事業を比叡山側の史料から確認してみたい。

寛永八年（一六三一）九月十八日の大風によって比叡山根本中堂や講堂などが破損し、寛永十六年夏には根本中堂の再建が開始された（「根本中堂再建由緒草稿」）。再建にあたっては本尊の移座と修復を行うこととなり、本尊移座にあたっては「撥遣之儀」を行う必要があった。

寛永十七年十一月十四日に「大仏師治部卿」は比叡山に上り（「実相房盛賢書状」）、同十八日に「修複（ママ）之儀」が行われた。修復之儀は本願堂を仮舎として行われ、庇間で「大仏師治部卿法橋康看同舎弟左近」に斎戒が授与されて、礼堂で「御衣木加持」が執行された。御衣木加持は修復用材である「仏木」に薬師の種字を書いた後「康看斧三刀下之」した作法であった（「根本中堂本尊開帳事書控」）。十二月十九日には覆面、手袋姿の康看が厨子を開け、本尊の状態を確認後、取り出して輿に乗せて礼堂まで運ばれて遷座し、本尊壇への移動には貫主が本尊に手を添えて、厨子内に納められた（「根本中堂造替遷座日記」）とする。

これらの史料を見る限り、根本中堂本尊の遷座、修復にかかる一連の重要な行事に康音は出仕しておらず、「治部卿法橋康看」の名があがるのみである。康看は官職名を「治部卿」とし、承応三年（一六五四）二月十五日には法眼位を叙位している。叡山文庫には、寛永十七年七月二十八日付の「比叡山根本中堂御仏像御伝授書付」（写）が所蔵されており、[21]「大佛師左京法眼康音」の署名があるが、文書は後の大仏師康傳による写しであり、「根本中堂再建由緒草稿」などの史料内容とは相違する。

(四) 東寺五重塔内諸仏の造像

次に康音が大仏師職を補任していた東寺（教王護国寺）についてみてみたい。

東寺五重塔は、永禄六年（一五六三）の落雷で焼失し文禄三年（一五九四）に再建するが、寛永十二年（一六三五）十二月七日夜に再び焼亡してしまい、寛永二十一年（一六四四）に再建されて今日に至っている。寛永十二年焼亡後の再建、特に塔内の四仏八菩薩像の造像記事については『大仏師系図』中にみえないが、康音は寛永六年に東寺大仏師職に就いており、五重塔内の諸仏像の造像に対して、当然その権益を行使するはずであるが、東寺側の記録である『聞書并日記』には、異なる記事が認められる。

『聞書并日記』「東寺塔御再興之事」[22]によれば、五重塔内の四仏八菩薩像の御衣木加持、入仏について次のように記されている。

寛永廿季六月五日午刻
四仏八菩薩之
御衣木加持有之、長者尊性親王於御宿坊観智院道勤仕給了、奈良大仏師四仏并八菩薩之両目鼻口四ヶ処以鑿一打了但各々不打之四仏モ八菩薩モ一仏一尊ニテ兼之者也
同廿一季七月六日未刻
入仏有之入仏作法宗慶勤之一臈役也四仏八菩薩同時ニ入仏也兼而四仏ノ御頭ニ仏舎利一粒宛籠之合四粒也一粒ハ尊性親王三粒承相伝之内之残三粒ハ覚禅院栄禅干時允僧別当之相伝也

この記事から五重塔内の諸仏像の造像は、寛永二十年（一六四三）六月五日に「奈良大仏師」によって御衣木加持が行われ、翌年七月六日に入仏（開眼）供養が営まれたことがわかる。「東寺塔御再興之事」には、造像に携わった仏師名は記されていないが、奈良仏師が御衣木加持に出仕していることから特段の事情がない限り、造像も奈良仏師に拠ったとみるのが自然であろう。したがって東寺大仏師職をもつ康音は五重塔内四仏八菩薩像の造像には関与していないとみられる。

(五) 高野山の造像

『大仏師系図』に記された康音最後の事績は、寛永二十年の高野山大塔四仏像の製作である。

高野山大塔五仏像造像を担当した仏師は、『高野春秋編年輯録』[23]によれば、「耳銘集」からの引用として「法橋庸音父子造二立之一」とみえる。また同書にみえる寛文五年（一六六五）の高野山・青巌寺愛染明王坐像の造像にあっても「高野有縁之大佛工大塔五佛造刻之匠庸音息久七」と記されている。[24]

「庸音」は「康音」の誤写とみられるが、『高野春秋編年輯録』の記事からは、大塔五仏像の造像が康音親子によって製作され、青巌寺愛染明王像の記事からは康音の子息が久七であるとしている。加えて万治三年（一六六〇）に製作された金剛峯寺蔵真然大徳坐像の胎内には、「七条大仏師康正法印／第一子（ママ）伊勢之久七康以作／同子左兵衛／康寿」の銘記があると報告されており、(25)先の『大仏師系図』にみる左兵衛康寿が康音の娘聟との記述と併せて考えれば、康音の娘と久七康以の息子である康寿が婚姻していたともみられるが、青巌寺愛染明王像の記事にみえる「庸音息久七」とは齟齬していることから検討の余地が残る。

（六）上野東照宮五重塔内諸仏の造像

更に『大仏師系図』にはみえない事績ながら、この時期の作品として東京・上野東照宮五重塔内四方四仏像をあげることができる。

東京・上野東照宮五重塔（現東京都蔵）は、藤堂高虎による東叡山東照宮の完成後、寛永八年（一六三一）に土井大炊頭利勝によって薬師堂に相対する位置に建てられた。『東叡山諸堂建立記』(26)には、五重塔の安置仏像について「本尊五如来、各坐像、康猶作」と記しており、創建当初の安置仏像は、康猶による大日如来像を中心とした五仏像であった。

五重塔は、寛永十六年（一六三九）三月二十日に薬師堂の火災からの延焼により焼失した。焼失後は直ちに再建が開始され、五重塔露盤銘によれば、六月には相輪が造られ、翌月には塔の再建が開始された。塔の完成時期を伝える史料はないものの、その後まもなく完成したとみられる。以後、明治初年の神仏分離の際にも五重塔は寛永寺の所有とされて撤去を免れて今日に至っている。(27)

五重塔内に安置される四方四仏像（釈迦・薬師・阿弥陀・弥勒）は、それぞれ表現を微妙に違えながらもその作風や構造は同一で、一具の像として製作されたものである。引き締まった顔立ちと均整のとれた体躯の表現は、当時としては極めて高い水準にある。しかしながら、各像に造像銘はなく、各像の像底には「西阿弥陀」など方位と尊像名を記した朱漆銘と光背枘の「東」などの方位を示した墨書のみが認められる。

現存する四方四仏像の製作時期及び作者については、寛永十六年の火災時に康猶作の当初像が救出され、現存像は寛永八年に康猶による制作であるとする説と、当初像は五重塔と共に焼失し、現存像は寛永十六年の再興像で康音による制作とする説にわかれているが、現在は後者の説を採る意見が多い。

以上、主に寛永十七年から寛永二十一年頃の作品を史料の上から確認した。この時期の作品は七条左京家棟梁の康音が「隠居」した時期とも重なるが、康音が活動した形跡を確認することができなかった。高野山大塔五仏像の造像も康音親子が関わったとするが、康音の子息を久七とするなど系譜の点で不審が残る。

寛永年間後半は、上野東照宮五重塔四方四仏像を代表とする近世仏教彫刻が、写実性にとみ洗練さを増していく時期でもあるが、それを主導した七条左京家の棟梁であった康音の活動や後継者が不分明であるのは大きな問題であると言わざるを得ない。

（七）康音と照月寿光信女

敢えて想像をたくましくするならば、康音には娘がいたと考えられることから、配偶者として照月寿光信女がいたとは考えられないだろうか。元和元年に宗雲童子を失った康猶は、実娘の照月寿光信女の婿養子として康音を迎えたが、娘が誕生する。康猶も宗雲童子を失った翌年に男子（康知）をもうけ、康音は寛永六年二月二十二日に東寺大仏師職に補任したが、同年七月七日に照月寿光信女が亡くなり、七条左京家棟梁の康猶との姻戚関係が途切れてしまった。そのため、康音は名目上の棟梁に過ぎなくなり、康猶没後は、康猶の男子（康知）が成長する間、康猶二男とされた康看が実質的に七条左京家棟梁を務め、根本中堂本尊の修復に参画し、また康音が補任した東寺大仏師職は康音一代に補任されていたため権益を行使することが出来なかったのではないかと。『大仏師系図』で「後水尾院御宇後光明院御宇隠居仕」と記されたのもそうした事情の反映ではなかったかと推測する。

寛永六年七月七日の照月寿光信女の示寂は、すでに宗雲童子を失った康猶にとって、二度目の深い悲しみであるとともに、一時的にしろ七条左京家の棟梁不在の危機を招いたのではないかと想像される。

康知は寛永十九年（一六四二）十一月八日に二十六歳で法橋位を叙位している。『大仏師系図』での康音最後の事績は寛永二十年の高野山大塔四仏像の制作であり、康知の法橋叙位の翌年にあたる。七条左京家における康猶から康音、康知に至る複雑な系譜は、以上のように想定できると考えられる。

三、系図・過去帳・位牌

（一）七条仏所正系の交代

以上のように七条左京家の系譜や動向を想定した時、冒頭で触れた七条道場金光寺と七条仏師との関係はどのように考えられるだろうか。

根立研介氏によれば、[28]十五世紀後半に七条仏所正系が七条西仏所から七条中仏所に交代していると指摘された。浅湫毅氏も『金光寺文書』「南要上人書状」の検討から七条仏所正系の交代を肯定されている。「南要上人書状」には、一遍上人の肖像製作を七条西仏所に依頼したが、音沙汰がないので西仏所を時宗の大仏所としない旨を考えていたところ像が完成したのでこの件は不問にするが、時宗の大仏所を一所に限ると、こうした問題が起きるため今後は西仏所と中仏所の二所に依頼するとしている。[29]筆者も七条仏所正系の交代に肯首するものの、こうした中世における時宗の大仏所として七条西仏所と七条中仏所（七条左京家）とが両立した関係は、果たして近世以降も継続されていたのであろうかとの疑問を抱く。

（二）七条仏師関係遺品と康祐

改めて、毛利氏が紹介された金光寺旧蔵の七条仏師関係遺品をみてみたい。

「過去帳」に記された最後の仏師は二十六代康祐である。長楽寺には、「過去帳」のほかにも「本朝大仏師正統系図幷末流」（以下、金光寺本「大仏師系図」）と大仏師位牌が存在する。[30]

大仏師位牌は、元祖定朝から二十五代康乗までの歴代大仏師の名を刻み「廿三代康音」の文字も刻まれている。また金光寺本「大仏師系図」では、光孝天皇から定朝に始まり二十七代康傳までの系譜が記され、光孝天皇、定朝、康弁の傍注にはそれぞれ「寛延三庚午年」と付されていることから、寛延三年（一七五〇）頃に系図としてまとめられたとされている。

『堯恕法親王日記』延宝七年（一六七九）十二月六日条[31]には、「大仏師左京来、養子某同行也、申云近年病気付、仏師康祐之子ヲ養子トシテ今日披露候間」とある。この大仏師左京は、二十四代康知の嫡子である二十五代康乗である。康乗は後継者（嫡子）不在のため、「康祐之子」を養子に迎えている。

康祐は、『大仏師系図』で「二十六代康祐」として康乗の後継者として名を連ねており、『大仏師系図』「過去帳」とも元禄二年十二月二日に五十九歳で没したと記されることから生年は寛永七年（一六三〇）となる。

（三）康慶と七条西仏所

日記からは「康祐之子」が誰であるか判然としないが、元禄十三年（一七〇〇）製作の栃木・南照院（日光山内）愛染明王像には「京四条烏丸西入函谷鉾町／大仏師左京／法橋康慶」の台座銘を伴っており、ここではこの銘記に注目したい。[32]

周知のように日光山の造像は幕府御用のひとつで、康猶以降長く七条左京家の独占事業であった。南照院愛染明王像台座銘からは、法橋康慶が「大仏師左京」を肩書としていることから七条左京家の棟梁とみられる。また陽明文庫蔵『御用雑記』には、享保十三年（一七二八）十一月三日付の三十一代康音の法橋叙任の申請文書中に勘例として「元禄二年十二月十六日　法橋康慶四十二才」とみえ、(33) 元禄二年（一六八九）、四十二歳の時に法橋を叙位していることから出生は正保四年（一六四七）となる。康慶の居所は「京四条烏丸西入函谷鉾町」と記されており、『大仏師系図』には七条西仏所の康清の項目に「定朝以来七條住人也、今四條函谷鉾町移住」とあって、同所は七条西仏所の居所であった。また貞享版『京羽二重』第六「諸師諸芸　大仏師」（宝永版では巻三）にも「四條通室町東へ入　法橋康慶」とみえており、「四條通室町東へ入」と「四条烏丸西入函谷鉾町」とは同じ住所である。当時、七条左京家の居所は「四條烏丸汞屋町」である。

つまり照院愛染明王像を製作した「大仏師左京法橋康慶」は日光山の造像を担当した七条左京家棟梁でありながら、居所は七条西仏所の住所をしめしている。このことから「大仏師左京法橋康慶」は七条西仏所から七条左京家に送られた養子であると考えられ、『堯恕法親王日記』の「康祐之子」は康慶であったと考えられる。ひいては実父の康祐も七条西仏所（ただし傍系仏師）に所属していたとみられる。

康祐は、子の康慶を康乗の後継者として七条左京家に養子に送りながら、自らは七条左京家二十六代棟梁として『大仏師系図』にみるように幕府御用をはじめとする七条左京家の権益を手に入れ、子息の康傳も七条左京家二十七代として活動している。

(四) 大仏師系図と「過去帳」

こうした点を踏まえると、金光寺本「大仏師系図」が、康祐の子息である二十七代康傳までの系譜を綴り、「過去帳」も二十六代康祐までを記載している点は、康音、康祐での七条左京家の棟梁交代が正しく反映されているとは言い難く、金光寺本「大仏師系図」や「過去帳」でみるような単一の系譜を辿っていないことが理解できる。敢えて言うなら、少なくとも「大仏師系図」と「過去帳」は七条西仏所の康祐、康傳側からその正当性を示したものではないかと考えられる。

『大仏師系図』康看の項には「死骨七條金光院墓代ノ内ニ在之」と記され、金光寺との関わりを見出せるが、康看はあくまで七条左京家の補佐役、傍系仏師であり、康看以後の系譜も康春を最後とし、先に掲げた康猶による時宗祖師像の修復以外、近世七条左京家と金光寺との関係を示す史資料は、現状では見出せない。

七条西仏所とみられる康祐は、神奈川・清浄光寺尊任上人像の造像を手掛けている。朱漆銘に「惣本家禁裏大仏師左京入道勅法印康祐」と記すことから、[34] 製作年不明ながら康祐が「法印」を叙した貞享四年（一六八七）以降の製作と考えられ、七条西仏所と金光寺との関係は、康看没後あるいは康祐の代で再び七条西仏所を時宗の大仏所としたのかもしれない。

四、七条左京家と新義真言宗

以上、雑駁な推論を述べてきたが、近世において七条左京家と時宗との関係は、少なくとも康看没後に途絶えたように思われる。

近世においては、徳川将軍はもとより万民すべてはいずれかの宗派寺院に属さなければならない寺請制度、寺檀制度が設けられ、仏師もその例外ではなかった。おそらく七条左京家と菩提寺との関係は、彼らの造像活動とはまったく別種のところにあったものと思われる。

(一) 六波羅蜜寺奪衣婆像・閻魔王像

冒頭で示したように、照月寿光信女の供養や追善は、長楽寺蔵真教上人像の修復以外にも六波羅蜜寺奪衣婆像の製作、閻魔王像の修復が掲げられる。奪衣婆像は、父康猶が娘の照月寿光信女の頓証菩提のために製作され、閻魔王像は照月寿光信女の三回忌供養のために叔父の左京法橋が修復したものである。六波羅蜜寺の奪衣婆像製作・閻魔王像修復は、仏師による近親者の供養や追善事例としても非常に珍しい。

周知のように京都・六波羅蜜寺は、空也上人開基とされ、当初は西光寺と称したが、貞元二年（九七七）比叡山の僧・中信が中興して天台別院とし、桃山時代に新義真言宗（真言宗智山派）の所属になっている。こうした点から近世の七条中仏所（七条左京家）は真言宗智山派と深い関係にあったと考えられないであろうか。

いま七条左京家と新義真言宗との関係を想定すれば、いま二つの事例を想起させる。

(二) 因幡堂平等寺蔵弘法大師坐像

ひとつは近年確認された因幡堂平等寺蔵弘法大師坐像である。[35] 像底に朱漆銘があり、「七條前大佛師貳十二代／法印康正八十九歳／為二世安樂作畢／洛陽五條因幡堂執行坊寄進之者也／時于元和七年辛酉正月十日」と記されている。「過去帳」や『大仏師系図』には、二十一代康正が元和七年正月十日に没したと記されており、康正の没年月日は一致するものの代数に関しては康猶の長楽寺時宗祖師像の修復銘札と同じく、ずれが生じている。おそらく康正の遺作として製作され、康正没後に完成、康正の没年月日を記したものと思われ、六波羅蜜寺奪衣婆像製作と類似の事情を読み取ることができると思われる。

因幡堂平等寺は、七条左京家の居所（四條烏丸汞屋町）とは指呼の距離に位置している。創建当初は天台宗との関係があり、その後、天台宗寺門派、聖護院末寺を経て、十六世紀末に新義真言宗（現在は真言宗智山派）の影響を受けている。正徳元年（一七一一）の『山州名跡志』「洛陽部四」には「寺務ハ天台聖護院御門主、寺僧ハ真言也」とされている。

図　上品蓮台寺　伝「定朝墓」

もうひとつは、京都市北区紫野十二坊町に所在する上品蓮台寺境内に残る伝「仏師定朝墓」である（図）。碑文には「日本佛師開山常朝法印康□」と刻まれている。碑の背面にも文字が刻まれているが、磨耗のため判読は困難である。

(三) 上品蓮台寺「仏師定朝墓」

上品蓮台寺の伝「仏師定朝墓」の建立時期は不明だが、貞享版『京羽二重』第二「墳墓并影像」（宝永版では第七「墳墓并影像」）には「佛工定朝墓　蓮臺寺南ノ坊」と記されており、もとは照明院にあったとされるが、大正九年（一九二〇）に現在地に移転した。現在は京都佛像彫刻家協会と京都仏具共同組合で、毎年定朝忌にあたる十一月一日に法要が営まれている。

『京羽二重』の記事から、当時、既に「仏師定朝墓」は建立されて京都では知られた存在であった。また延宝四年（一六七六）成立の黒川道祐『日次紀事』には十一月一日を「佛工法眼定朝忌」としてあげている。

『大仏師系図』に示されるように七条仏所はもとより京都仏師にとっての根源は定朝であるといっても過言ではない。上品蓮台寺もまた新義真言宗（真言宗智山派）の寺院である。七条左京家と新義真言宗（真言宗智山派）との関係は断片的ではあるが、「仏師定朝墓」からも窺うことができる。しかし現状では、これ以上の資料を見いだすことができない。

まとめにかえて

『大仏師系図』はこの後も明治三十七年までの記載が続き、明治三年（一八七〇）、三十五代康教の代に「官人廃士族被仰付家禄領シ候也」と地下官人の立場から離れ、その後、三十七代勝大までの系譜を記している。

私見[36]では、七条左京家は、康祐以後の二十八代康傳の時に再び養子を迎え入れてその存続を図っている。

京都市内には、伝「仏師定朝墓」が上品蓮台寺以外にも上京区北之辺町の廬山寺境内にも残る。しかし廬山寺は天台宗（現在は現在は天台圓浄宗）に所属しており、七条左京家と菩提寺との関係は、再び揺れ動いたとも想像されるが、残された課題も多く、今後の検討課題としたい。

注

（1）『洞谷記』（曹洞宗全書刊行会編『曹洞宗全書』第二 宗源下、一九七一年）五〇四頁。

（2）展覧会図録『特別展 中世の世界に誘う 仏像 院派仏師の系譜と造像』（横浜市歴史博物館、一九九五年）。

（3）毛利久「七条道場金光寺と仏師たち」（『仏教藝術』五九、一九六五年）。

（4）松島健「長楽寺の時宗祖師像」（『仏教藝術』一八五、一九八九年）。

（5）渡辺文雄「宇佐・国東における臨済宗の発展と造仏」（『大分県立宇佐風土記の丘歴史民俗資料館 研究紀要』七、一九九二年）。

（6）前掲注4、八三―八四頁。

（7）浅見龍介「《調査報告》六波羅蜜寺の仏像」（『MUSEUM』六二〇、二〇〇九年）。

（8）『日本美術院彫刻等修理記録 VI（解説）』（奈良国立文化財研究所、一九七九年）一八一頁。

（9）「本朝大佛師正統系図并末流」（『美術研究』十一、一九三二年）。

（10）この一項は翻刻本（前掲注8）では脱落しており、東京大学史料編纂所蔵影写本「本朝大佛師正統系図并末流」で補った。

（11）展覧会図録『修理完成記念 東寺の十二神将像 モデリングの妙』（東寺宝物館、一九九八年）。

（12）根立研介「金堂薬師如来像の台座に取り付けられた十二神将像――桃山彫刻の隠れた名作に光をあてる」（前掲注11）。

（13）根立研介『日本中世の仏師と社会 運慶と慶派・七条仏師を中心に』（塙書房、二〇〇六年）。

（14）泉涌寺編『泉涌寺史』資料篇（法藏館、一九八四年）。

（15）三山進「近世七条仏所の幕府御用をめぐって――新出の史料を中心に」（鎌倉文化研究会『鎌倉』八〇、一九九六年）。

（16）展覧会図録『特別展家康没後四百年記念特別展 徳川家康と天海大僧正――家康の神格化と天海』（川越市立博物館、二〇一七年）。

（17）北口英雄「日光山輪王寺法華堂内の仏像群について（2）」（宇都宮文星短期大学（『文星紀要』七、一九九五年）。

（18）尾島町教育委員会『新田荘 尾島町の仏像――尾島町仏像・神像調査報告書』（二〇〇四年）。

(19) 展覧会図録『紀ノ川流域の仏像』（和歌山県立博物館、一九八一年）。

(20) 妙法院史研究会編『妙法院史料』六　古記録・古文書二（吉川弘文館、一九八一年）九三「根本中堂再建由緒草稿」、九七「根本中堂本尊開帳事書控」、一〇三「実相房盛賢書状」、一二〇「根本中堂造替遷座日記」。

(21) 大津市歴史博物館「第一五〇回ミニ企画展　大津の仏教文化十八　叡山文庫の仏像史料」（二〇一九年）に出品、閲覧。

(22) 国宝教王護国寺五重塔修理事務所『国宝教王護国寺五重塔修理工事報告書』（京都府教育庁文化財保護課、一九六〇年）。

(23) 日野西真定編集校訂『新校高野春秋編年輯録』（名著出版、一九八二年）三二三頁。

(24) 前掲注23、三五〇頁。

(25) 宮崎惠仁「金剛峯寺真然大徳坐像の作者　仏師久七について」（高野山霊宝館『研究紀要』一、一九九五年）。

(26) 『東叡山諸堂建立記』（仏書刊行会編『大日本仏教全書』一二〇　寺誌叢書四、一九二二年）。

(27) 寛永寺及び子院所蔵文化財総合調査団『寛永寺及び子院所蔵文化財総合調査報告』三「彫刻・工芸品編」（東京都教育庁生涯学習部文化課、二〇〇二年）。

(28) 前掲注13。

(29) 淺湫毅『七条仏所による時宗祖師像制作の初期の様相について——迎称寺・伝一鎮上人坐像と長楽寺・真教上人倚像をめぐって』（京都国立博物館『学叢』二十三、二〇〇一年）。

(30) 前掲注3。

(31) 妙法院史研究会編『妙法院史料』二　堯恕法親王日記二（吉川弘文館、一九七七年）一三三頁。

(32) 田辺三郎助『日本の美術』五〇六　江戸時代の彫刻（至文堂、二〇〇八年）四一—四二頁。

(33) 『御用雑記』（安田富貴子『古浄瑠璃　太夫の受領とその時代』八木書店、一九九八年）三四九頁。

(34) 展覧会図録『遊行の美術　一遍——そして浄土を求め旅した人びと』（神奈川県立博物館、一九八五年）。

(35) 展覧会図録『因幡堂平等寺——京に飛んできたお薬師さん』（龍谷大学龍谷ミュージアム、二〇一九年）。

(36) 長谷洋一「康祐没後の近世七条仏師——内證有之ニヨツテ、小佛師康傳相務之」（『關西大學文學論集』六十一—二、二〇一一年）。

華人の亡魂救済について
――シンガポールの中元行事を中心に

二階堂善弘

にかいどう・よしひろ――関西大学文学部教授。専門はアジアの民間信仰と道教。主な著書に『アジアの民間信仰と文化交渉』（関西大学出版部、二〇一二年）、翻訳書に『全訳　封神演義』一～四（二階堂善弘監訳、山下一夫・中塚亮・二ノ宮聡訳、勉誠出版、二〇一七～二〇一八年）などがある。

アジアの華人のあいだに広く行われる中元行事は、亡魂救済のための儀礼である。その行事は旧暦の七月に行われる。シンガポールでは英語で「ハングリー・ゴースト・フェスティバル」と呼ばれ、誰もが知る祭りとなっている。日本の施餓鬼会に似て、異なる性格も有している。この行事の実際とその背景について考えてみたい。

一、ハングリー・ゴースト・フェスティバル

シンガポールでは旧暦の七月になると、市街や団地の下など空きスペースのあちこちにテントが建てられ、中元（ちゅうげん）の儀式が行われる。また中元は、仏教寺院でも行われるし、道教や民間信仰の廟でもさかんに催される。寺院などではこの祭りを「普渡（ふと）」と呼ぶことが多い。あるいは「中元普渡」と続けて呼ぶ。シンガポールやマレーシアでは、英語でこの行事を「ハングリー・ゴースト・フェスティバル（Hungry ghost festival）」と表現する。

シンガポールでは、廟のないところでも団地の下の吹き抜けスペースを利用して祭壇をしつらえることも多い。このような祭壇は、アンモーキオ（Ang Mo Kio）、イーシュン（Yishun）、トアパヨー（Toa Payoh）などでよく見かけた。チャイナタウン（Chinatown）などは廟が多いので、廟のなかでさかんに行われる。空間の少ないブギス（Bugis）でも、道路をなかば占有するような形でテントが設置されているのを見たことがある。(1)

中元儀礼は、日本で施餓鬼会、あるいは盂蘭盆会と称するものとよく似ている。すなわち、亡くなった人の魂（亡魂）を救済する儀礼である。日本でも「お中元」ということば自体は残っているが、こちらはむしろ生きた人が贈り物をする習慣となっている。

厳密に区別するのは難しい面があるが、一般に日本では先祖の供養のために盂蘭盆会があり、広く亡魂に施すために施餓鬼会があるとされる。華人社会では、祖先の霊の供養のために中元があり、広く亡魂に供するのは普渡であるとされるが、実際にはこの両者が混同されている面がある。

図1　テントを設置して中元の祭りを行う

図2　おびただしい紙銭や供物を供える

祭壇には紙銭を山のように積み、かつ多くの食物や飲み物を供える。そして「大士爺」と呼ばれる紙で作られた鬼の像を中心にしつらえる。この像は、見るからに恐ろしい姿をしているが、観音菩薩の化身とされており、日本の権現に似た部分がある。

そして紙で作られた衣服や日用品が並べられ、亡魂が身を清めるための洗面器やタオル、歯ブラシまで置かれる。さらに舞台を作って、演劇が上演されることもある。人間の俳優が演ずるものもあれば、人形劇などもある。むろん亡魂に見せるための劇である。このとき上演する時間によっては、亡魂のみが相手であるため、イスと紙銭が並べてあるだけで、生きた人間の観客

がゼロであったりする。なかなか不気味な光景である。

むろんこのあり方は、日本の施餓鬼会や盂蘭盆会とはかなり異なっている。同じような中元行事は、シンガポールのみならず、台湾・ベトナム・マレーシアなどの華人文化の影響が強い地域ではあちこちで見られるものである。

二、中元と盂蘭盆

中元とは、もともとは旧暦の七月十五日のことを指す。そして上元は一月十五日、下元が十月十五日である。この三つの日を「三元」と称する。

図3　亡魂が身を清めるためのバケツとタオル

図4　イスが並べられ亡魂が劇を鑑賞しているとみなす

道教の源流のひとつである後漢時代の天師道では、病人について記した書を三通作り、ひとつを焼いて天に届け、ひとつは地中に埋め、ひとつは水中に流し、もって祈祷に当てたという。これを「三官手書」という。すなわち天には天官、地には地官、水には水官があり、これに祈るのである。

上元の日は「福を賜る日」であり、中元の日は「罪過を許す日」であり、下元の日は「厄を除く日」とされる。この中元の日である七月十五日が、仏教の盂蘭盆会の話と結びつき、亡魂に布施を行う日となっていく。

のちに三官はさらに神格化されて、三官大帝という神となる。道教の重要な神で、すなわち上元天官大帝、中元地官大帝、下元水官大帝である。それぞれ祭祀の日は、上元、中元、下元の日となる。さらに後世では伝承が付加され、三官はすべて伝説の聖王であるとする。天官大帝は堯、地官大帝は舜、水官大帝は禹とする。むろん、これはややこじつけの感がある。

有名な『仏説盂蘭盆経』（『大正蔵』第十六巻経集部三）では、盂蘭盆会のそもそもの由来を説く。釈迦如来の十大弟子のひとりである目犍連、すなわち目連尊者が、自分の母親が地獄に落ちているのを知り、その救済を行おうとする。しかし、供物を捧げても、母が口にする前に燃えてしまい食べられない。目連は苦悩する。そこで釈迦如来は、七月十五日に多くの僧に布施を行えば、その功徳で母を救うことができると目連に告げる。その通りに盂蘭盆の儀式を行い、目連は母の霊を救済することができた。やはりここでも、七月十五日が指定されている。この経典は一般に中国で作為された経であるとされるが、一部インドに基づく経典であるとの説もある。[2] しかしいずれにせよ、この経典の影響力が巨大であることは評価されてよいと考える。

図5　廟で三官大帝を祀る

さて、この目連の話は、民間において広く知られ、翻案されて劇となって上演される。これが目連戯で、中元の時に必ずといってよいほどよく上演される。また目連戯はそれ自体が救済儀礼としての効能を持っている。

このように中元は、同時に盂蘭盆会として、道教、仏教の区別なく行われる行事となっている。

なお、福建や広東で知られている華光大帝という神も、地獄に赴いて母親を救うという説話を有している。この話は、明代の小説『南遊記』によってもよく知られている。華光大帝自体が、もともと密教の火神に由来するものであるため、仏教的な説話も作りやすかったと考える。ただ、道教における地獄の救済者は、太乙救苦天尊であるため、華光大帝がわざわざ救苦天尊に化ける場面がある。

三、亡魂に対する恐れ

そもそも華人系信仰における亡魂に対する態度は、日本社会のものとはだいぶ異なる部分がある。

筆者の知り合いの中国人留学生は、日本に来たとき、墓地が街のなかに普通に存在すること見てたいへん驚いたそうである。彼らの考え方では、死者は生者の空間からは離れているべきであり、墓地がこんなに街に近接しているのは考えられないという。

われわれ日本人はお寺に墓地がつきものだと思っているが、これは華人というより、アジアの人々の常識に照らしても例外の現象である。中国でも東南アジアでも、アジアの寺院には通常は墓地がないのが一般的である。

お寺や廟は、そもそも気が満ちているところで、亡魂が気軽に立ち寄れるところではない。だから、中元行事のときにはわざわざ旗を立てて、亡魂が立ち寄れるように仕向けているのである。

華人のあいだでは、よく旧暦七月を「鬼月（コエユエ）」と称する。台湾などでは、この時期になると旅行や、病院での手術がぐっと少なくなる。亡魂が悪（わる）さをして、事故に遭うというのである。仏教信者、道教信者を問わず、みな真剣にそう考えている。そのため、旧暦七月は手術料や旅行代金の値段が下がるとされる。むろん、これはキリスト教徒の華人であれば、あまり気にしない。

葬儀のときに、紙で作った家屋、自動車、家具、そしてパソコンや携帯電話まで作って燃やすのは、あの世でこれらの道具が必要だからに他ならない。紙銭は、あの世で使うお金である。中華系の地獄では、現世と似たような生活が行われているのである。さらに、紙銭はあの世の役人にわたすワイロだという考え方もある。むろん日本の宗教文化では、紙銭を焼くことはあまり見られない。

また華人系の信仰では、亡魂の種類をさらに分けて考える場合が多い。すなわち、「普通に亡くなった人」と、「事故や災害などで亡くなった人」である。後者のほうを「枉死（おうし）」と称し、枉死した者は通常の死者に比して、より強くタタリを起こすと考えられている。おそらく、この考え方は広く東アジアで共有されていたと思われるが、現在、日本ではその意味は薄れていると考えられる。地獄のなかには、これらの枉死した者を収容する「枉死城」があるとされる。そして、枉死した者には特別な儀式が必要になるのである。

日本社会ではそこまで亡魂のタタリを恐れることはないと考えられるし、また地獄に関する思想もまったく異なる。たとえば、いまの日本で交通事故において死んだ人と、老衰で亡くなった人で、葬儀の方式を変えるということは行われないはずである。しかし華人系の信仰では、これらの区別がかなり厳密である。

中元行事で重視されるのは、日本でいうなら無縁仏、すなわち子孫から供養を受けられなくなった亡魂である。放っておくと彼らは飢えと欠乏からタタリを行う。そのタタリを避けるために、あまねく亡魂に供養を行うのが目的なのである。

図6　紙で作られる大士爺

四、大士爺と大爺伯・二爺伯

中元行事のときに必ずといってよいほど祀られる大士爺も、実のところ正体が不明な神のひとつである。大士爺は、また別に「面然大士」「普渡公」とも称する。憤怒の相を取る鬼王の像で、竹と紙で作られることが多い。儀礼の時には主たる神として礼拝されるが、儀礼が終わると燃やされてしまう。

黄進仕氏の述べるところによれば、大士爺は観音菩薩の化身である。また観音菩薩に降伏した鬼王であるともされる。観音菩薩と盂蘭盆会が関連するのは、三十二応現のひとつ、魚藍観音であるとされる。その姿は、青い顔、鋭い牙、目を怒らせて火を吐き、角が生えており、頭の上に小さな観音の姿を付すというものである。(3)

大士爺のほか、シンガポールでまた中元のときにひときわ目立つ神が、大爺伯と二爺伯爺である。福浦厚子氏の述べるところによれば、次のようなものである。(4)

> 中元節は農暦七月の一ヶ月間を指す。この期間は地獄の門である鬼門が開き、夜になると子孫なき使者の魂、あるいは不慮の事故や水難の使者の魂である孤魂が、供養を求めて地上をさまようと信じられている。この農暦七

図7　シンガポール天福宮の七爺・八爺

月のことを鬼節といい、供養儀礼が行われる。鬼のいる地下界の門が開くとされる七月初一午前零時になると、「開普渡門」の行事が始まる。ここでは道士が普渡壇の前で孤魂を鎮める儀礼を執行する。その際、童乩に大爺伯や大二爺伯らが憑依し、道士の後に続いて祭祀に加わる。

大爺伯・二爺伯と呼ばれる神は、地獄の判官で、また他の地域では七爺・八爺と称されることが多い。片方が白く背が高く、片方が黒く背が低いのが特色である。台湾では謝将軍・范将軍という呼び名もある。また、白無常・黒無常の呼称もある。(5)

この神も恐ろしい姿をしている。大爺伯のほうは背が高く、白い服、白い帽子、白い顔で、舌を出した苦しげな表情をしている。二爺伯のほうは、背が低く、黒い服、黒い帽子、黒い顔で、憤怒にかられた表情となっている。対照的な組み合わせである。

この両者は兄弟であるとも、友人であるともされる。大爺伯は首をくくって亡くなったために、このような顔をしているのだとされる。また二爺伯は毒を飲んで死んだために黒いのだともいわれる。水死という話もある。いずれにせよ、彼らももともとは枉死した者たちである。

大爺伯の帽子には、「一見発財」や「一見大吉」などの文言が書かれているのが普通である。そして二爺伯の帽子には、「天下太平」などと書かれることが多い。

その役割は、亡魂を捕まえたり、押送したり、尋問したりと、冥界の警察官のようなものである。

台湾やマレーシアの廟でもよく見る神であるが、だいたいは城隍神の配下とされ、城隍廟でよく見かける。時に王爺の下に属することもある。

彼らには多くの伝承があるが、どれもあまり信憑性の高いものではない。たとえば、八爺が溺死したために、義兄弟の七爺が首つりをしてあとを追ったとか、脱獄した七爺を助けた看守の八爺が服毒自殺したのを、責任を感じた七爺が首つりをしたとか、二人の伝説にはさまざまなバリエーションがある。いずれも民間の伝承である。

台湾の廟会などでは目立つ存在である。ただ、中元のときはそれほどでもない。ところがシンガポールやマレーシアにおいては、中元儀礼の時に彼らの像が大士爺と並ぶこともあるほどで、かなり目立つ存在となっている。テントの一角には、だいたい七爺八爺の画像が飾られる。おそらくその亡魂を押送するという役割が重視されて、中元行事で活躍するのであると考えられる。

五、目立つ存在の地蔵菩薩

もうひとつ、シンガポールやマレーシアの中元で目立つ存在が、地蔵菩薩である。

中元の時期にシンガポールやマレーシアの寺院に行けば、あちこちで地蔵菩薩をさかんに祭祀しているのを見ることができる。大士爺が観音だとされるが、それ以上に、はるかに表に出てくるのが地蔵菩薩である。なお、目連尊者のほうはさほどでもない。もちろん、冥界の救済者である地蔵菩薩は中元行事にはたす役割が大きい。

むろん冥界の救済者という点では、日本と華人系の仏教では、そうは違いが感じられない。ただ、華人の考える地蔵菩薩は、日本の姿とはだいぶ異なっている。

いま語られる地蔵菩薩の伝説は、安徽の九華山に、新羅から高僧がやってきて修行したが、その僧侶が実は地蔵の化身であったというものである。その名を金喬覚という。新羅の王子であったが、その地位を捨ててだれよりも厳しい修行を行ったという(6)。

いまでも、九華山にいけばこの金喬覚のミイラ仏、すなわち即身仏が残されている。ただ、あくまで伝承である。清代より前には、金喬覚なる人物の伝承はほとんど見られない。これは実在の新羅僧の釈地蔵の話が後世に伝説化したものである。なお、九華山はミイラができやすい土地として知られており、かつてはいくつも即身仏が存在した。いまは明代の無暇禅師のミイラ仏が残っており、熱心に礼拝されている。

日本と中国では、その仏菩薩のあり方がかなり異なることがある。たとえば観音菩薩は西域の王女であったのが出家して観音になったものとされる。弥勒菩薩は、中国では布袋和尚と同一視され、中国で弥勒像といえば、でっぷりと太った布袋の像を指す。華人系の寺院にいけば、まず入口の天王殿に弥勒が祀られているのが普通であるが、いずれも布袋和尚の姿をした弥勒菩薩である。

図8　シンガポールの中元で祀られる地蔵菩薩

図9　華人系寺院の弥勒菩薩

　地蔵菩薩の像も、華人系の寺院では、幽冥教主としてもう少し威厳のある姿である。日本の親しみやすい「お地蔵さま」に類するものは、中華系の寺院ではあまり見ない。僧侶の姿をしているのはかろうじて共通している。

　華人系の寺院では、地蔵菩薩の脇には、閔公と道明という親子が並ぶのが一般的である。金喬覚が九華山で修行している時に土地を寄進した有力者が閔公で、その息子が出家したものが道明和尚であるという。

地獄の主催者は、冥界の王である十王であるが、地蔵菩薩はその上に位置する。そして森羅万象を知るという諦聴という一角獣に座している。

　文殊菩薩が獅子に乗り、普賢菩薩が象に乗る姿は、日本の寺院でも見かけるものであるが、地蔵菩薩が諦聴に乗っている姿はほとんど日本では目にしない。

　しかし、華人系の寺院においては、地蔵菩薩は諦聴に乗り、脇に関公と道明がひかえるという姿がよく見られるのである。もちろん、単独の像も多いが、やや威厳を持つ姿をしているのが一般的である。

シンガポールのパシールパンジャン（Pasir Panjang）の付近に、報恩寺（Poh Ern Shih）という寺院がある。地蔵菩薩を本尊とする寺院である。この寺は、西洋人が住職となったことや、さまざまな社会活動でも知られている。[7] そしてなかでも有名なのはその大規模な中元行事である。多くの人々がこの報恩寺に来て中元行事を行うことが知られている。もっとも、シンガポール全体では、地蔵菩薩を主とする寺院はそう多くはない。

このほか、アンモーキオの光明山、トアパヨー（Toa Payoh）の双林寺など、大きな仏寺でもさかんに中元普渡行事が行われる。ここでも目立つのは地蔵菩薩の姿である。

図10　地蔵菩薩の脇に関公と道明が並ぶ

注

（1）シンガポールの中元については、英文ウィキペディア（https://en.wikipedia.org/wiki/）の「Ghost Festival」の項目を参照。

（2）辛嶋静志「「盂蘭盆」の本当の意味――「ご飯をのせた盆」と推定」（『中外日報』二〇一三年七月二十五日（http://www.chugainippoh.co.jp/ronbun/2013/0725rondan.html）の記事を参照。

（3）鄭志明・黄進仕著『打猫大士――民雄大士爺採点科儀深討』（宗教文化中心、二〇〇〇年）一〇―一一頁。

（4）福浦厚子『都市の寺廟――シンガポールにおける神聖空間の人類学』（春風社、二〇一八年）一〇七頁。

（5）中文ウィキペディア（https://zh.wikipedia.org/wiki/）の「黒白無常」の項目を参照。

（6）地蔵菩薩について詳しくは、筆者『アジアの民間信仰と文化交渉』（関西大学出版部、二〇一二年）一三三―一六一頁を参照。

（7）中文ウィキペディア（https://zh.wikipedia.org/wiki/）の「九華山報恩寺」の項目を参照。

執筆者一覧（掲載順）

原田正俊　　三浦國雄
藤原崇人　　吾妻重二
池尻陽子　　佐藤文子
西本昌弘　　康　昊
井上智勝　　長谷洋一
二階堂善弘

【アジア遊学245】

アジアの死と鎮魂・追善

2020年3月10日　初版発行

編　者　原田正俊
発行者　池嶋洋次
発行所　勉誠出版株式会社
　〒101-0051　東京都千代田区神田神保町3-10-2
　TEL：(03)5215-9021(代)　FAX：(03)5215-9025
〈出版詳細情報〉http://bensei.jp/

印刷・製本　㈱太平印刷社
組版　デザインオフィス・イメディア（服部隆広）
ISBN978-4-585-22711-3　C1339

243中央アジアの歴史と現在 —草原の叡智

松原正毅　編

244前近代東アジアにおける〈術数文化〉

水口幹記　編

Ⅰ〈術数文化〉の形成・伝播

Ⅱ〈術数文化〉の伝播・展開

アジア遊学既刊紹介

241 源実朝 —虚実を越えて

渡部泰明 編

242 中国学術の東アジア伝播と古代日本

榎本淳一・吉永匡史・河内春人 編